Tunesien

# Internationale Märkte

Herausgegeben von
Prof. Dr. Herbert Strunz

Band 6

## PETER LANG

Frankfurt am Main · Berlin · Bern · Bruxelles · New York · Oxford · Wien

Rica Staiger

# Tunesien
## Aufstieg zwischen
## Orient und Okzident

PETER LANG
Europäischer Verlag der Wissenschaften

**Bibliografische Information Der Deutschen Bibliothek**
Die Deutsche Bibliothek verzeichnet diese Publikation in der
Deutschen Nationalbibliografie; detaillierte bibliografische
Daten sind im Internet über <http://dnb.ddb.de> abrufbar.


Gedruckt mit Förderung des Bundesministeriums für
Bildung, Wissenschaft und Kultur in Wien.


Die Rechte an den für die Umschlaggestaltung
verwendeten Fotos verbleiben bei
Diplom-Wirtschaftsromanistin (FH) Rica Staiger.


Gedruckt auf alterungsbeständigem,
säurefreiem Papier.


ISSN 1435-473X
ISBN 3-631-51129-9
© Peter Lang GmbH
Europäischer Verlag der Wissenschaften
Frankfurt am Main 2003
Alle Rechte vorbehalten.

Printed in Germany 1 2  4 5 6 7

www.peterlang.de

# Vorwort

Im Zuge der Globalisierung gewinnt die Standortwahl für die Errichtung eines Unternehmens oder einer Produktionsstätte im In- oder Ausland immer stärker an Bedeutung, entscheidet sie doch in beträchtlichem Maße über Erfolg oder Misserfolg des Vorhabens. Der leistungsstarken internationalen Konkurrenz kann nur mit klaren Wettbewerbsvorteilen standgehalten werden.

Das nordafrikanische Land Tunesien bietet einen Markt, auf dem sich in den letzten drei Jahrzehnten mehr als 2000 ausländische Unternehmen und Investoren niedergelassen haben und seither hauptsächlich für den Export, insbesondere für den Absatzmarkt der Europäischen Union, produzieren.

Die vorliegende Arbeit analysiert die politischen, ökonomischen und kulturellen Rahmenbedingungen Tunesiens mit besonderer Berücksichtigung der Chancen und Risiken für ausländische Exporteure und Investoren. „Tunesien. Aufstieg zwischen Orient und Okzident." richtet sich an potenzielle Tunesienreisende mit Interesse an Hintergrundinformationen, jedoch in besonderem Maße an all diejenigen, die Geschäftsinteressen an Tunesien hegen.

Das erste Kapitel verfolgt die politische Entwicklung Tunesiens der letzten Jahrzehnte und klärt über die aktuelle gesellschaftliche Situation auf. Eine detaillierte Betrachtung erfahren ausgewählte Themenkreise, wie die Stellung der tunesischen Frau in der islamisch-arabisch geprägten Gesellschaft und die Erfolge im Bildungs- als auch im Gesundheitswesen.

Das zweite Kapitel untersucht die ökonomische Lage des Landes, erläutert in der Realisierung befindliche Programme, so die Privatisierung staatlicher Unternehmen und das Mise-à-Niveau Programm. Ebenso betrachtet es u.a. die Finanzlage und Schwerpunkte der Industrie und des Dienstleistungssektors Tunesiens.

Die Bearbeitung des tunesischen Marktes soll im dritten Kapitel der vorliegenden Arbeit vorgestellt werden. Ausgehend vom Außenhandel, wird der tunesische Markt im regionalen und internationalen

Kontext bewertet und mögliche Probleme, Risiken, aber auch Chancen für ausländische Unternehmer und Investoren aufgezeigt.

Dem oft vernachlässigten, dennoch bedeutungsvollen interkulturellen Rahmen wird im vierten Kapitel der vorliegenden Arbeit Rechnung getragen. Das Geschäftsleben als auch der Alltag in Tunesien werden anhand persönlicher Eindrücke und Erfahrungen geschildert.

Rica Staiger

# Inhaltsverzeichnis

# 1 Politik und Gesellschaft

Das vorliegende Kapitel beschreibt, ausgehend von der Geschichte, im Laufe derer Tunesien durch zahlreiche Zivilisationen und Kulturen geprägt wurde, die gegenwärtige innen- und außenpolitische Lage des Landes. Anschließend werden ausgewählte Schwerpunkte aus Politik und Gesellschaft im Einzelnen untersucht. Dazu zählen u.a. die Bereiche Sicherheit, Frauen, Jugend, Bildung und Medien.

## 1.1 Visitenkarte

Die folgende „Visitenkarte" listet wesentliche geographische, politische und wirtschaftliche Merkmale Tunesiens überblicksartig auf und gilt als Einstieg in die detailliertere politische, gesellschaftliche, ökonomische und kulturelle Betrachtung des Landes.

| | |
|---|---|
| Ländername | Tunesische Republik (El Djumhuriya El Tunisiya, République Tunisienne) |
| Klima | Mediterran im Norden und Nord-Osten, semi-arid im Inland und im Süden |
| Lage | Südlich des Mittelmeeres, in Nordafrika zwischen Algerien im Westen und Libyen im Osten |
| Größe | 162 155 km² , Nord-Südausdehnung ca. 900 km, Ost-Westausdehnung bis zu 300 km |
| Hauptstadt | Tunis, ca. 2.08 Mio. Einwohner mit Vororten (2001) |
| Bevölkerung | 9.67 Mio. Einwohner (2001) |
| Sprache | Arabisch (Amtssprache), Französisch als Verkehrssprache stark verbreitet |
| Religionen | Islam als Staatsreligion, kleine jüdische Gemeinde (Djerba, Tunis), fast ausschließlich aus Ausländern bestehende christliche Gemeinde |
| Nationalfeiertag | Tag der Unabhängigkeit, 20. März |
| Unabhängigkeit | 20. März 1956 |
| Regierungsform | Präsidialrepublik mit Einkammerparlament (Reform in Vorbereitung) |
| Staatsoberhaupt | Zine El Abidine Ben Ali, Präsident der Republik, Direktwahl für fünf Jahre, Amtsantritt: 07.11.1987; Wahl am 2.4.1989 (99.27 %), Wahl am 20.3.94 (99.91 %); Wahl am 24.10.99 (99.44 %); Partei: RCD |
| Regierungschef | Mohamed Ghannouchi, Premierminister, Amtsantritt: 17.11.1999, Partei: RCD |

| Außenminister | Habib Ben Yahia, Amtsantritt: 17.11.1999, Partei: RCD |
|---|---|
| Parlament | Chambre des Députés: Einkammerparlament mit 182 Sitzen, nach gemischtem Mehrheits-/Verhältniswahlrecht für fünf Jahre direkt gewählt (24.10.1999), nächste Wahl 2004 nach neuem Wahlrecht |
| Regierungs-partei | Rassemblement Constitutionnel Démocratique (RCD); 148 Parlamentssitze (von 182) |
| Oppositionspar-teien | MDS – Mouvement des Démocrates Socialistes (sozialdemokratisch), 13 Sitze; Mouvement Ettajdid ("Erneuerung", ehemalige kommunistische Partei), 5 Sitze; PUP – Parti de l'Unité Populaire (linkssozialistisch); 7 Sitze; UDU – Union Démocratique Unitaire (arabisch-nationalsozialistisch), 7 Sitze; PSL – Parti Social Libéral, 2 Sitze; RSP – Rassemblement Socialiste Progressiste (nicht im Parlament) |
| Verwaltungs-struktur | 23 Gouvernorate, unterteilt in 254 Delegationen, 2053 Imadas und 257 Stadträte (Municipalités) |
| Mitgliedschaft in internationalen Organisationen | u.a. Vereinte Nationen, Liga der Arabischen Staaten, Afrikanische Einheit, Union des Arabischen Maghreb, Blockfreienbewegung, Organisation der islamischen Konferenz, Weltbank, IWF, GATT/WTO |
| Währung | Tunesischer Dinar (TD), 1 Tunesischer Dinar = 1000 Millimes, 1 TD = 0.721 €, 1 € = 1.385 TD (November 2002) |
| BIP | 29 423.4 Mio. TD (2001) |
| BIP pro Kopf | 3 049.6 TD (2001) |

*Tabelle 1-1 Visitenkarte Tunesiens (vgl. Auswärtiges Amt, unter: http://www.auswaertiges-amt.de, 05.06.2002; Institut National de la Statistique, unter: http://www.ins.nat.tn, 10.06.2002)*

## 1.2   Von der ersten Besiedlung bis zum Unabhängigkeitskampf

Tunesien wurde vermutlich spätestens 4000 v. Chr. von den Vorfahren der Berber besiedelt. Im 11. Jahrhundert v. Chr. kolonisieren die Phönizier, ein semitisches Volk mit Ursprüngen in Syrien und im Libanon, das Land und lassen es zu einer Handelsnation aufsteigen. Sie gründen die ersten Flottenstützpunkte Outih (Utica, 1100 v. Chr.), Hadrametum

(Sousse), Hippo Diarrhytus (Bizerte), Thines (Tunis) und Qart Hadasht (Karthago, 814 v. Chr.).[3]

Seit dem 12. Jahrhundert v. Chr. steht Tunesien als natürliche Brücke zwischen Afrika und Europa sowie zwischen dem Orient und dem Okzident vor allem mit den Ländern des Mittelmeerraumes in engen Handelsbeziehungen. Dem Aufschwung und der Blüte Karthagos, 814 v. Chr. durch die Phönizier gegründet, folgen Rivalitäten mit dem expandierenden Römischen Reich, die ab 264 v. Chr. in den drei punischen Kriegen (264-241 v. Chr., 218-201 v. Chr., 149-146 v. Chr.) gipfeln.[4]

Der Sieg der Römer über die Karthager 146 v. Chr. im dritten punischen Krieg bedeutet den Niedergang Karthagos und kennzeichnet den Beginn einer 700jährigen römischen Dominanz, unter der Tunesien jedoch dermaßen aufblüht, dass es zur Kornkammer Roms wird. Während des 5. und 6. Jahrhunderts wird Tunesien vom germanischen Volk der Vandalen besetzt (439), die ein besonders repressives Militärregime aufbauen. Doch 534 erobern die Byzantiner das Land zurück, können hingegen in der bis 647 andauernden Herrschaft dem Land nicht die erforderliche Sicherheit und den Frieden geben. Ihre Herrschaft ist gekennzeichnet von Rebellion, Religionskrisen und Berber-Aufständen.[5]

Im 7. Jahrhundert wird das zum Großteil christianisierte Land mit dem Einfall der Araber, die es bis ins 14. Jahrhundert hinein regieren, in die islamische Welt integriert. Sehr schnell werden die islamische Lebensweise und Religion angenommen. Kairouan wird 670 von Oqba Ibn Nafa gegründet und Hauptstadt und religiöses Zentrum des Landes sowie strategischer Stützpunkt gegen die Berber. Die arabische Omeyyad-Dynastie erobert 695 auf Anlass des Kalifen Abd El Malik unter dem Kommando von Hassan Ibn Numan das Gebiet um Karthago. Karthago wird jedoch 697 von den Byzantinern zurückerobert. Im

---

[3] vgl. Netzwerk Afrika Deutschland e.V., unter: http://www.netzwerk-afrika-deutschland.de, 15.02.2002

[4] vgl. Agence Tunisienne de Communication Extérieure, unter: http://www.tunisie.com, 15.02.2002; http://www.abczone.com, 15.02.2002

[5] vgl. http://www.abczone.com, 15.02.2002

Jahre 700 wird Karthago jedoch bei einer Auseinandersetzung zwischen Al-Kahena, dem Anführer einer Berber-Koalition, und der arabischen Omeyyad-Dynastie zerstört. Kurze Zeit später wird die Berber-Bewegung komplett niedergeschlagen. Moussa Ibn Noussair, als Nachfolger von Hassan, bringt Ifriquiya 701 den erhofften Frieden.[6]

Interne Aufstände setzen der Regierung der Omeyyad aufgrund der Rebellion des Urenkels von Oqba Ibn Nafa, Abderahmen Ibn Habib, nach und nach bis 751 ein Ende. In der Folgezeit wird das Gebiet von Streitigkeiten um die Regierungsnachfolge und Aufständen gebeutelt.[7]

Von 800 bis 909 wird Ifriqiya (das heutige Tunesien, Tripolitanien und Ost-Algerien) durch die Aghlabiden von Kairouan aus regiert. Sie bauen eine aristokratische Demokratie auf und bringen ein Klima von Stabilität in die Gegend. Kairouan steigt zu einer Metropole und religiösem Zentrum auf. Aus dieser Zeit stammt u.a. eine der ältesten und heiligsten Moscheen der islamischen Welt in Kairouan. Die Bildung der Bevölkerung, die Verbreitung der arabischen Sprache und des Islam in einem immer noch von Berbern dominierten Land, gelten als Prioritäten der Aghlabiden. Doch 909 werden diese mit Hilfe schiitischer Kräfte von Berbern vertrieben. 921 fällt die Macht in die Hände der Fatimiden, die den tunesischen Küstenort Mahdia zu ihrer Hauptstadt erklären.[8]

Ab 972 übernehmen die Berber die Regierung, die zuerst den Zieriden und später den marokkanischen Almohaden, beide aus dem arabischen Lager, gegenüberstehen.[9]

Am Ende des 12. Jahrhunderts besetzen die Normannen kurzfristig strategische Küstenpunkte des Landes. Die den Almohaden unterstehenden Haffesiden erklären sich 1228 für unabhängig und regieren das aufblühende Königreich. Tunis wird die Hauptstadt. Zwischen 1277 und 1370 kommt es im Land immer wieder zu Nachfolgestreitigkeiten,

---

[6] vgl. http://www.abczone.com, 15.02.2002
[7] vgl. ebd.
[8] vgl. ebd.
[9] vgl. ebd.

Stammesaufständen, Hungersnöten und tödlichen Epidemien. Die Haffesiden werden immer wieder von den Ara-gonen und Marieniden, den Nachfolgern der Almohaden in Marokko, attackiert. Trotz mehrerer Angriffe europäischer Seekräfte, können Abu Abbas (1370-1394), Abu Faris (1394-1434) und Othman (1435-1488) dem Land eine interne Sicherheit verleihen.[10]

Von 1534 bis 1574 fällt die Regierung in die Hände der Spanier, bis Tunesien vom türkischen General Sinan Pasha befreit wird und dem Osmanischen Reich angegliedert wird. Die Regierung der osmanischen Türken dauert bis 1881 an. Doch die Beys gewinnen nach und nach ihre Macht zurück. So gründet Hussein Ibn Ali 1702 die Husseiniten-Dynastie, die bis 1957 den Thron innehat. Tunesien blüht erneut auf und verdankt einen nicht unwesentlichen Teil seines Wohlstandes der Piraterie.[11]

Im 19. Jahrhundert ist Tunesien das erste arabische Land mit einer Verfassung (1861), welches darüber hinaus auch die Sklaverei abschafft. Die wirtschaftlichen Schwierigkeiten, die ruinöse Politik des Beys und die ausländischen Interventionen verursachen jedoch eine schwere finanzielle und politische Krise im Land. Schließlich fließen Gelder aus Frankreich, Italien und Großbritannien, nicht zuletzt auch, weil jede dieser Nationen Interessen an Nordafrika hegt.[12]

Im Jahre 1869 muss Tunesien in Folge der miserablen Finanzpolitik der Errichtung einer Finanzkontrollkommission zustimmen, deren Vorsitz bei Frankreich liegt, an der aber auch Italien und Großbritannien beteiligt sind. Tunesien steht damit unter westlicher Kontrolle. Großbritannien dominiert Zypern, Italien belagert Libyen. Frankreich, das bereits 1830 Algerien annektiert hat, rückt, als ein tunesischer Stamm versucht, die Grenze nach Algerien zu überqueren, von algerischer Seite in Tunesien ein und erlegt dem Bey 1881 sein Protektorat auf (Bardo-

---

[10] vgl. http://www.abczone.com, 15.02.2002
[11] vgl. Agence Tunisienne de Communication Extérieure, unter: http://www.tunisie.com, 15.02.2002; vgl. http://www.abczone.com, 15.02.2002
[12] vgl. Camau, M.: La Tunisie, Paris 1989, 39-44

Vertrag 12.05.1881, La Marsa-Konvention 08.06.1883), das im Land eine starke antikolonialistische Reaktion hervorruft.[13]

Ab 1884 wird Tunesien von einem französischen Generalresidenten regiert, nominaler Herrscher bleibt hingegen der Bey. In den Küstenregionen und im Norden des Landes lassen sich französische Kolonisten nieder und übernehmen die Verwaltungsposten sowie die Leitung von Unternehmen. Um die Altstadt von Tunis herum errichten die Franzosen eine moderne Stadt mit einem typisch französischen Aussehen und Flair. Obwohl Tunesien offiziell unter französischem „Schutz" (Protektorat) steht, wird es mehr und mehr zu einer Kolonie Frankreichs, in der Tunesier nur noch Menschen zweiter Klasse sind und ihre Macht innerhalb des Landes verlieren.[14]

## 1.3 Entwicklung seit Erlangen der Unabhängigkeit

### 1.3.1 Die erste Republik unter Habib Bourguiba

Die Partei der Jungen Tunesier wird 1907 gegründet. Im Jahre 1920 folgt die Gründung der panislamischen Destourpartei durch die tunesischen Nationalisten, die weitreichende demokratische Reformen anpreist. Die Néo-Destour, 1934 von Habib Bourguiba gegründet, entwickelt sich schnell zur Hauptkraft im Unabhängigkeitskampf Tunesiens. Ihr Ziel besteht in der Öffnung des Landes für den Westen. Im selben Jahr wird Habib Bourguiba, der spätere Präsident der tunesischen Republik, für zwei Jahre von den Franzosen inhaftiert. Doch die Néo-Destour wird 1938 verboten und Bourguiba erneut unter der Volksfrontregierung für 5 Jahre inhaftiert.[15]

---

[13] vgl. Agence Tunisienne de Communication Extérieure, unter: http://www.tunisie.com, 15.02.2002

[14] vgl. Camau, M.: La Tunisie, Paris 1989, 44-45; http://www.abczone.com, 15.02.2002

[15] vgl. Rassemblement Constitutionnel Démocratique, unter: http://www.rcd.tn, 03.03.2002, Netzwerk Afrika Deutschland e.V., unter: http://www.netzwerk-afrika-deutschland.de, 15.02.2002

Zwischen den Weltkriegen verschlechtern sich die Lebensbedingungen für die breite Masse der tunesischen Bevölkerung beträchtlich. Bourguiba wird 1942 von deutschen Truppen befreit und kehrt 1943 nach Tunesien zurück, flieht jedoch nach der Niederlage der deutschen Truppen erneut. Im November 1942 besetzt die deutsche Armee das Land, kapituliert aber am 12. Mai 1943 nach mehreren Monaten erbitterten Kampfes. Am 15. Mai 1943 übertragen die Alliierten die Autorität in Tunesien an Frankreich. Der als pro-deutsch eingeschätzte herrschende Moncef Bey wird abgesetzt und Lamine Bey tritt dessen Nachfolge an.[16]

Der Unabhängigkeitskampf verstärkt sich mit der Rückkehr Bourguibas 1949 und der Unterstützung von Seiten der Gewerkschaft Union Générale des Travailleurs Tunisiens (UGTT) unter Leitung Ferhat Hacheds. Drei Jahre später ergreifen die Unabhängigkeitskämpfer gegen die Franzosen die Waffen. Extremistische Kolonisten organisieren sich in der „Roten Hand" und führen eine Terrorkampagne gegen die Nationalisten durch, der Ferhat Hached als einer der ersten (05.12.1952) zum Opfer fällt. Der nationalistische Gegen-Terrorismus organisiert sich seinerseits in der „Schwarzen Hand".[17]

Nach dem Ende des Zweiten Weltkriegs verschlechtert sich die Lebensqualität der breiten Masse der Bevölkerung in Tunesien drastisch. Nach anti-französischen Aufständen, nationalistischen als auch antinationalistischen Attentaten und Reformversuchen, verspricht schließlich der neue Präsident des Französischen Rates, Pierre Mendès France, Tunesien im Juli 1954 eine volle interne Autonomie. Der tunesische Premierminister Tahar Ben Amar und Edgar Faure, Nachfolger von Mendès France, unterzeichnen am 3. Juni 1955 eine Reihe von Konventionen zu Gunsten der tunesischen Autonomie. Die innere Sicherheit, die Verteidigung und die Außenpolitik unterliegen jedoch weiter-

---

[16] vgl. Rassemblement Constitutionnel Démocratique, unter: http://www.rcd.tn, 03.03.2002, Netzwerk Afrika Deutschland e.V., unter: http://www.netzwerk-afrika-deutschland.de, 15.02.2002
[17] vgl. Camau, M.: La Tunisie, Paris 1989, 53-55

hin Frankreich.[18] Am 17. September des selben Jahres wird in Tunis erstmalig nach 74 Jahren eine Regierung ausschließlich aus Tunesiern zusammengesetzt. Am 20. März 1956 erlangt Tunesien mit dem Französisch-Tunesischen Protokoll seine vollständige Unabhängigkeit und errichtet eine konstitutionelle Monarchie. Der Vertrag von Bardo (1881) und die Konvention von La Marsa (1883) werden aufgehoben. Den Sieg der ersten Parlamentswahlen, fünf Tage nach der Erklärung der Unabhängigkeit, trägt die Néo-Destour davon. Habib Bourguiba wird am 8. April zum Präsidenten der ersten tunesischen Nationalversammlung gewählt und drei Tage später zum Premierminister ernannt. Die Ziele Bourguibas: Umsetzung der Unabhängigkeit des Landes, Schaffung der Grundlagen eines modernen und starken Staates, Stärkung der Wirtschaft und Abzug der ausländischen Truppen von tunesischem Gebiet. [19]

Am 25. Juli 1957 wird die Republik ausgerufen, zu deren Präsident Habib Bourguiba gewählt wird und damit Bey Mohammed VIII Al-Amin abgesetzt wird.[20]

Im Jahre 1957 wird ein Familiengesetz verabschiedet, das die Stellung der Frau in der Gesellschaft wesentlich aufwertet: Die Polygamie wird verboten, der Schleier verbannt. Männer dürfen fortan ihre Frauen nicht mehr verstoßen. Bis heute bleibt die Stellung der tunesischen Frau die für westliches Verständnis fortschrittlichste in der gesamten arabischen Welt. Fortan ist der Schulbesuch gebührenfrei. Die französische Sprache wird in der Verwaltung beibehalten. Eine neue Universität wird eröffnet. Die islamischen Fakultäten der Zitouna-Moschee in Tunis werden hingegen geschlossen, da Bourguiba bestrebt ist, den Einfluss des Islams zu reduzieren.[21]

---

[18] vgl. Berger, J.; Büttner, F.; Spuler, B.: Nahost-PLOETZ, Würzburg 1987, 193
[19] vgl. Agence Tunisienne de Communication Extérieure, unter: http://www.tunisie.com, 15.02.2002; http://www.abczone.com, 15.02.2002
[20] vgl. Rassemblement Constitutionnel Démocratique, unter: http://www.rcd.tn, 03.03.2002 ; Berger, J.; Büttner, F.; Spuler, B.: Nahost-PLOETZ, Würzburg 1987, 194
[21] vgl. Herzog, W.: Der Maghreb: Marokko, Algerien, Tunesien, München 1990, 177-178

Die Beziehungen mit Frankreich werden aufgrund des Algerien-Krieges gestört, da es Ende 1957 zu Auseinandersetzungen kommt als französische Truppen, die algerische Unabhängigkeitskämpfer verfolgen, die tunesische Grenze überschreiten. Den Höhepunkt erreichen diese Spannungen am 8. Februar 1958 als 25 Flugzeuge der französischen Armee die algerisch-tunesische Grenze überqueren und das tunesische Dorf Sakiet-Sidi-Youssef bombardieren. Bilanz: 68 getötete und etwa 100 verletzte Tunesier, darunter auch der spätere Präsident Zine El Abidine Ben Ali. Als Zeichen der Entrüstung tritt Tunesien am ersten Oktober der Arabischen Liga bei. Am 15. April 1959 unterzeichnen Frankreich und Tunesien bereits wieder einen Vertrag über die Verlängerung der technischen Unterstützung von französischer Seite.[22]

Am 1. Juni 1959 wird die neue Verfassung verkündet. Staatsreligion ist der Islam und die Macht liegt bei der präsidentiellen und zentralistisch organisierten Regierung. Ohne auf eine Opposition zu treffen, wird Habib Bourguiba am 8. November des selben Jahres als Präsident wiedergewählt. Seine Partei, die Néo-Destour, vereint alle Sitze der Nationalversammlung auf sich.[23]

Der bisherige Machtinhaber Bey Lamine wird abgesetzt, sein Besitz konfisziert und für die Begleichung der Staatsschulden verwendet. Zahlreiche französische Staatsbeamte werden aus dem Dienst entlassen und etwa ein Drittel der in Tunesien lebenden Franzosen verlassen das Land.[24]

Am 17. Juni 1959 wird eine Vereinbarung zur Evakuierung der französischen Truppen aus dem gesamten tunesischen Territorium getroffen, mit Ausnahme des Stützpunktes in Bizerte. Zwei Jahre später werden die französisch-tunesischen Beziehungen erneut auf den Prüfstand gestellt, da am 7. Juli 1961 von der Néo-Destour zu einer Volksdemonstration in Bizerte aufgerufen wird, um gegen die Stationierung der

---

[22] vgl. Rassemblement Constitutionnel Démocratique, unter: http://www.rcd.tn, 03.03.2002

[23] vgl. ebd.

[24] vgl. Herzog, W.: Der Maghreb: Marokko, Algerien, Tunesien, München 1990, 176

französischen Truppen in Bizerte und Umgebung (Arsenal von Menzel Bourguiba) zu kämpfen. Eine Woche später (14. Juli 1961) entscheiden sich Staat und Partei zum endgültigen Befreiungskampf von Bizerte, zu dem sich mehrere 10 000 Jugendliche freiwillig zum Einsatz bereit erklären. Da die Franzosen sich weigern, den Marinestützpunkt von Bizerte zu verlassen, wird er am 19. Juli 1961 von tunesischen Truppen besetzt. Zwei Tage später bricht die französische Armee die Blockade und umzingelt die gesamte Stadt: 700 Tote und 1 200 Verletzte sind zu beklagen. Beide Lager akzeptieren den zum Waffenstillstand aufrufenden Beschluss des Sicherheitsrates der Vereinten Nationen vom 22. Juli. Darüber hinaus verlangt die Generalversammlung der Vereinten Nationen am 25. August von Frankreich, Bizerte vollständig zu verlassen. Nach den 1962 beginnenden Diskussionen zwischen Frankreich und Tunesien, verlässt am 15. Oktober 1963 der letzte ausländische Soldat Bizerte.[25]

Im Januar 1963 werden zehn Männer wegen einer Verschwörung zum Mord am Präsidenten hingerichtet.[26]

Bourguiba wendet sich in seiner Politik verstärkt dem Maghreb und dem Nahen Osten zu und intensiviert die wirtschaftliche und politische Zusammenarbeit mit den Nachbarländern. Der Streit bezüglich der Grenzen mit Algerien ist inzwischen beigelegt. Auch die Beziehungen Tunesiens zu Marokko verbessern sich.

In den ersten Jahren des unabhängigen Tunesiens besetzt die städtische Kleinbürgerschaft den neuen Verwaltungsapparat. Spitzenposten gehen an einflussreiche Familien, die u.a. stark im Handel tätig sind. Da die einheimische Bevölkerung zu wenig in Industrie und Landwirtschaft investiert, übernimmt der Staat diese Rolle und entwickelt geplante und zentral gesteuerte Maßnahmen.[27]

---

[25] vgl. Rassemblement Constitutionnel Démocratique, unter: http://www.rcd.tn, 03.03.2002

[26] vgl. Netzwerk Afrika Deutschland e.V., unter: http://www.netzwerk-afrika-deutschland.de, 15.02.2002

[27] vgl. Herzog, W.: Der Maghreb: Marokko, Algerien, Tunesien, München 1990, 179

Ahmed Ben Salah, Staatssekretär für Wirtschaftsplanung und Vorsitzender der UGTT-Gewerkschaft, sieht für die zehn folgenden Jahren ein Nebeneinander von Genossenschaften sowie öffentlichem und privatem Sektor vor. Im Mai 1964 werden alle im ausländischen Besitz befindlichen Ländereien enteignet und nationalisiert. Kleinbauern und Handelsgenossenschaften werden kollektiviert. Als Reaktion darauf stellt Frankreich jegliche finanzielle Hilfe für Tunesien ein, was zu verstärkten wirtschaftlichen Schwierigkeiten führt. In dieser Zeit werden in Tunesien Ölvorkommen entdeckt, von denen Tunesien einige Jahre zehren kann.[28]

Auf dem 7. Kongress (Oktober 1964) der Néo-Destour wird der Destour-Sozialismus angenommen und die Partei in Sozialistische Destour-Partei (Parti Socialiste Destourien) umbenannt. Ziel des tunesischen Sozialismus ist es, dem Land mit Hilfe steigender landwirtschaftlicher Produktion und Importbeschränkungen den Weg in die Selbständigkeit zu erleichtern.[29]

Erste Widerstände kommen auf, als Handwerker und Händler zur Gründung von Kooperativen überzeugt werden sollen. Kritischer wird die Lage, als am Ende der sechziger Jahre auch das Eigentum von mittleren und reichen Bauern angegriffen werden soll.

In den Jahren 1965 und 1966 unterstützt Tunesien die Gründung eines ständigen beratenden Komitees des Maghreb als Vorgänger der 1989 gegründeten Union des Arabischen Maghreb (Union du Maghreb Arabe, UMA). Auch mit Ägypten wird wieder verstärkt verhandelt.[30]

Bereits im Jahre 1969 wird ein Assoziierungsabkommen mit der Europäischen Gemeinschaft ratifiziert, das 1976 in ein Kooperationsabkommen abgewandelt wird und eine Zollbefreiung tunesischer Importe nach Europa aus der verarbeitenden Industrie und begrenzt aus der

---

[28] vgl. ebd.; Netzwerk Afrika Deutschland e.V., unter: http://www.netzwerk-afrika-deutschland.de, 15.02.2002

[29] vgl. Rassemblement Constitutionnel Démocratique, unter: http://www.rcd.tn, 03.03.2002

[30] vgl. Union du Maghreb Arabe, unter: http://www.maghrebarabe.org, 10.03.2002

Landwirtschaft vorsieht. Der Wirtschaftsminister Ben Salah wird aufgrund der fehlgeschlagenen sozialistischen Periode Tunesiens aus der
Regierung und aus der Sozialistischen Destour-Partei ausgeschlossen,
verhaftet und ins Exil geschickt[30] und Tunesien kehrt vom Versuch
des Sozialismus zur Politik des „ökonomischen Liberalismus" zurück.
Am Ende der sozialistischen Phase sind 60 % der Wirtschaft in staatlicher Hand und die Zahl der Staatsbeamten ist stark gestiegen.[31]

Der vom Premierminister Hedi Nouira gesteuerte Liberalismus geht
mit der Förderung des Exportes und der Importerleichterung einher.
Investoren, die schnelle Gewinne suchen, werden herzlich begrüßt.
Die wirtschaftliche Entwicklung wird durch die Entdeckung neuer
Erdölvorkommen begünstigt. Die tunesische Gesellschaft wird hinge-
gen dreigeteilt: die Oberschicht, die im Einvernehmen mit dem Staat
Geschäfte und Gewinne macht; die den Kleinhandel und die Staats-
verwaltung bestimmende Mittelschicht und die breite Masse kleiner
Angestellter und Bauern, die vom freien Arbeitsmarkt abhängig sind
und nur eine geringe soziale Absicherung genießen.[32]

Im November 1969 wird Bourguiba zum dritten Mal zum Präsidenten
gewählt. Im Dezember stimmt die Nationalversammlung einer Verfassungsänderung zu, die vorsieht, dass ein vom Präsidenten ernann-
ter Premierminister die Präsidentschaft im Todes- oder Invaliditäts-
falle des Präsidenten übernimmt. Anfang der 1970er Jahre erkrankt
Bourguiba. Im März 1975 wird er zum Präsidenten auf Lebenszeit
ernannt.[33]

Am 12. Januar 1974 proklamiert Tunesien eine Union mit Libyen, die
jedoch nur von kurzer Dauer ist.[34] Außenpolitisch wird der Panarabis-

---

[30] vgl. Netzwerk Afrika Deutschland e.V., unter: http://www.netzwerk-afrika-
deutschland.de, 15.02.2002
[31] vgl. Herzog, W.: Der Maghreb: Marokko, Algerien, Tunesien, München 1990,
180-181
[32] vgl. ebd.
[33] vgl. ebd., 181-184
[34] vgl. Netzwerk Afrika Deutschland e.V., unter: http://www.netzwerk-afrika-
deutschland.de, 15.02.2002

mus des tunesischen Staates von Seiten anderer arabischer Nationen als zu gemäßigt beurteilt. Sie verurteilen den Vorschlag Bourguibas, zum Teilungsplan Palästinas der UNO von 1947 zurückzukehren. Zum erneuten Male werden die diplomatischen Beziehungen mit Ägypten 1966 unterbrochen, bevor sie, begünstigt vom Sechs-Tage-Krieg gegen Israel, wieder hergestellt werden.[36]

Die Position Tunesiens verstärkt sich hingegen nach der Unterzeichnung der Friedensabkommen zwischen Ägypten und Israel im Jahre 1979. Der Sitz der Arabischen Liga wird nach Tunis verlagert. Im Juni 1982 empfängt Tunesien die führenden Persönlichkeiten der Organisation zur Befreiung Palästinas (PLO), darunter Yasser Arafat sowie mehrere hundert seiner Partisanen, die nach der israelischen Invasion aus dem Libanon vertrieben wurden.[37]

Im Jahre 1978 rufen die tunesischen Gewerkschaften einen Generalstreik gegen Lohnkontrollen aus, anlässlich dessen der Ausnahmezustand ausgerufen wird und Dutzende Tote bei Straßenkämpfen zu beklagen sind. Die Gewerkschaftsführer werden verhaftet.[38]

Die 1980er Jahre bringen für den tunesischen Staat zahlreiche Schwierigkeiten mit sich. Im Januar 1980 wird in Gafsa ein von Terroristen organisierter Umsturzversuch von der Regierung niedergeschlagen, bei dem etwa 300 Tote zu verzeichnen sind. Frankreich leistet bei diesem Unternehmen logistische Hilfe und Libyen wird beschuldigt, diesen Umsturzversuch organisiert zu haben.[39]

1980 wird Mohamed M'zali Premierminister und die Politik des Landes liberalisiert.[40]

---

[36] vgl. Callies de Salies, B.; Leguay, I.; Les Cahiers de l'Orient (Hrsg.): 1987-1997 La décennie Ben Ali, Tunisie: un bilan, Nr. 46, o.O. 1997, 139-140

[37] vgl. ebd.

[38] vgl. Netzwerk Afrika Deutschland e.V., unter: http://www.netzwerk-afrika-deutschland.de, 15.02.2002

[39] vgl. ebd.

[40] vgl. ebd.

1981 wird nach 18jährigem Verbot die Kaderpartei der Kommunisten (PCT) von Bourguiba anerkannt und bildet zusammen mit der „demokratischen und sozialen Bewegung" die Hauptopposition. Noch im selben Jahr werden freie Wahlen organisiert, deren Ergebnisse jedoch gefälscht werden, so dass nur die Destour ins Parlament einzieht. Islamistengruppen, denen sich immer mehr arme und sozial schwache Bevölkerungsschichten zugehörig fühlen, werden im Untergrund tätig. Nach 1981 werden schließlich zahlreiche Islamistenführer verhaftet.[41]

Im Jahre 1984 löst die Bekanntgabe der Erhöhung der Preise für Grundnahrungsmittel Unruhen im Land aus, bei denen mehr als 100 Menschen ums Leben kommen.[42] Bourguiba ist gezwungen, seine Entscheidung rückgängig zu machen.

Die Beziehungen zu Libyen werden 1985 abgebrochen, nachdem das Land ca. 30 000 tunesische Arbeiter ausgewiesen hat. Am 1. Oktober 1985 wird das Hauptquartier der Palästinenserbewegung PLO südlich von Tunis durch einen israelischen Luftangriff zerstört und über 70 Personen, darunter auch 15 tunesische Staatsbürger, getötet.[43]

Bei den Wahlen von 1986 trägt die Regierungspartei Destour nach gefälschten Ergebnissen abermals alle Parlamentssitze davon. Der Premierminister Mohamed M'zali wird entlassen und an seine Stelle tritt der bisherige Wirtschaftsminister Rachid Sfar. Fundamentalisten kämpfen für die arabisch-islamische Identität Tunesiens. Schließlich wird der Führer der Mouvement de la Tendance Islamique (MTI), Rached Ghannouchi, am 9. März 1987 verhaftet. In diesem und im Fol-

---

[41] vgl. Herzog, W.: Der Maghreb: Marokko, Algerien, Tunesien, München 1990, 184-187

[42] vgl. Netzwerk Afrika Deutschland e.V., unter: http://www.netzwerk-afrika-deutschland.de, 15.02.2002

[43] vgl. Herzog, W.: Der Maghreb: Marokko, Algerien, Tunesien, München 1990, 184-187; Berger, J.; Büttner, F.; Spuler, B.: Nahost-PLOETZ, Würzburg 1987, 199

gemonat kommt es immer wieder zu Zusammenstößen zwischen Anhängern der MTI und Sicherheitskräften.[44]

## 1.3.2 Demokratisierungsversuche Ben Alis

Auf Anlass eines von sieben Ärzten des Präsidenten Habib Bourguibas erstellten Medizinberichtes, wird dieser am 7. November 1987 für unfähig erklärt, weiterhin die Leitung des Staates innezuhaben. In Folge der Anwendung des Artikels 57 der Verfassung der Tunesischen Republik übernimmt sein Premierminister Zine El Abidine Ben Ali die Präsidentschaft. Mit diesem unblutigen Putsch beginnt eine nationale Versöhnung, die ihren Ausdruck in der Freilassung hunderter politischer Gefangener und radikaler Moslems findet.[45]

Im Juli 1988 wird die Destour-Partei in Demokratische Verfassungsvereinigung (Rassemblement Constitutionnel Démocratique, RCD) umbenannt. Der erste Kongress der RCD widmet sich den Prinzipien der Demokratie sowie den Menschenrechten. Ben Ali wird an den Kopf der Partei gewählt, eine neue Charta sowie ein neues Politik-, Wirtschafts-, Sozial- und Kulturprogramm werden angenommen.[46]

Die Beachtung der Menschenrechte wird angekündigt, ein neues Presse-, Parteien- und Wahlgesetz ausgearbeitet, die arabische Sprache und der Islam stärker berücksichtigt und die islamische Zitouna-Universität in Tunis wiedereröffnet.[47]

Nach mehreren Jahren systematischer Repression will Ben Ali einen gemäßigten politischen Kurs einschlagen. Auf die Argumente der Islamisten, die der Regierung vor allem den Laizismus vorwerfen, wird mit

---

[44] vgl. Netzwerk Afrika Deutschland e.V., unter: http://www.netzwerk-afrika-deutschland.de, 15.02.2002

[45] vgl. ebd.

[46] vgl. Rassemblement Constitutionnel Démocratique, unter: http://www.rcd.tn, 03.03.2002

[47] vgl. Herzog, W.: Der Maghreb: Marokko, Algerien, Tunesien, München 1990, 189

der Arabisierung des Schulwesens sowie der Entwicklung eines Islam des Staates (Kontrolle der Moscheen, Ausstrahlung der Gebetsaufrufe im öffentlichen Fernsehen) reagiert. Parallel dazu lässt der Präsident das Mehrparteiensystem zu und wendet die Demokratisierung auf die gemäßigten Islamisten an, die zur Teilnahme an den Parlamentswahlen von 1989 und den Kommunalwahlen von 1990 aufgerufen werden. Am 2. April 1989 finden diese Parlamentswahlen statt, deren Sieg die RCD mit der Gesamtzahl der Sitze davonträgt. Die in der Partei En-Nahda („die Wiedergeburt") organisierten Islamisten erhalten nicht ausreichend Stimmen, um in die Nationalversammlung einzuziehen, sie erscheinen hingegen als stärkste Oppositionskraft. Zine El Abidine Ben Ali wird am selben Tag zum Präsidenten der Republik gewählt.[48]

## Verwaltungssystem

Die tunesische Regionalverwaltung unterteilt sich in 23 Gouvernorate, deren Aufsichtsbehörde das Innenministerium ist. Die einzelnen Gouvernorate bestehen aus insgesamt 254 Kreisen (délégations), die ihrerseits in Stadträte (municipalités) untergliedert sind.

Die staatliche Gesamtsteuerung folgt dem zentralistischen Modell. Der Gouverneur ist der Vertreter der Zentralverwaltung in den Gouvernoraten und beaufsichtigt das Personal des öffentlichen Dienstes im Gouvernorat.[49]

Folgende Gouvernorate (mit Einwohnerzahlen in Tausend, 2001) zählt Tunesien: Tunis (932,5), Ariana (373,4), Ben Arous (456,7), Manouba (321,1), Nabeul (641,2), Zaghouan (155,6), Bizerte (523,2), Béja (318,8), Jendouba (427,7), Le Kef (281,2), Siliana (256,7), Kairouan (567,5), Kasserine (420,7), Sidi Bouzid (401,4), Sousse (501,1), Monastir (421,1), Mahdia (371,4), Sfax (820,1), Gafsa (330,5), Tozeur (97,4), Kébili (142,8), Gabès (335,0), Médenine (427,1), Tataouine (149,0).[50]

---

[48] vgl. Herzog, W.: Der Maghreb: Marokko, Algerien, Tunesien, München 1990, 189-190

[49] vgl. Publi-Performances: Entreprendre en Tunisie, o.O. o.J., 258-261

[50] vgl. Institut National de la Statistique, unter: http://www.ins.nat.tn, 10.06.2002

Ab 1991 wird En-Nahda wieder verboten und Mitglieder dieser Partei verhaftet. Nach den Präsidentschafts- und Parlamentswahlen von 1994, anlässlich derer Ben Ali wiedergewählt wird, tritt zum ersten Mal die Opposition mit 19 Sitzen in die Abgeordnetenkammer ein. Ben Ali verstärkt nun die Repressionen gegen die Islamisten, wodurch Demokratisierung sehr beschränkt bleibt. Der Polizeiapparat wird beibehalten und hat jegliche Opposition, Menschenrechtsorganisationen und Gewerkschaften inbegriffen, im Auge. Jedoch bilden sich Vereine und Gewerkschaften neu, während die wirtschaftliche Liberalisierung sich fortsetzt und sich eine bessere Einkommensverteilung im Land einstellt. Die wirtschaftliche Entwicklung Tunesiens hat zu bemerkenswerten Ergebnissen geführt (Verdopplung des Einkommens pro Einwohner in zehn Jahren, Erhöhung der Lebenserwartung um mehr als 14 Jahre von 58,6 Jahren 1975 auf 72,9 Jahre 2001 und Senkung der Kindersterblichkeitsrate um mehr als zwei Drittel von 76,9 ‰ 1975 auf 22,8 ‰ 2001).[51]

Am 24. Oktober 1999 wird Ben Ali für eine dritte und verfassungsmäßig vorerst letzte Amtszeit für eine Dauer von fünf Jahren mit 99,44 % der Stimmen als Präsident der Republik Tunesien wiedergewählt. Er hat zwei Gegenkandidaten: Abderrahman Tlili, Chef der Union Démocratique Unioniste (UDU) und Mohamed Belhaj Amor, Chef der Parti de l'Unité Populaire (PUP). Bei den Abgeordnetenwahlen des Einkammerparlamentes trägt die RCD als Regierungspartei mit dem Vorsitz Ben Alis 92 % der Stimmen davon. Die Opposition kann 15 Sitze in der Abgeordnetenkammer dazugewinnen und zählt nunmehr 34 von insgesamt 182 Sitzen. Die Zahl der Frauen im Parlament steigt von 11 auf 21 an. Am 17. November 1999 ernennt Ben Ali den ehemaligen Kooperationsminister Mohamed Ghannouchi zum Premierminister, der den für 10 Jahre im Amt gewesenen Premierminister Hamed Karaoui ablöst. Ein neues Ministerium, und zwar das für Menschenrechte, wird

---

[51] vgl. ebd.; Microsoft Encarta 2001: Tunisie, unter: http://www.encarta.com, 20.03.2002

gegründet. Dali Jazy, als ehemaliger Präsident der Tunesischen Liga
der Menschenrechte, wird zu seinem Minister.[52]

| Wahlberechtigte | 3 387 542 | Gültige Stimmen | 3 091 062 |
|---|---|---|---|
| Wähler | 3 100 098 | Ungültige Stimmen | 9 036 |
| Wahlbeteiligung | 91.5 % | Stimmen für RCD | 91.59 % |

*Tabelle 1-2 Ergebnisse der Parlamentswahlen vom 24. Oktober 1999 (vgl. Union Inter-
parlementaire, unter: http://www.ipu.org, 19.04.2002)*

Am 6. April 2000 verstirbt der ehemalige Präsident Habib Bourguiba
(1957-1987) im Alter von 97 Jahren und wird zwei Tage später im
Mausoleum der Familie Bourguiba in Monastir beigesetzt. Die zurück-
haltenden Trauerzeremonien der Regierung lösen eine heftige Reaktion
in der öffentlichen nationalen und internationalen Meinung aus. Im selben Monat werden durch den Hungerstreik des tunesischen Journalisten Taoufik Ben Brik, dem das Recht, sich frei zu bewegen, entzogen
wurde und dessen Reisepass durch die Regierung eingezogen wurde,
auch hier negative Aspekte des Regimes offengelegt. Verantwortliche
der Sicherheitskräfte werden festgenommen, da sie die Position der
Obrigkeit kritisiert haben, der Chef der Nationalgarde wird aus seinem
Amt entlassen. Im Mai wird ein Mordversuch auf den ehemaligen
Chefredakteur der arabischen Ausgabe der „Le Monde diplomatique",
Riad Ben Fadhel, gerichtet, der einige Tage zuvor einen kritischen Artikel in Bezug auf den Präsidenten Ben Ali veröffentlicht hatte.[53]

Bei den Kommunalwahlen im Mai 2000 gewinnt die RCD 3 885 Sitze,
die Opposition und die Unabhängigen 243 Sitze.

Am 8. Juni 2000 nimmt Tunisair den Flugverkehr nach Libyen auf und
bricht damit die internationale Blockade.[54]

---

[52] vgl. Rassemblement Constitutionnel Démocratique, unter: http://www.rcd.tn,
03.03.2002

[53] vgl. ebd.; Microsoft Encarta 2001: Tunisie, unter: http://www.encarta.com,
20.03.2002

[54] vgl. Netzwerk Afrika Deutschland e.V., unter: http://www.netzwerk-afrika-
deutschland.de, 15.02.2002

Am 26. Mai 2002 wird einer umfassenden Verfassungsänderung per Volksabstimmung mit 99,52 % Ja-Stimmen zugestimmt. Mehr als die Hälfte der Artikel der Verfassung von 1959 werden damit geändert.[55]

Ces résultats ne surprennent que ceux qui ne connaissent pas la Tunisie. Ils prouvent que la Tunisie est un pays de concorde, de fidélité et de grandes ambitions et ne devraient pas surprendre les étrangers.[56]

Dabei geht es u.a. um den Kandidatenpluralismus der nächsten Präsidentschaftswahlen und die Einrichtung einer zweiten legislativen Instanz. Die Änderung des Artikels 39 der Verfassung, der besagt, dass der Präsident nur zweimal aufeinanderfolgend wiedergewählt werden kann, was die Amtszeit Ben Alis im Jahre 2004 beenden würde, steht scheinbar im Mittelpunkt. Das Reformprojekt beschließt eine unbegrenzte Anzahl an Mandaten[57], setzt das Höchstalter für die Präsidentschaftswahl von 70 auf 75 Jahre herauf und gewährt dem Präsidenten fortan Immunität für Handlungen während seiner Amtszeit.[58]

| Wahlberechtigte | 3 644 845 | Gültige Stimmen | 3 478 819 |
|---|---|---|---|
| Wähler | 3 483 991 | - Ja | 3 462 177 (99.52 %) |
| Wahlbeteiligung | 95.59 % | - Nein | 16 642 (0.48 %) |
| - in Tunesien | 96.15 % | Ungültige Stimmen | 5 172 |
| - im Ausland | 87.55 % | men | |

Tabelle 1-3 Offizielle Ergebnisse des Referendums vom 26.05.2002 (vgl. o.V.: Tunisie: la population a dit oui à 99,52 % «au succès de Ben Ali», unter: http://www.lintelligent.com, 27.05.2002)

---

[55] vgl. o.V.: Tunisie: la population a dit oui à 99,52 % «au succès de Ben Ali», unter: http://www.lintelligent.com, 27.05.2002

[56] Hédi M'henni (Innenminister) anlässlich des Referendums vom 26.05.2002, zit. in: o.V.: Tunisie: la population a dit oui à 99,52 % «au succès de Ben Ali», unter: http://www.lintelligent.com, 27.05.2002

[57] vgl. Kéfi, R.: Une «IIe République» pour quoi faire?, in: Jeune Afrique/ L'Intelligent v. 11.03.2002, 25-27

[58] vgl. o.V.: Tunisie: la population a dit oui à 99,52 % «au succès de Ben Ali», unter: http://www.lintelligent.com, 27.05.2002

War es Ben Ali, der die von Bourguiba eingeführte Präsidentschaft auf Lebenszeit abgeschafft hat, so ist auch er es, der sich durch die Heraufsetzung des Alters zur Wahl zum Präsidenten im Rahmen der Verfassungsänderung nun theoretisch den Weg für zwei weitere Amtszeiten geebnet hat und prinzipiell bis 2014 an der Spitze des tunesischen Staates stehen könnte. Sollte dies eintreten, wäre Ben Ali 27 Jahre Präsident der Tunesischen Republik gewesen.

## 1.4 Außenpolitik

Aufgrund seiner strategisch günstigen Lage nimmt Tunesien zwischen Afrika, Europa und der arabischen Welt einen besonderen Platz ein. In seinen internationalen Beziehungen führt das Land eine Politik der Öffnung und Mäßigung. Wirtschaftlich wendet es sich unter Beibehaltung seiner arabisch-islamischen Identität Europa zu.

Tunesiens Politik wird von radikaleren arabischen Ländern kritisch betrachtet, die dem Land eine zu starke Öffnung für die westliche Kultur vorwerfen. Von den westlichen Nationen hingegen wird Tunesien als politisch stabiles und gemäßigtes Land geschätzt. Ihnen gilt Tunesien als unterstützende Kraft im Friedenprozess im Mittleren Osten. Jedoch äußert der Westen verstärkt Wünsche nach einer weniger repressiven und demokratischeren Regierung unter Einhaltung der Menschenrechte.[59]

Im Zuge der historischen Entwicklung sind vor allem die Beziehungen mit Frankreich sehr intensiv. Diese erlitten 2000 und 2001 jedoch einen Dämpfer als die französische Regierung und die Presse sich kritisch über die Menschenrechtslage in Tunesien äußerten. Mehrere französische Zeitschriften verschwanden daraufhin bis heute von tunesischen Zeitungskiosken.[60]

---

[59] vgl. The Economist Intelligence Unit (Hrsg.): Tunisia-Country Profile 2001, London 2001, 10-12

[60] vgl. Hussain, A., Vereinte Nationen (Hrsg.): Droits civils et politiques et notamment la question de la liberté d'expression – Rapport sur la mission en Tunisie, o.O. 2000, o.S.

Die Beziehungen zu Deutschland gerieten im April 2002 nach einem terroristischen Anschlag auf die Synagoge Al Ghriba auf der tunesischen Ferieninsel Djerba ins Wanken, dem u.a. 14 deutsche Urlauber zum Opfer fielen.[61]

Die Beziehungen zu den USA sind freundlich. Die militärische Zusammenarbeit besteht seit langem und drückt sich vor allem in einer Vielzahl von jährlichen gemeinsamen Übungseinsätzen aus. Tunesien unterstützt den sogenannten Eizenstat-Plan, ein Programm der US-Nordafrika-Wirtschaftspartnerschaft (USA, Tunesien, Marokko, Algerien, Ägypten), der US-Investitionen ankurbelt und die wirtschaftliche Integration der Maghreb-Region fördert.[62]

## 1.4.1 Arabische Welt

Tunesiens Beziehungen zur arabischen Welt sind im wesentlichen positiv.

Das Land verfügt über ein Zentrum der Arabischen Liga. Es ist Sitz der Arabischen Organisation für Bildung, Kultur und Wissenschaft ALECSO (Organisation Arabe pour l'Education, la Culture et la Science), der Radiounion der Arabischen Staaten ASBU (Union des Radios des Etats Arabes), der Arabischen Organisation für Atomenergie, der Arabischen Organisation für Telekommunikations- und Informationstechnik sowie des Generalsekretariats des Arabischen Innenministerrates. Im Februar 2001 übernahm Tunesien die 2-Jahres-Präsidentschaft des UN-Sicherheitsrates.[63]

Die PLO wird von Tunesien unterstützt. Im September 1982 errichtete die PLO ihr Hauptquartier in Tunis; die aus dem Libanon geflüchteten PLO-Kämpfer wurden aufgenommen. Drei Jahre später wurde in einem

---

[61] vgl. o.V.: Spuren zu Al Qaida, in: Nordkurier v. 06.05.2002, o.S.
[62] vgl. U.S. Department of State (Hrsg.): FY 2001 Country Commercial Guide: Tunisia, o.O. 2000, o.S.
[63] vgl. Agence Tunisienne de Communication Extérieure, unter: http://www.tunisie.com, 03.03.2002

israelischen Flugangriff das Hauptquartier Arafats in der Nähe von Tunis zerstört. Im Sommer 1994 hatte die PLO-Führung, aufgrund ihres Umzugs nach Gaza, Tunesien bis auf einige Personen verlassen, die Beziehungen zwischen Ben Ali und Yasser Arafat bleiben hingegen eng. Gleichzeitig werden wieder vorsichtige Beziehungen zu Israel aufgenommen.[64]

Die Golfstaaten, Kuwait und Saudi-Arabien haben ihre Investitionstätigkeit in Tunesien in den letzten Jahren intensiviert. Ebenso unterzeichnete Tunesien Freihandelsabkommen u.a. mit Ägypten, Marokko, Jordanien, Libyen und dem Irak. Erst Mitte 2001 wurde eine Erklärung über eine Freihandelszone der arabischen Staaten im Mittelmeerraum mit Ägypten, Marokko und Jordanien als Vorreiter der vorgeschlagenen Arabischen Freihandelszone verabschiedet.[65]

## Liga der Arabischen Staaten[66]

Tunesien trat 1958 der Liga der Arabischen Staaten bei, die bereits am 22. März 1945 in Kairo durch Jordanien, Saudi-Arabien, Syrien, den Irak, den Libanon, Ägypten und den Jemen gegründet wurde.

Weitere Mitgliedsländer sind: Libyen, der Sudan, Marokko, Kuwait, Algerien, Bahrein, Katar, Oman, die Vereinigten Arabischen Emirate, Mauretanien, Somalia, Palästina, Djibuti und die Komoren.

Von 1979 bis 1990 war Tunis Sitz der Liga der Arabischen Staaten.

Zu den Zielen der Arabischen Liga zählen:

- die Förderung enger Beziehungen zwischen den Mitgliedstaaten,

- die Koordination der Politik sowie der Wirtschafts-, Kultur- und Sicherheitspläne zur Stärkung der gemeinsamen Zusammenarbeit

---

[64] vgl. Callies de Salies, B.; Leguay, I.; Les Cahiers de l'Orient (Hrsg.): 1987-1997 La décennie Ben Ali, Tunisie: un bilan, Nr. 46, o.O. 1997, 139-140

[65] vgl. The Economist Intelligence Unit (Hrsg.): Tunisia – Country Profile 2001, London 2002, 11

[66] vgl. League of Arab States, unter: http://www.leagueofarabstates.org, 23.03.2002

zum Schutz der nationalen Sicherheit und zur Aufrechterhaltung der Unabhängigkeit und Souveränität der Mitgliedstaaten,

- gemeinsame arabische Aktionen in allen Bereichen.

Folgende Bereiche sind von der Kooperation betroffen:

- Wirtschaftliche und finanzielle Sachverhalte: z.b. Warenaustausch, Zoll, Währung, Landwirtschaft, Industrie,

- Infrastruktur: z.b. Eisenbahn, Strassen, Luftverkehr, Schifffahrt, Post und Telekommunikation,

- Fragen bezüglich Nationalität, Reisepässen, Visa, Anerkennung von Urteilen, Auslieferung von Kriminellen usw.,

- Soziale Angelegenheiten,

- Gesundheitsangelegenheiten.

## Union des Arabischen Maghreb

Mit seinen unmittelbaren Nachbarn Algerien und Libyen strebt Tunesien nach freundschaftlichen Beziehungen. Obgleich Tunesien den in Algerien wütenden Bürgerkrieg zwischen islamistischen Gruppen und der algerischen Armee sowie die Unruhen in den Berberregionen mit einem kritischen Auge betrachtet, können die Beziehungen zu Algerien als gut bewertet werden.

Die Beziehungen zu Libyen hingegen erlebten in der Vergangenheit ein Auf und Ab. Tunesiens Unterstützung des UN-Embargos zerstörte die Beziehungen, bis sie 1995 freundschaftlicher wurden, so dass die wirtschaftliche Zusammenarbeit zumindest im Energiesektor mit Libyen in Zukunft ausgebaut werden soll. Der libysche Staatschef Muammar Kaddafi bleibt trotz alledem eine Persönlichkeit, der Tunesien vorsichtig gegenübersteht.[67] Im Rahmen der geplanten tunesisch-libyschen Freihandelszone soll u.a. eine Autobahn zwischen dem tunesischen

---

[67] vgl. The Economist Intelligence Unit (Hrsg.): Tunisia – Country Profile 2001, London 2001, 11

Sfax und der libyschen Hauptstadt Tripolis errichtet werden.[68] Auch die Zusammenarbeit im Telekommunikationssektor wird forciert.[69]

Am 17. Februar 1989 unterzeichnen die Staatschefs von Tunesien, Algerien, Marokko, Libyen und Mauretanien auf dem Gipfel von Marrakesch (Marokko) den Gründungsvertrag der Union des Arabischen Maghreb (Union du Maghreb Arabe, UMA), der am 1. Juli 1989 in Kraft tritt. Bereits ein Jahr zuvor wurde auf dem Treffen in Zeralda (Algerien) über die Bildung einer Grossen Kommission entschieden, deren Aufgabe in der Festlegung von Wegen und Mitteln zur Umsetzung einer Gemeinschaft zwischen den fünf Maghrebstaaten besteht. Tunesien wird von 1990 bis 1993 die Präsidentschaft der Union des Arabischen Maghreb übertragen. Inzwischen hat Ägypten einen Beitrittsantrag zur Union des Arabischen Maghreb als beobachtendes Mitglied gestellt.[70]

Der Gründungsvertrag der Union des Arabischen Maghreb legt folgende Ziele fest:[71]

- Verstärkung der Beziehungen zwischen den Mitgliedsstaaten und ihren Völkern. Verwirklichung des Fortschritts und Wohl-standes ihrer Gemeinschaften und Verteidigung ihrer Rechte.

- Progressive Umsetzung des freien Personen-, Dienstleistungs-, Waren- und Kapitalverkehrs zwischen den Mitgliedsstaaten.

- Gemeinsame Politik in allen Bereichen. Ziel der gemeinsamen Politik im wirtschaftlichen Bereich ist es, die industrielle, landwirtschaftliche, kommerzielle und soziale Entwicklung der Mitgliedsstaaten abzusichern.

---

[68] vgl. o.V.: Zone de libre-échange: parachever les modalités pratiques de l'accord, in: La Presse de Tunisie v. 19.09.2002, o.S.

[69] vgl. o.V.: Entrée en vigueur de l'accord de libre-échange, in: La Presse de Tunisie v. 20.09.2002, o.S.

[70] vgl. Union du Maghreb Arabe, unter: http://www.maghrebarabe.org, 24.02.2002; Gharbi, S.: Disparités nord-africaines, in: Jeune Afrique/L'Intelligent v. 20.05.2002, 83

[71] vgl. Union du Maghreb Arabe, unter: http://www.maghrebarabe.org, 24.02.2002

Zur Erreichung des langfristigen Zieles einer maghrebinischen Wirtschaftsgemeinschaft zwischen den Mitgliedsstaaten wurden folgende Etappen bestimmt:[72]

- Errichtung einer Freihandelszone mit dem Abbau der gesamten tarifären und nicht-tarifären Handelshindernisse zwischen den Mitgliedsstaaten.

- Errichtung einer Zollunion mit dem Ziel des Aufbaus eines vereinten Zollraums mit einem gemeinsamen Außentarif für den Rest der Welt.

- Integration der Wirtschaft der einzelnen Mitgliedsstaaten in einen gemeinsamen Markt durch die Aufhebung der Verkehrsbeschränkungen für Produktionsfaktoren über die nationalen Grenzen der Mitgliedsstaaten hinaus.

Innerhalb der ersten drei Jahre nach der Gründung der Union des Arabischen Maghreb, deren Vorsitz am 26. Februar 2002 der tunesische Politiker und Schriftsteller Habib Boularès übernahm, wurden die vertraglich vorgesehenen Institutionen eingerichtet.[73] Bis heute haben die Kommissionen mehr als 30 Konventionen und Vereinbarungen im Rahmen der Union des Arabischen Maghreb ausgearbeitet, von denen jedoch eine Vielzahl noch nicht ratifiziert wurde bzw. noch nicht in Kraft getreten ist. Das Fehlen dauerhafter und stabiler Verwaltungsstrukturen verzögerte in den Anfangsjahren die Umsetzung des Integrationsprojektes.[74]

Momentan befindet sich die Union des Arabischen Maghreb, mit Sitz in Rabat (Marokko), in der ersten Phase der gemeinsamen Entwicklung: der maghrebinischen Freihandelszone.

Die unterschiedlichen politischen Probleme der einzelnen Mitgliedsstaaten erschweren jedoch derzeit, wie auch bereits in der Vergangen-

---

[72] vgl. Union du Maghreb Arabe, unter: http://www.maghrebarabe.org, 24.02.2002
[73] vgl. Kéfi, R.: Boularès, ou le temps retrouvé, in: Jeune Afrique/L'Intelligent v. 11.03.2002, 34-35
[74] vgl. Union du Maghreb Arabe, unter: http://www.maghrebarabe.org, 24.02.2002

heit, noch die Zusammenarbeit. Zwischen 1992 und 1999 wurde die Kooperation durch die Sanktionen erschwert, die Libyen von den Vereinten Nationen auferlegt wurden. Seit 1994 behindern die Unstimmigkeiten im Streit um das Gebiet der Westsahara zwischen Algerien und Marokko die effektive Kooperation der Union des Arabischen Maghreb. Es scheint, als würde eine wahre Zusammenarbeit zwischen den Staaten des Maghreb erst zustande kommen, wenn dieser Konflikt gelöst ist. Im Jahr 1999 belebten sich die Beziehungen als die UN-Sanktionen gegen Libyen aufgehoben wurden, Abdelaziz Bouteflika zum algerischen Präsidenten gewählt wurde und König Mohamed VI den Thron in Marokko bestieg. Auch im Westsahara-Konflikt konnten 2001 Fortschritte erzielt werden.[75]

## 1.4.2 Afrikanische Einheit[76]

Tunesien verstärkt die Beziehungen zu den Subsahara-Ländern. Als Gründungsmitglied hat es aktiv zur Entwicklung der Organisation der Afrikanischen Einheit (OUA) beigetragen.

Die am 25. Mai 1963 von 32 unabhängigen afrikanischen Staaten, darunter Tunesien, in Addis Abbeba (Äthiopien) gegründete Organisation der Afrikanischen Einheit, die am 8. Juli 2002 von der Afrikanischen Einheit abgelöst wurde, verfolgt folgende Ziele:

- Förderung der Einheit und Solidarität der afrikanischen Staaten,

- Koordinierung und Intensivierung der Zusammenarbeit und Bemühungen um ein besseres Leben für die Völker Afrikas,

- Auslöschen jeder Form von Kolonialismus in Afrika,

---

[75] vgl. The Economist Intelligence Unit (Hrsg.): Tunisia – Country Profile 2001, London 2001, 11
[76] vgl. Organization of African Unity, unter: http://www.oau-oua.org, 26.03.2002, African Unity, unter: http://www.africa-union.org, 17.11.2002

- Förderung internationaler Zusammenarbeit im Hinblick auf die Charta der Vereinten Nationen und Allgemeinen Erklärung der Menschenrechte.

Zur Umsetzung dieser Ziele sind die Mitgliedsstaaten bestrebt, ihre Politik in folgenden Bereichen zu harmonisieren:

- Politische und diplomatische Kooperation,

- Wirtschaftliche Zusammenarbeit, inkl. Transport und Kommunikation,

- Zusammenarbeit in Bildung und Kultur,

- Kooperation in Gesundheits- und Ernährungsangelegenheiten,

- Wissenschaftliche und technische Zusammenarbeit.

Bis heute gehören der Afrikanischen Einheit 53 unabhängige afrikanische Staaten an.

Tunesien engagiert sich u.a. gemeinsam mit Algerien seit 1969 für die Realisierung einer Transsaharastrasse. Durch die Verbindung dieser beiden Maghreb-Länder mit der Subsahara-Region soll der Warenaustausch zwischen den afrikanischen Ländern (u.a. Mali, Niger, Nigeria und Tschad) gefördert werden. Bis Ende 2000 konnten bereits 3500 km der insgesamt 4800 km langen Strecke in Betrieb genommen werden.[77]

### 1.4.3    Europa-Mittelmeer-Dialog

Tunesien misst der Entwicklung und der Stärkung der Kooperation zwischen den Maghrebländern und den Ländern nördlich des Mittelmeeres eine besondere Bedeutung bei. Seit dem ersten Kooperationsvertrag der Europäischen Union mit Tunesien vom 15. April 1976 ar-

---

[77] vgl. Arfaoui, H.: Pour le renforcement des échanges économiques, sociaux et culturels, in: La Presse de Tunisie v. 19.09.2002, o.S.

beitet Tunesien intensiv mit Europa zusammen. Damit ist es das erste Land des Maghreb, das ein solches Abkommen abgeschlossen hat.[78]

Das damit einhergehende erste Finanzprotokoll (1976-1981) trägt mit 95 Mio. Euro zur wirtschaftlichen und sozialen Entwicklung Tunesiens bei und finanziert ländliche Sanierungs- und Umweltprojekte (Quellwasserversorgung und Wasserverteilung) sowie Transportprojekte.[79]

Die Höhe des zweiten Finanzprotokolls (1981-1986) beläuft sich auf 139 Mio. Euro, wodurch 34 Projekte finanziert werden können. Das meiste Geld wird in die Entwicklung der Landwirtschaft und der Fischerei investiert. Ebenso kann eine bedeutende Kreditlinie für die Nationale Bank für landwirtschaftliche Entwicklung eingerichtet und im Rahmen eines Fischereiprojektes zehn Fischdampfer gekauft werden.[80]

Im dritten Finanzprotokoll (1986-1991) stellt die Europäische Union 224 Mio. Euro bereit. Diese werden für die ländliche Entwicklung und die Diversifikation der landwirtschaftlichen Produktion verwendet, um die Nahrungsmittelabhängigkeit Tunesiens zu verringern. Weiterhin wird in den Umweltschutz investiert. Durch die Förderung der Gründung kleiner und mittelständischer Unternehmen soll die industrielle Kooperation verstärkt werden.[81]

Das vierte Finanzprotokoll (1991-1996) stellt 284 Mio. Euro bereit, die hauptsächlich in die Entwicklung und Diversifikation der landwirtschaftlichen Produktion fließen (Erschließung von Wasserressourcen und Konservierung von Wasser und Böden). Ein kleinerer Anteil des Geldes wird in den Bereichen der Industrie und Dienstleistungen für Exportförderung und berufliche Bildung aufgewendet.

Am 17. Juni 1995 unterschreibt Tunesien als erstes Land südlich des Mittelmeeres ein Assoziierungsabkommen mit der Europäischen Uni-

---

[78] vgl. Agence Tunisienne de Communication Extérieure, unter: http://www.tunisie.com, 03.03.2002

[79] vgl. Europäische Kommission (Hrsg.): Union Européenne – Maghreb, 25 ans de coopération 1976-2001, o.O. o.J., o.S.

[80] vgl. ebd.

[81] vgl. ebd.

on, das am 1. März 1998 in Kraft tritt. Innerhalb von 12 Jahren soll demnach zwischen Tunesien und der EU der Freihandel verwirklicht werden.[82]

Artikel 1, Paragraph 2 dieses Europa-Mittelmeer-Abkommens zwischen der Europäischen Union und Tunesien zitiert folgende Ziele:

• einen geeigneten Rahmen für den politischen Dialog zwischen den Vertragsparteien zu schaffen, der die Stärkung ihrer Beziehungen in allen Bereichen ermöglicht, die sie im Rahmen dieses Dialogs als geeignet ansehen;

• die Bedingungen für eine schrittweise Liberalisierung des Waren-, des Dienstleistungs- und des Kapitalverkehrs festzulegen;

• den Handel auszuweiten und die Entwicklung ausgewogener Wirtschafts- und Sozialbeziehungen zwischen den Vertragsparteien insbesondere im Wege des Dialogs und der Zusammenarbeit zu fördern und so die Entwicklung und den Wohlstand Tunesiens und des tunesischen Volkes zu begünstigen;

• die Integration der Maghreb-Länder durch Begünstigung des Handels und der Zusammenarbeit zwischen Tunesien und den Ländern der Region zu fördern;

• die Zusammenarbeit in den Bereichen Wirtschaft, Soziales, Kultur und Finanzen zu fördern.

Da Tunesien bereits vor Inkrafttreten des Europa-Mittelmeer-Abkommens mit dem Tarifabbau begonnen hat, beschleunigt es seine Integration in den europäischen Markt. Im Jahr 2001 liegt der Anteil der Importe aus Europa bei 78,1 %, der Anteil der Exporte nach Europa beträgt 82 %.[83]

Im Rahmen des MEDA-Programmes (1996-1999), das sich zum Ziel gesetzt hat, durch die Unterstützung und Förderung von Reformen in Wirtschafts- und Sozialstrukturen der Empfängerländer bis zum Jahre

---

[82] vgl. Europäische Kommission (Hrsg.): Union Européenne – Maghreb, 25 ans de coopération 1976-2001, o.O. o.J., o.S.
[83] vgl. Institut National de la Statistique, unter: http://www.ins.nat.tn, 10.06.2002

2010 eine riesige Freihandelszone im Mittelmeerraum mit der Europäischen Union zu schaffen, bezieht Tunesien insgesamt 428 Mio. Euro. Diese Gelder fließen vor allem in die Infrastruktur (Strassen, Eisenbahnstrecken, Elektrizität), Umwelt, Unternehmensfinanzierungen und die Erschließung von Wasser durch den Bau von Staudämmen.[84]

Des weiteren hat Tunesien seit 1996 etwa 29,8 Mio. Euro für folgende Programme erhalten: Umwelt, Familienplanung, Kampf gegen AIDS sowie Kofinanzierung von nicht-staatlichen Organisationen und Nahrungsmittelhilfe. Darin enthalten sind ebenfalls Mittel für das Programm „MEDA Demokratie", mit dem die Demokratisierung und die Durchsetzung der Menschenrechte vorangetrieben werden soll.

Das MEDA-Programm 2000-2002 umfasst drei wesentliche Elemente:[85]

- Unterstützung des Reformprozesses: die Phase 2000-2006 ist entscheidend für die Errichtung der Freihandelszone mit der Europäischen Union. Der Abbau der Tarife beschleunigt sich und vermindert die Staatseinnahmen.

- Entwicklung des privaten Sektors: hierfür muss das wirtschaftliche Umfeld verbessert werden und der Gesetzesrahmen angepasst werden.

- Sozioökonomisches Gleichgewicht und Umwelt: hier müssen vor allem die aus der Integration in die Weltwirtschaft entstehenden Risiken für Ungleichgewichte berücksichtigt werden.

Die europäisch-tunesische Zusammenarbeit wird auch in Zukunft stark ausgebaut werden. In den nächsten Jahren wird sich zeigen, ob Tunesien mit Hilfe Europas der Sprung auf den Weltmarkt gelingt und inwieweit tunesische Unternehmen dem freien Wettbewerb standhalten können.

---

[84] vgl. Union Européenne – Maghreb, 25 ans de coopération 1976-2001, o.O. o.J., o.S.

[85] vgl. Europäische Union, unter: http://www.europa.eu.int, 30.03.2002

## 1.5 Ausgewählte Bereiche aus Politik und Gesellschaft

Der folgende Abschnitt beleuchtet ausgewählte Themen aus Politik und Gesellschaft, die für das Land Tunesien besonders markant bzw. für den Leser von erhöhtem Interesse sind. Dazu zählen neben dem offiziellen politischen Pluralismus auch die Lage der Menschenrechte in Tunesien und die komplizierte Sprachsituation. Nicht vergessen werden sollen die herausragende Stellung der tunesischen Frau, die erzielten Erfolge im Bildungswesen und die Fortschritte im Gesundheitssystem. Ebenso wird dem an Einfluss gewinnenden Umweltschutz ein Themenbereich gewidmet.

### 1.5.1 Parteien

Im politisch pluralistischen Tunesien dominiert die 1964 von Habib Bourguiba gegründete sozialistische Destour-Partei, die seit 1988 unter dem Namen Rassemblement Constitutionnel Démocratique (RCD) bekannt ist.

Abgesehen von der RCD, setzt sich die tunesische Parteienlandschaft aus mehreren Oppositionsparteien zusammen. Zu letzteren zählen die sozialdemokratische Partei Mouvement des Démocrates Socialistes (MDS), die ehemalige kommunistische Partei Harakat Ettajdid (HE), die linkssozialistische Parti de l'Unité Populaire (PUP), die arabisch-nationalsozialistische Union Démocratique Unioniste (UDU), die sozial-liberale Parti Social Libéral (PSL) sowie die nicht im Parlament vertretene Rassemblement Socialiste Progressiste (RSP).[86]

---

[86] vgl. Campus numérique Francophone de Tunis, unter: http://www.tn.refer.org, 20.10.2002

| Partei | Stimmen (%) | Sitze (%) | Sitze |
|---|---|---|---|
| Rassemblement Constitutionnel Démocratique (RCD) | 91.59 | 81.31 | 148 |
| Oppositionsparteien | 8.41 | 18.69 | 34 |
| - Mouvement des Démocrates Socialistes (MDS) | - | 7.14 | 13 |
| - Parti de l'Unité Populaire (PUP) | - | 3.85 | 7 |
| - Union Démocratique Unioniste (UDU) | - | 3.85 | 7 |
| - Harakat Ettajdid (HE) | - | 2.75 | 5 |
| - Parti Social Libéral (PSL) | - | 1.10 | 2 |
| Gesamt | 100 | 100 | 182 |

*Tabelle 1-4 Ergebnisse der Parlamentswahlen vom 24. Oktober 1999 (vgl. Union Interparlementaire, unter: http://www.ipu.org, 19.04.2002)*

## Rassemblement Constitutionnel Démocratique

Die derzeitige Regierungspartei Rassemblement Constitutionnel Démocratique vereint 148 von insgesamt 182 Sitzen im Parlament auf sich.

Im Laufe ihrer Geschichte wechselte sie mehrmals ihren Namen: Mouvement Réformiste Tunisien, Mouvement des Jeunes Tunisiens, Parti Libéral Constitutionnel Tunisien (Parti du Destour), Néo-Destour, Parti Socialiste Destourien und schließlich seit 1988 Rassemblement Constitutionnel Démocratique.[87]

Die Partei des tunesischen Präsidenten Zine El Abidine Ben Ali verfolgt nachstehende Ziele:[88]

- **Nationale Identität und Modernität:** Die Identität des tunesischen Volkes ist arabisch-islamisch geprägt. Als Faktor des Fortschritts muss sie stetig an die zeitlichen Entwicklungen angepasst werden. Das Ziel liegt im Wiederaufstieg Tunesiens zu einem Zentrum islamischer Kultur und Wissenschaft. Auf der Grundlage dieser Prinzi-

---

[87] vgl. Rassemblement Constitutionnel Démocratique, unter: http://www.rcd.tn, 03.03.2002
[88] vgl. ebd.

pien wurde eine tiefgreifende Bildungsreform durchgeführt: heute besuchen 91,3 % (2001-2002) der Kinder im Alter von 6-12 Jahren die Schule. 19,9 % (2001) des Staatshaushaltes fließen in den Bildungssektor.[89] Als Zeichen seiner Identität dynamisiert Tunesien im In- als im Ausland alle Bereiche seines kulturellen Lebens.

- **Ganzheitliche und nachhaltige Entwicklung:** Die Beschleunigung der wirtschaftlichen Entwicklung im Zuge der Öffnung und Liberalisierung ist eines der Hauptziele der Partei Ben Alis. Mit Hilfe seiner Humanressourcen soll Tunesien der Übergang vom Entwicklungs- zum Industrieland gelingen. Die bisherigen Ergebnisse sind vielversprechend: durchschnittliches Wirtschaftswachstum von 4,3 % pro Jahr, jährliches Bruttosozialprodukt von mehr als 2000 Dollar pro Einwohner, verbesserte Geburtenkontrolle (Bevölkerungswachstum von 1,14 % 2001 gegen 2,6 % 1984) sowie eine steigende Lebenserwartung sind nur einige Beispiele.

- **Rechtsstaat, Demokratie und Menschenrechte:** laut Erklärung des 7. November 1987 bilden der Rechtsstaat, die Demokratie und der Schutz der Menschenrechte Schlüsselkonzepte in der Politik der RCD.

- **Sozial- und Humandimension:** Die Förderung der Menschen ist das Ziel der Entwicklungspolitik der RCD. Ein Fonds für nationale Solidarität (bekannt unter seiner Kontonummer 26-26) wurde 1992 gegründet, um den Ärmsten des Landes zu helfen. Durch ihn sollen die 1150 „Schattenzonen" Tunesiens mit einer Grundversorgung ausgestattet werden (Wasser, Gesundheitseinrichtungen, Elektrizität, Strassen, Schulen usw.). Weitere Schwerpunkte liegen in der Jugend- und Frauenförderung. Im letzteren konnten beachtliche Erfolge erzielt werden. *(siehe 1.5.4 Frauen, 1.5.6 Bildung)*

Ben Ali übertrug der RCD die Aufgabe, die in der Erklärung vom 7. November 1987 proklamierten Werte zu konkretisieren und umzusetzen.

---

[89] vgl. Institut National de la Statistique, unter: http://www.ins.nat.tn, 03.08.2002

Da in Tunesien faktisch ein Einparteiensystem besteht, jegliche Opposition zwar offiziell zugelassen, momentan jedoch noch geschwächt
wird, sind tunesische Oppositionsparteien noch relativ bedeutungs- und
machtlos.

## 1.5.2  Sicherheit

Die mit lediglich 35 000 Mann besetzten relativ kleinen Streitkräfte
Tunesiens gelten als gut ausgebildet und stark genug, um Angriffen bis
zur Entwicklung eines diplomatischen Gegenangriffes bzw. bis zur
Mobilisierung von Hilfe der Bündnispartner Europas oder der USA
standzuhalten.[90] Die Verteidigungsausgaben Tunesiens von 2,0 % des
Bruttoinlandprodukts 1997 fallen im Vergleich zu denen seiner Nach-
barländer gering aus. Die Streitkräfte setzen sich aus 27 000 Personen
am Boden, 4 500 in der Marine und 3 500 in der Luftwaffe zusammen.[91]

| | |
|---|---|
| **Gesamt aktive Streitkräfte** | 35 000 |
| **- Bodenkräfte** | 27 000 |
| **- Luftstreitkräfte** | 3 500 |
| **- Marine** | 4 500 |
| **Verteidigungsbudget (in Mio. US$) 2001** | 365 |
| **Verteidigungsausgaben (in Mio. US$) 1997** | 359 |

*Tabelle 1-5* Militärindikatoren Tunesien 2002 (vgl. Center for Strategic and International
Studies (Hrsg.): The Military Balance in North Africa in 2002, Washington 2002, o.S.)

Obgleich der Militärdienst für die 20jährigen tunesischen Männer
Pflicht ist, werden die meisten von ihnen aus gesundheitlichen, ausbil-
dungsbedingten oder familiären Gründen davon freigestellt.[92]

---

[90] vgl. The Economist Intelligence Unit (Hrsg.): Tunisia-Country Profile 2001,
London 2001, 12
[91] vgl. Center for Strategic and International Studies (Hrsg.): The Military Balance
in North Africa in 2002, Washington 2002, o.S.
[92] vgl. The Economist Intelligence Unit (Hrsg.): Tunisia-Country Profile 2001,
London 2001, 12

Vor allem mit den USA, als Hauptlieferant von Boden- und Luftausrüstung, und Frankreich bestehen Vereinbarungen über militärische Zusammenarbeit. Auch die Beziehungen zur NATO sollen ausgebaut werden.[93]

|      | Algerien | Marokko | Mauretanien | Tunesien | Welt |
|------|----------|---------|-------------|----------|------|
| 1992 | 1.8      | 4.5     | 3.5         | 2.4      | 3.2  |
| 1997 | 3.9      | 4.3     | 2.3         | 2.0      | 2.5  |

*Tabelle 1-6* *Militärausgaben in % des BIP (vgl. Weltbank (Hrsg.): Selected World Development Indicators 2000, unter: http://www.worldbank.org, 06.05.2002)*

### 1.5.3 Menschenrechte

Unter dem ehemaligen Präsidenten Habib Bourguiba entwickelte sich in den ersten drei Jahrzehnten nach der Unabhängigkeit Tunesiens (1956) ein autoritäres Staatswesen. Der Präsidentenwechsel 1987 mit dem bis heute regierenden Präsidenten Zine El Abidine Ben Ali sollte dem Einparteiensystem, der Ausgrenzung von Institutionen und der Monopolisierung der Autorität aus Zeiten Bourguibas ein Ende setzen.[94] So wurde es 1988 im Nationalpakt bekannt gegeben.

Offiziell führt Tunesien eine vorbildliche Menschenrechtspolitik: die Verfassung garantiert die Menschenrechte. Ein umfangreicher Gesetzesrahmen zur Wahrung der Menschenrechte und der bürgerlichen Freiheiten wurde geschaffen. Das Land ist Mitglied zahlreicher Menschenrechtskonventionen und mehrere Menschenrechtsvereine sind im Land gegründet worden, so zum Beispiel die Tunesische Liga zur Verteidigung der Menschenrechte oder die Tunesische Vereinigung zur Verteidigung der Menschenrechte und der öffentlichen Freiheiten.[95]

---

[93] vgl. U.S. Department of State (Hrsg.): FY 2001 Country Commercial Guide: Tunisia, o.O. 2000, 14-15

[94] vgl. République Tunisienne: Le Pacte National, unter: http://www.tunisie-info.com, 01.06.2002

[95] vgl. République Tunisienne: Les Droits de l'Homme en Tunisie (1987-2000), unter: http://www.tunisieinfo.com, 04.05.2002

> Nous proclamons que le régime républicain constitue: la meilleure garantie pour le respect des droits de l'Homme[96]

Jährlich verleiht der Präsident der Republik einen Menschenrechtspreis an Persönlichkeiten, Organisationen und Institutionen, die sich für die Entwicklung und Stärkung der Menschenrechte in Tunesien einsetzen. Ein Nationalkomitee zur Erziehung zu Menschenrechten wurde eingerichtet.[97] Beinahe täglich ist in der tunesischen Tagespresse von den Verdiensten der Nation zur Wahrung der Menschenrechte zu lesen.

Internationale Menschenrechtsorganisationen hingegen berichten von einem repressiven Regime, in dem politischer Widerstand unterdrückt wird. Aktive Mitglieder politischer Bewegungen in Opposition zum bestehenden System, vermutete Sympathisanten von Kritik und deren Familienmitglieder sind polizeistaatlichen Repressionsmaßnahmen ausgesetzt. Dies reicht vom Entzug des Reisepasses bis zur Inhaftierung und Verurteilung ohne fairen Prozess. Die tunesische Polizei und Sicherheitskräfte wenden routinemäßig Folter an.[98]

Derzeit befinden sich etwa 1000 politische Gefangene in tunesischen Gefängnissen, obgleich bereits 1988 von der Tunesischen Liga zur Verteidigung der Menschenrechte bekannt gegeben wurde, dass es in Tunesien keinerlei Meinungshäftlinge mehr gäbe.[99] Selbst nach deren Entlassung ist es ihnen und ihren Familien oft nicht möglich, ein normales Leben zu führen. Sowohl auf Polizeistationen als auch in Gefängnissen kommt es laut Bericht von Amnesty International immer wieder zu Misshandlungen und Folter. Einigen Verfechtern der Menschenrechte wird das Recht zum Verlassen des Landes entzogen, Telefon-, Fax- und Internetanschlüsse werden gesperrt und die ehemali-

---

[96] République Tunisienne: Constitution de la République de Tunisie, Préambule

[97] vgl. République Tunisienne: Le Pacte National, unter: http://www.tunisie-info.com, 01.06.2002

[98] vgl. Amnesty International (Hrsg.): Amnesty International Report 2002, unter: http://www.amnesty.org, 05.05.2002

[99] vgl. République Tunisienne: Les Droits de l'Homme en Tunisie (1987-2000), unter: http://www.tunisieinfo.com, 04.05.2002; Amnesty International (Hrsg.): Amnesty International Report 2002, unter: http://www.amnesty.org, 05.05.2002

gen Häftlinge verpflichtet, sich regelmäßig auf Polizeistationen zu melden. Internationalen Menschenrechtsorganisationen wird der Zugang zum Land erschwert.[100]

## 1.5.4 Frauen

Die Stellung der Frau in Tunesien nimmt eine Vorreiterrolle in der gesamten arabisch-islamischen Welt ein, denn in keinem anderen arabischen Land hat sich die Frau einen so fortschrittlichen und modernen Platz erkämpfen können.

**Die Rechte der Frau**

Gesetzlich sind die tunesischen Frauen laut Artikel 6 der Verfassung den Männern gleichgestellt. Artikel 20 und 21 der Verfassung geben ihnen das Recht zu wählen und gewählt zu werden.

**Art. 6** – Tous les citoyens ont les mêmes droits et les mêmes devoirs. Ils sont égaux devant la loi.

**Art. 20** – Est électeur tout citoyen possédant la nationalité tunisienne.

**Art. 21** – Est éligible à la Chambre des Députés tout électeur né de père tunisien ou de mère tunisienne.[101]

Bereits am 13. August 1956 wurde unter dem damaligen Präsidenten Habib Bourguiba das Gesetz zum Rechtsstand der Person erlassen, mit dem für die tunesischen Frauen das Ende der Unterwerfung eingeläutet wurde. Die Polygamie wurde abgeschafft, die gerichtliche Scheidung eingeführt. Das Mindestheiratsalter der Mädchen wurde auf 17 Jahre festgelegt, wobei das Mädchen seither selbst der Heirat zustimmen muss. Im Falle des Todes des Vaters erhält die Mutter fortan die Vormundschaft für die minderjährigen Kinder.[102]

---

[100] vgl. Amnesty International: Amnesty International Report 2002, unter: http://www.amnesty.org, 01.06.2002
[101] République Tunisienne: Constitution de la République de Tunisie
[102] vgl. République Tunisienne: Code du Statut Personnel

Unter Präsident Ben Ali wurden und werden Gesetzesänderungen zu Gunsten der Frau und der Förderung der Gesellschaft vorgenommen. Diese gehen einher mit den Öffnungsbestrebungen des Landes, berücksichtigen jedoch ebenso die arabisch-islamische Identität Tunesiens.

Im Juli 1993 wurden einige Artikel des Gesetzes zum Rechtsstand der Person modifiziert, u.a.:

- Artikel 23 legt seitdem fest, dass sich beide Ehepartner gegenseitig mit Wohlwollen zu behandeln haben. Damit wurde die Klausel abgeschafft, die vorschrieb, dass die Ehefrau die Vorrechte des Ehemannes respektieren und ihm gegenüber Gehorsamkeit üben muss. Von nun an müssen sich beide Eheleute im Haushalt, der Erziehung der Kinder und der Sorge für die Angelegenheiten der Kinder, darin eingeschlossen Bildung, Reisen und Finanztransaktionen, behilflich sein.

- Artikel 6 verleiht der Mutter das Recht, ihre Meinung bezüglich der Heirat ihrer minderjährigen Kinder zu äußern, womit sie ihr Recht zur elterlichen Sorge bekräftigt.

- Artikel 32 erklärt, dass die Scheidung erst nach einem erfolglosen Versöhnungsversuch durch den Familienrichter ausgesprochen wird.

- Artikel 53 b führt einen Garantiefonds für Unterhaltsgeld und Scheidungsrente ein, aus dem den geschiedenen Frauen und ihren Kindern eine gerichtlich festgesetzte Summe ausgezahlt wird.

- Artikel 67 verleiht der geschiedenen Frau, die ihre Kinder allein aufzieht, Vorrechte für die elterliche Sorge. Ebenso kann die Frau u.a. bei nachgewiesener Unfähigkeit des Vaters oder bei Überschreiten seiner Sorgebefugnisse zum Erziehungsberechtigten ernannt werden.

In spezifischen Gesetzgebungen wurden den Frauen weitere Rechte eingeräumt:

- Die mit einem Nicht-Tunesier verheiratete tunesische Mutter kann ihrem Kind unter Zustimmung des Vaters ihre Nationalität übertragen. (Code de la Nationalité, 1993)

- Die Sanktionen für den Ehemann bei Gewaltanwendung und Aggressionen gegen die Frau in der Ehe werden verstärkt. (Code Pénal)

- Das Recht auf Arbeit gilt als Grundrecht der Frau. Laut Artikel 5 b des Arbeitsrechts darf die Frau in keinem Bereich der Arbeit gegenüber dem Mann diskriminiert werden. Dies beinhaltet u.a. die Gleichbehandlung beim Zugang zum Arbeitsmarkt, der Sicherheit am Arbeitsplatz, die Arbeitsbedingungen, die Einteilung der Arbeitszeit, die Aufstiegsmöglichkeiten und das Gehalt. (Code du travail, Juli 1996)

- Artikel 93 b des Code des Obligations et des Contrats (1995) führt die gemeinschaftliche Haftung von Mutter und Vater für die Handlungen ihres Kindes ein.

- Das Gesetz 91-63 vom Juli 1991 fordert die Wahrung des Rechtes einer jeden Person auf den Schutz seiner Gesundheit.

- Das Gesetz vom 29. Juli 1991 führt die Strafbarkeit der Eltern bei Verletzung der Schulpflicht ihrer Kinder ein. Damit will der tunesische Staat vor allem der Benachteiligung des weiblichen Geschlechts in der Bildung entgegenwirken.

Um die tunesische Frau stärker in den Entwicklungsprozess des Landes einzubeziehen, wurden in den letzten Jahren vier bedeutende Einrichtungen geschaffen, in deren Mittelpunkt die Frau und ihre Bedürfnisse und Angelegenheiten stehen: das Ministerium für Frauen- und Familienangelegenheiten, der Nationalrat für Frau und Familie, das Forschungs-, Untersuchungs-, Dokumentations- und Informationszentrum über die Frau sowie die Kommission „Frau und Entwicklung".[103]

### Die Frau in der Politik

Obgleich in der Politik noch das männliche Geschlecht dominiert, konnte die Frau in den letzten Jahren an politischem Terrain gewinnen.

---

[103] vgl. Agence Tunisienne de Communication Extérieure, unter: http://www.tunisie.com, 03.03.2002

Beispielsweise stieg die Zahl der Wählerinnen von 300 000 im Jahre 1985 auf 1 200 000 im Jahre 1994.

Derzeit werden zwei Ministerien von Frauen geführt, zum einen das Ministerium für Frauen- und Familienangelegenheiten (Néziha Ben Yedder) und zum anderen das Ministerium für Berufliche Bildung und Arbeit (Néziha Zarrouk).

Von 1989 bis 1999 stieg der Anteil der Frauen in der Abgeordnetenkammer von 4,3 % auf mehr als 11 % der Sitze an (1,82 % 1966). Im Jahr 2000 wurden in den Stadt-/Gemeinderäten 21,6 % der Sitze von Frauen eingenommen gegenüber 13 % im Jahre 1989 (1,29 % 1957).[104]

|  | 1959 | 1969 | 1979 | 1989 | 1999 |
|---|---|---|---|---|---|
| Abgeordnete Gesamt | 90 | 101 | 121 | 141 | 182 |
| - Männer | 89 | 97 | 119 | 135 | 161 |
| - Frauen | 1 | 4 | 2 | 6 | 21 |

**Tabelle 1-7** *Verteilung der Parlamentssitze nach Geschlecht (vgl. Institut de Presse et des Sciences de l'Information, Fonds des Nations Unies pour la Population (Hrsg.): Communication en Matière de Population, Tunis 1998, 166; Agence Tunisienne de Communication Extérieure, unter: http://www.tunisie.com, 03.03..2002)*

Darüber hinaus sind Frauen in zahlreichen weiteren Gremien vertreten. Einige Einrichtungen sind sogar verpflichtet, Frauen in ihre Reihen aufzunehmen.

Die tunesischen Unternehmerinnen haben sich im Industriesektor im Chambre Nationale des Femmes Chefs d'Entreprises und im Landwirtschaftssektor zur Fédération Nationale des Agricultrices Tunisiennes zusammengeschlossen. Laut Schätzungen waren 2001 ca. 5 350 Frauen Unternehmensleiterinnen und damit ihre eigene Chefin. Im Großraum Tunis liegen 13 % der Geschäfte in Frauenhänden. Von den in der Landwirtschaft tätigen Frauen betreiben 12 % ihren eigenen Betrieb.[105]

---

[104] vgl. Agence Tunisienne de Communication Extérieure, unter: http://www.tunisie.com, 03.03.2002 ; o.V.: La promotion de la femme, l'un des choix fondamentaux de projet de Changement, in: La Presse de Tunisie v. 13.08.2002, o.S.

[105] vgl. Agence Tunisienne de Communication Extérieure, unter: http://www.tunisie.com, 03.03.2002

## Frauenvereine

Bereits im Jahre 1956, unmittelbar nach der Unabhängigkeit Tunesiens, wurde die erste Frauenorganisation gegründet: die Union Nationale de la Femme Tunisienne (UNFT). Ihre Kommission der weiblichen Jugend beschäftigt sich heute vor allem mit der Bildung und Integration der jungen Mädchen in den Arbeitsmarkt und verwaltet fast 200 berufliche Bildungszentren im Lande. Für ihren Kampf gegen den Analphabetismus wurde der UNFT 1994 der Preis der UNESCO für die Alphabetisierung verliehen.[106]

Folgende nicht-staatliche Frauenverbände sind in dem „Rihana"-Netz zusammengefasst: L'Union Nationale de la Femme Tunisienne (UNFT), L'Association Tunisienne des Mères (ATM), L'Association des Femmes Tunisiennes pour la Recherche au Développement (AFTURD), L'Association Tunisienne des Femmes Démocrates (ATFD), L'Association Féminine «Tunisie 21», L'Association de l'Action Féminine pour le Développement Durable (AAFDD), L'Association Femmes pour un Développement Durable (AFDD), L'Association Femmes et Développement (AFD), L'Association pour la Promotion de la Femme et de la Famille Emigrée (APFFE), La Section Femme de la Ligue Tunisienne des Droits de l'Homme (SFLTDH), Le Comité des Dames du Croissant Rouge (CDCR), L'Association des Amis de l'UNICEF (AA-UNICEF).[107]

## Frau und Gesundheit

Der Gesundheit der Frau werden seit der Unabhängigkeit zahlreiche Programme gewidmet, deren Ergebnisse zufriedenstellend sind.

In den 1960iger Jahren ging es in der Gesundheitspolitik Tunesiens vor allem darum, ein Konzept zur Familienplanung zu entwickeln und die Kindersterblichkeitsrate zu senken. Ein Jahrzehnt später konzentriert sich die Politik auf die Gesundheit von Mutter und Kind und in den

---

[106] vgl. Agence Tunisienne de Communication Extérieure, unter: http://www.tunisie.com, 03.03.2002
[107] vgl. ebd.

1980iger Jahren auf die Beziehung Mutter-Neugeborenes. Anfang der 1990iger Jahre wird die Gesundheit der Familie in den Mittelpunkt gestellt und seit der Weltbevölkerungskonferenz von Kairo 1994 die Reproduktionsgesundheit.[108]

Ergebnisse dieser Gesundheitspolitik sind:[109]

- 2001 haben 62,9 % der verheirateten Frauen verhütet (gegenüber 34,1 % 1978 und 70,5 % 1999),

- die Geburtenrate ist von 7,2 Kindern/Frau 1966 auf 2,05 Kinder/Frau im Jahr 2001 gefallen,

- der Anteil der Geburten unter medizinischer Aufsicht stieg von 56 % 1984 auf 86 % 1999,

- der Anteil der Frauen, die mindestens eine ärztliche Untersuchung während der Schwangerschaft in Anspruch nahmen, ist von 54 % 1984 auf 85,3 % 1998 angestiegen,

- die Lebenserwartung bei der Geburt der Frau ist von 51,6 Jahren 1966 auf 75 Jahre im Jahr 2001 angewachsen.

|  | 1966 | 1975 | 1984 | 1995 | 1998 | 2001 |
|---|---|---|---|---|---|---|
| Schwangere Frauen mit mindestens einer pränatalen Untersuchung in % | - | - | 54 | - | 85.3 | - |
| Überwachte Geburten in % (Krankenhäuser und Kliniken) | - | - | 39.4 (1982) | 80.5 | 85.2 | - |
| Alter bei erster Heirat in Jahren | | | | | | |
| - Frauen | 20.7 | 21.6 | 23.4 | 24.7 | 25.3 | 26.3 |
| - Männer | - | 27.1 | 28.8 | 30.0 | 30.5 | 32.0 |

*Tabelle 1-8* Gesundheitliche Bedingungen der Frau (vgl. République Tunisienne, Programme des Nations Unies pour le Développement (Hrsg.): Rapport National sur le Développement Humain 1999, o.O. 2000, o.S.; H., I.: Tunisie: les indicateurs du bien-être, in: La Presse de Tunisie v. 15.05.2002, o.S.)

---

[108] vgl. Agence Tunisienne de Communication Extérieure, unter: http://www.tunisie.com, 03.03.2002
[109] vgl. ebd.

| | 1956 | 1966 | 1975 | 1990 | 1995 | 2000 | 2001 |
|---|---|---|---|---|---|---|---|
| Geburtenrate (Kinder/Frau) | 7.2 | 7.15 | - | 3.38 | 2.67 | 2.08 | 2.05 |
| Kindersterblichkeit auf 1000 Geburten | 200 | 120 | - | 37.3 | 30.5 | 25.8 | 22.8 |
| Lebenserwartung der Frauen bei Geburt (in Jahren) | 45.0 | 51.6 | 59.3 | 72.1 | 73.3 | 74.2 | 75.0 |

*Tabelle 1-9 Entwicklung einiger demographischer Indikatoren (vgl. Institut National de la Statistique, unter: http://www.ins.nat.tn, 04.08.2002; Institut de Presse et des Sciences de l'Information, Fonds des Nations Unies pour la Population (Hrsg.): Communication en Matière de Population, Tunis 1998, 45; République Tunisienne, Programme des Nations Unies pour le Développement (Hrsg.): Rapport National sur le Développement Humain 1999, o.O. 2000, o.S.)*

## Frau und Bildung

Auch im Bildungsbereich konnten die Frauen Erfolge verzeichnen. Vor allem die Alphabetisierungsrate stieg in den letzten Jahrzehnten enorm an. Waren 1966 noch 82,4 % der Frauen Analphabeten, so senkte sich diese Rate bis zum Jahr 2001 auf 33,9 %, wobei mehr als die Hälfte der jetzigen weiblichen Analphabeten älter als 50 Jahre ist.[110]

Ebenso konnte die Einschulungsrate der Mädchen von 82,5 % 1981 auf 99,0 % im Jahr 2001 gesteigert werden. Im Universitätsjahr 2001-2002 übersteigt der Anteil der Studentinnen mit 53,9 % sogar den der männlichen Studenten.

| | 1981-1982 | 1991-1992 | 1995-1996 | 1996-1997 | 1999-2000 | 2000-2001 | 2001-2002 |
|---|---|---|---|---|---|---|---|
| Gesamt | 90.5 | 98.0 | 99.0 | 99.1 | 99.0 | 99.0 | 99.0 |
| - männlich | 97.6 | 100.0 | 99.1 | 99.1 | 99.0 | 98.8 | 99.0 |
| - weiblich | 82.5 | 95.5 | 98.0 | 99.0 | 98.9 | 99.1 | 99.0 |

*Tabelle 1-10 Einschulungsrate im Alter von 6 Jahren in % (vgl. Institut National de la Statistique, unter: http://www.ins.nat.tn, 10.06.2002)*

---

[110] vgl. Institut National de la Statistique, unter: http://www.ins.nat.tn, 10.06.2002

| | 1970-1971 | 1993-1994 | 1995-1996 | 1998-1999 | 2000-2001 | 2001-2002 |
|---|---|---|---|---|---|---|
| Gesamtanzahl an Studenten | 11.000 | 96.101 | 112.634 | 155.120 | 207.388 | 226 102 |
| - Mädchen (%) | - | 42.2 | 43.7 | 48.3 | 51.9 | 53.9 |

*Tabelle 1-11 Entwicklung der Studentenzahlen (vgl. Institut National de la Statistique, unter: http://www.ins.nat.tn, 10.06.2002)*

## Die Frau in der Arbeitswelt

Aufgrund der besseren Bildung, der zunehmenden Urbanisierung und dem steigenden Bedarf an weiblicher Arbeitskraft, konnte die tunesische Frau stärker in den Arbeitsmarkt integriert werden. Im Jahre 2001 waren 24 % der beschäftigten Bevölkerung Frauen. 1966 lag ihr Anteil noch bei lediglich 5,6 %.

| | 1966 | 1975 | 1984 | 1989 | 1994 | 2001 |
|---|---|---|---|---|---|---|
| Gesamtbeschäftigungsrate (%) | 45.6 | 50.2 | 50.5 | 48.1 | 48.4 | 47.9 |
| Beschäftigungsrate Frauen (%) | 5.6 | 18.9 | 21.8 | 20.3 | 22.9 | 24.0 |
| Arbeitslosenrate (%) | - | 12.9 | 13.1 | - | 15.6 | 15.0 |

*Tabelle 1-12 Beschäftigung (vgl. République Tunisienne, Programme des Nations Unies pour le Développement (Hrsg.): Rapport National sur le Développement Humain 1999, o.O. 2000, o.S.; Institut National de la Statistique, unter: http://www.ins.nat.tn, 10.06.2002)*

Frauen sind heute vor allem in den Bereichen der Bildung, der Gesundheit wie auch in der Textil- und Elektro- und Elektronikindustrie tätig. 1956 waren noch fast 90 % der berufstätigen Frauen in der Landwirtschaft beschäftigt, wogegen 1999 allein 38,5 % der aktiven Frauen im tertiären Sektor beschäftigt waren.[111]

---

[111] vgl. République Tunisienne, Programme des Nations Unies pour le Développement (Hrsg.): Rapport National sur le Développement Humain 1999, o.O. 2000, o.S.

| Altersklasse | 1975 | 1984 | 1994 | 1999 |
|---|---|---|---|---|
| 20-24 | 26,8 | 37,9 | 34,5 | 32,7 |
| 25-29 | 21,2 | 29,3 | 33,2 | 37,6 |
| 30-34 | 16,2 | 23,5 | 27,0 | 30,7 |

*Tabelle 1-13 Entwicklung der Gesamtbeschäftigungsrate der weiblichen Bevölkerung nach ausgewählten Altersklassen in % (vgl. République Tunisienne, Programme des Nations Unies pour le Développement (Hrsg.): Rapport National sur le Développement Humain 1999, o.O. 2000, o-S.)*

Da die jungen Frauen im Alter von 20 bis 24 Jahren heute häufig noch in der Ausbildung sind, hat sich ihr Anteil an der aktiven Bevölkerung seit 1984 gesenkt. Hingegen konnte der Anteil der Frauen im Alter von 25-29 Jahren an der aktiven Bevölkerung deutlich gesteigert werden, da die Arbeitsunterbrechungen durch Heirat und Kinder aufgrund des besseren Bildungsniveaus der Frauen und einer steigenden Zahl von Kindereinrichtungen seltener und kürzer geworden sind.[112]

## 1.5.5  Jugend

Im Jahre 1999 waren allein 20,76 % der tunesischen Bevölkerung Jugendliche im Alter zwischen 15 und 24 Jahren.[113]

| Alter | 1956 | 1966 | 1975 | 1984 | 1994 | 1999 |
|---|---|---|---|---|---|---|
| 15-19 Jahre | 9.8 | 9.3 | 11.3 | 11.5 | 10.7 | 10.9 |
| 20-24 Jahre | 8.2 | 6.4 | 8.7 | 9.5 | 9.3 | 9.86 |
| 15-24 Jahre | 18.0 | 15.7 | 20.0 | 21.0 | 20.0 | 20.76 |

*Tabelle 1-14 Anteil der Jugendlichen an der Gesamtbevölkerung in % (vgl. Institut National de la Statistique, unter: http://www.ins.nat.tn, 10.06.2002)*

[112] vgl. Agence Tunisienne de Communication Extérieure, unter: http://www.tunisie.com, 03.03.2002; République Tunisienne, Programme des Nations Unies pour le Développement (Hrsg.): Rapport National sur le Développement Humain 1999, o.O. 2000, o.S.; Institut National de la Statique, unter: http://www.ins.nat.tn, 10.06.2002
[113] vgl. Institut National de la Statistique, unter: http://www.ins.nat.tn, 10.06.2002

Im Jahre 1991 wurde die Internationale Konvention für Kinderrechte ratifiziert. Als erstes arabisches und viertes Land überhaupt, hat Tunesien 1995 ein Gesetz zum Schutz des Kindes erlassen. Daraufhin wurden in allen 24 Gouvernoraten Vertreter zum Schutz des Kindes tätig, die die Betreuung von Kindern und Jugendlichen in Schwierigkeiten absichern und deren Interessen schützen sollen.[114]

Die Jugendarbeit Tunesiens konzentriert sich auf sieben wesentliche Bereiche:[115]

- **Dialog mit den Jugendlichen**: im Dialog mit den Jugendlichen werden deren Sorgen analysiert und weitere Vorgehensweisen für die Jugendarbeit festgelegt. An der zweiten Jugendbefragung 2000/2001 haben 100 000 Jugendliche teilgenommen. Durchschnittlich informieren sich täglich 2 200 junge Menschen am Jugendsammelschalter Tunesiens über Ausbildungs- und Studienmöglichkeiten, soziale Angelegenheiten, Erziehung, Sport und Transport.

- **Zusammenarbeit mit den einzelnen Bereichen der Gesellschaft:** Ministerien, Vereine und Organisationen werden im Hinblick auf die Gewährleistung einer angemessenen Betreuung der Jugendlichen zur engen Partnerschaft und Zusammenarbeit aufgerufen.

- **Beschäftigung der Jugendlichen (Integration in den Arbeitsmarkt):** Die absolute Priorität der tunesischen Jugendarbeit liegt in der Arbeitsbeschaffung für Jugendliche. Laut Jahresbericht über die Jugend 2001 wurden im Zeitraum zwischen Juli 2000 und Juni 2001 sieben berufliche Bildungszentren eingerichtet. Im Handwerk wurden 10 000 Jugendliche ausgebildet. Der Nationalfonds für Arbeit 21-21 hat mit seinen Förderprogrammen 67 000 Jugendliche unter-

---

[114] vgl. République Tunisienne, Programme des Nations Unies pour le Développement (Hrsg.): Rapport National sur le Développement Humain 1999, o.O. 2000, o.S.
[115] vgl. Agence Tunisienne de Communication Extérieure, unter: http://www.tunisie.com, 03.03.2002

stützt. Im Jahre 2001 wurden 500 Hochschulabsolventen durch Integrationsmaßnahmen in den Arbeitsmarkt eingeführt.

| | 1994 | | | 1997 | | | 1999 | | |
|---|---|---|---|---|---|---|---|---|---|
| Alter | M | F | Gesamt | M | F | Gesamt | M | F | Gesamt |
| 18-19 | 31.1 | 25.8 | 29.2 | 35.6 | 28.2 | 32.9 | 39.2 | 28.9 | 35.8 |
| 20-24 | 26.3 | 23.8 | 25.5 | 31.1 | 28.4 | 30.2 | 32.9 | 27.9 | 31.3 |

*Tabelle 1-15 Arbeitslosenquote nach Altersgruppen in % (M = Männer, F = Frauen) (vgl. Infojeunesse Tunisie, unter: http://www.afkarnet.promed.com, 10.06.2002)*

- **Verbreitung der neuen Kommunikations- und Informationstechnik:** Im Rahmen des Programms zur Verbreitung der neuen Kommunikations- und Informationstechnik soll eine virtuelle Bibliothek eingerichtet werden und sämtliche höhere Bildungseinrichtungen ans Internet angeschlossen werden.

| | 1991 | 1992 | 1993 | 1994 | 1995 | 1996 |
|---|---|---|---|---|---|---|
| Öffentliche Bibliotheken | 227 | 238 | 259 | 262 | 271 | 276 |
| Fahrbibliotheken | 33 | 23 | 23 | 27 | 27 | 27 |

*Tabelle 1-16 Bibliothekennetz (vgl. Infojeunesse Tunisie, unter: http://www.afkarnet.promed.com, 10.06.2002)*

- **Kulturelle Beschäftigung und Organisation der Freizeit:** Jugendfreizeitprogramme wurden entwickelt, Sozialarbeiter an Schulen eingestellt und in die Ausstattung der entsprechenden Zentren investiert. Im Jahre 2001 wurden sechs neue Jugendhäuser gegründet, womit deren Gesamtzahl in Tunesien auf 284 anstieg, die insgesamt 34 000 Jugendliche betreuen können. Ebenso wurden ein Fernsehsender und eine Radiostation für Jugendliche gegründet, ein Wissenschaftskomplex (Cité des Sciences) in Tunis errichtet und ein Sportkomplex in Radès erbaut.

- **Unterstützung und Schutz der Jugend vor Kriminalität:** Zum Schutz der Jugend vor Kriminalität und Benachteiligung wurden 2001 in 108 Bildungseinrichtungen Orientierungszentren eingerichtet. Aufklärungsprogramme über AIDS und Drogensucht werden durchgeführt.

- **Unterstützung der ländlichen Jugend:** In ländlichen Gebieten existierten im März 2001 198 Freizeiteinrichtungen für Jugendliche, deren Beschäftigungsprogramme 320 673 Jugendlichen zu Gute gekommen sind.

Der tunesische Staat ist auch weiterhin bemüht, seinen Kindern und Jugendlichen gute Entwicklungsbedingungen zu schaffen.

## 1.5.6 Bildung

Seit der Unabhängigkeit gebührt der Bildung eine Priorität in der Politik des tunesischen Staates. In den letzten Jahren wurde eine grundlegende Bildungsreform durchgeführt, die den Schülern und Studenten das notwendige Personal sowie die notwendige Ausstattung zur Verfügung stellen soll, um das Bildungssystem unter Berücksichtigung seiner wirtschaftlichen, sozialen und kulturellen Aufgaben effektiver zu gestalten. Das Lehrprogramm, die Inhalte und Lehrmethoden wurden überarbeitet.[116]

Im Jahre 1991 wurde ein Gesetz erlassen, das die Schulpflicht für eine Dauer von 9 Jahren für alle Kinder zwischen 6 und 16 Jahren einführt. Der kostenlose Schulbesuch wird allen Kindern in dieser Altersspanne garantiert und die Chancengleichheit der Geschlechter im Bereich der schulischen Bildung gewährt. Eine besondere Behandlung für Behinderte und Kinder mit schulischen Defiziten ist vorgesehen.[117]

Folgende Ergebnisse konnten bisher erreicht werden:[118]

---

[116] vgl. République Tunisienne, Programme des Nations Unies pour le Développement (Hrsg.): Rapport National sur le Développement Humain 1999, o.O. 2000, o.S.

[117] vgl. Agence Tunisienne de Communication Extérieure, unter: http://www.tunisie.com, 03.03.2002

[118] vgl. Institut National de la Statistique, unter: http://www.ins.nat.tn, 10.06.2002; Agence Tunisienne de Communication Extérieure, unter: http://www.tunisie.com, 03.03.2002

- Die Einschulungsrate der Kinder im Alter von 6 Jahren hat im Schuljahr 2001/2002 99 % erreicht (85 % 1975).

- Die Netto-Schulbesuchsrate in Grundschulen lag für Kinder zwischen 6 und 12 Jahren im Schuljahr 2001/2002 bei 91,3 %.

- Die Unterrichtsqualität konnte durch eine bessere Betreuung erhöht werden. 1970 fielen auf einen Lehrer noch 50 Schüler. Im Schuljahr 2001/2002 belief sich diese Zahl auf 22 Schüler.

| 1970-71 | 1999-2000 | 2001-2002 |
|---------|-----------|-----------|
| 50 | 23 | 22 |

*Tabelle 1-17* *Schüler/Lehrkraft in der Grundschule (vgl. Agence Tunisienne de Communication Extérieure, unter: http://www.tunisie.com, 05.04.2002; Institut National de la Statistique, unter: http://www.ins.nat.tn, 10.06.2002)*

- Die Zahl der Schüler und Studenten ist von 1 779 467 im Jahre 1986 auf 2 626 200 im Schuljahr 2001/2002 angestiegen.

- Im Universitätsjahr 2001/2002 haben 226 102 Studenten und Studentinnen an 121 Einrichtungen des höheren Bildungswesens studiert. Im Jahr 1970 gab es lediglich 10 000 Studenten in Tunesien. Schätzungen zufolge, wird sich die Zahl der Studenten 2006/2007 auf 260 000 belaufen.

- Die Zahl der Lehrkräfte an Universitäten konnte von 4225 Lehrkräften 1989/1990 bis 2001/2002 mit 11 412 mehr als verdoppelt werden. Jedoch ist diese Anzahl verglichen zu den steigenden Studentenzahlen noch unzureichend.

Im Sekundärschulbereich, der wie das gesamte Schulsystem ans französische Modell angelehnt ist, stehen den Schülern fünf zum Abitur führende Vertiefungsrichtungen zur Wahl: Sprachen, Mathematik, Naturwissenschaften, Technik sowie Wirtschaft und Verwaltung.

Derzeit verfügt Tunesien über sieben Universitäten, allein fünf in Tunis, eine in Sousse und eine in Sfax.

| | 1993-1994 | 1997-1998 | 1999-2000 | 2000-2001 | 2001-2002 |
|---|---|---|---|---|---|
| Anzahl der Universitäten | 6 | 6 | 6 | 7 | 7 |
| Anzahl der Einrichtungen | 85 | 90 | 95 | 107 | 121 |
| Gesamtstudentenzahl | 96 101 | 137 024 | 180 044 | 207 388 | 226 102 |
| - Anteil der Mädchen (%) | 42.2 | 45.9 | 50.4 | 51.9 | 53.9 |
| Anzahl Vollzeitlehrkräfte | 5655 | 7263 | 9370 | 10293 | 11412 |
| - weibliche Lehrkräfte (%) | 24.5 | 28.0 | 31.8 | 33.3 | 35.2 |
| Studenten/Lehrkraft | 17 | 19 | 19 | 20 | 20 |

*Tabelle 1-18* Höheres Bildungswesen (vgl. Institut National de la Statistique, unter: http://www.ins.nat.tn, 10.06.2002)

Um der zunehmenden Zahl an Studenten eine angemessene Bildung zu ermöglichen, wurden 2000/2001 die Universität von La Manouba und 12 weitere Institutionen gegründet. In bereits bestehenden Bildungseinrichtungen wurden neue Studienrichtungen eingeführt. Darüber hinaus wurde das private höhere Bildungswesen mit einem Gesetzesrahmen versehen.[119]

Auch die Forschung in 230 Forschungseinheiten und 39 Forschungslaboratorien spielt eine bedeutende Rolle an Universitäten. Erstere werden vom Ministerium für höhere Bildung finanziert und bilden u.a. Lehrkräfte für Universitäten aus.[120]

Um den tunesischen Studenten Chancengleichheit zu gewährleisten, wurden Studentenwerke gegründet, die den Studenten Unterkünfte, Verpflegung, finanzielle Ausbildungshilfen und Darlehen zur Verfügung stellen.

---

[119] vgl. Agence Tunisienne de Communication Extérieure, unter: http://www.tunisie.com, 03.03.2002

[120] vgl. ebd.

| | 1986-1987 | | 1997-1998 | |
|---|---|---|---|---|
| | Anzahl der Empfänger | Anteil (%) an gesamten Studenten | Anzahl der Empfänger | Anteil (%) an gesamten Studenten |
| Finanzielle Hilfen: | 17 200 | 42.2 | 50 300 | 36.7 |
| - Beihilfen | 16 400 | 40.2 | 37 200 | 27.2 |
| - Darlehen | 800 | 2.0 | 13 100 | 9.5 |
| - Unterkünfte | 15 700 | 38.5 | 42 400 | 31.0 |

*Tabelle 1-19 Studienförderung durch Studentenwerke (vgl. République Tunisienne, Programme des Nations Unies pour le Développement (Hrsg.): Rapport National sur le Développement Humain 1999, o.O. 2000, o.S.)*

Der wirtschaftliche Aufschwung Tunesiens, die damit verbundene höhere Lebensqualität, die Emanzipation der Frau und eine bessere Bildungsinfrastruktur haben dazu geführt, dass sich das Bildungsniveau der Bevölkerung in den letzten Jahrzehnten drastisch verbessert hat. Waren 1966 noch 68 % der Bevölkerung ohne jegliche Bildung, so verringerte sich diese Ziffer bis zum Jahr 2001 auf 24,1 %. Der Bevölkerungsanteil mit einem höheren Bildungsniveau konnte bis 2001 auf 5,8 % ansteigen, gegen lediglich 0,6 % 1966.

| | 1966 | 1975 | 1984 | 1989 | 1994 | 1999 | 2000 | 2001 |
|---|---|---|---|---|---|---|---|---|
| Ohne Bildung | 68.0 | 56.1 | 46.4 | 37.2 | 31.7 | 26.8 | 24.9 | 24.1 |
| Grundschule | 26.2 | 32.6 | 34.4 | 40.1 | 40.2 | 40.5 | 39.6 | 40.4 |
| Mittelschule | 5.2 | 10.4 | 17.1 | 20.3 | 24.3 | 27.7 | 29.7 | 29.7 |
| Höhere Bildung | 0.6 | 0.9 | 2.1 | 2.4 | 3.8 | 5.0 | 5.8 | 5.8 |

*Tabelle 1-20 Bildungsniveau der Bevölkerung ab 10 Jahre in % (vgl. Institut National de la Statistique, unter: http://www.ins.nat.tn, 10.06.2002)*

In Zukunft wird sich das Bildungsniveau der tunesischen Bevölkerung weiter verbessern. Die Bildungspolitik ist bemüht, jedem eine angemessene Ausbildung zu bieten und baut stetig das Bildungswesen aus. Zu betonen sei die verstärkte Zusammenarbeit zwischen tunesischen und europäischen Universitäten.

## 1.5.7   Sprache

In Artikel 1 der tunesischen Verfassung ist Arabisch als Sprache des Landes festegelegt. Dabei handelt es sich um das klassische Hochara-bisch als Ausdruck für die islamisch-arabische Identität Tunesiens.

> **Article premier** – La Tunisie est un Etat libre, indépendant et souve-rain; sa religion est l'Islam, sa langue l'arabe et son régime la républi-que.[121]

Die tunesische Realität hingegen stellt sich etwas anders dar, da mehre-re Sprachen nebeneinander und miteinander existieren. Etwa 98 % der Bevölkerung sprechen den tunesisch-arabischen Dialekt, die verblei-benden 2 % Französisch oder eine Berbersprache.[122] Der von den Tu-nesiern gesprochene arabische Dialekt weicht erheblich vom Hochara-bischen ab und ist in Tunesien Alltagssprache. Offiziell anerkannt ist der tunesische Dialekt hingegen nicht.

| Offizielle Sprache | Klassisches Arabisch | Kolonialsprache | Französisch |
|---|---|---|---|
| Praktizierte Sprache | Arabischer Dialekt (98 %) | Verfassungs-artikel (Sprache) | Artikel 1 |
| Sprachliche Minderheiten | Französisch, Berbersprachen | Sprachgesetz | Erlass der Stadtver-waltung von Tunis vom 06.08.1957 |

*Tabelle 1-21* Sprachliche Situation (vgl. Université Laval Sainte-Foy: La Tunisie, unter: http://www.tlfq.ulaval.ca, 12.02.2002)

Die französische Sprache wird in Beziehungen mit dem Ausland, vor allem mit der Europäischen Union, bevorzugt angewendet. Mehrere nationale Tageszeitungen erscheinen in französischer Sprache. Der in-ternationale Rundfunk von Tunis (Radio Tunis) strahlt sein Programm neben einigen anderen europäischen Sprachen hauptsächlich in Franzö-sisch aus. Per Satellit können mehrere französischsprachige Fernseh-sender empfangen werden.

---

[121] République Tunisienne: Constitution de la République de Tunisie
[122] vgl. Université Laval Sainte-Foy: La Tunisie, unter: http://www.tlfq.ulaval.ca, 12.02.2002

Im Gegensatz zu Algerien oder Marokko, sind die Berbersprachen in Tunesien unbedeutend und „vom Aussterben bedroht". Die Zahl der berbersprechenden Bevölkerung im Süden des Landes wird auf wenige Hundert Personen geschätzt.[123] Sie ist auf das Erlernen der arabischen oder französischen Sprache angewiesen, um sich mit der restlichen tunesischen Bevölkerung verständigen zu können. Anders als in Marokko und Algerien, hat die tunesische berbersprechende Bevölkerung keine Bewegungen ins Leben gerufen, die um die Anerkennung ihrer Sprache kämpfen, was auf die sehr geringe Zahl der Berbersprechenden zurückzuführen ist.

Hocharabisch ist die Sprache der Parlamentsdebatten sowie der Verabschiedung und Bekanntmachung von Gesetzen. Auch der tunesischarabische Dialekt ist für Parlamentsdebatten und Ministerratsversammlungen zugelassen. Nichtsdestotrotz wird das Amtsblatt der Tunesischen Republik zweisprachig (Arabisch-Französisch) herausgegeben. Es gilt hingegen nur die arabische Version als offiziell.[124]

Bis vor kurzem war die Verwaltung zweisprachig. Formulare existierten sowohl in arabischer als auch in französischer Sprache, wobei vor allem die französische Version Verwendung fand. Lediglich das Justiz- und Verteidigungsministerium waren vollständig arabisiert. Darüber hinaus verwendeten neben den Streitkräften, auch das Bildungs- und Innenministerium die arabische Sprache.[125]

Im Kindergarten und den ersten drei Jahren der Grundschule wird derzeit ausschließlich Arabisch gesprochen. Im Anschluss daran läuft der Unterricht zur Hälfte auf Arabisch, zur Hälfte auf Französisch ab. Im Hochschulwesen ist Französisch immer noch die Hauptsprache, wobei das Arabische vor allem in den Sozial- und Humanwissenschaften wie Philosophie, Soziologie, Geschichte und Recht an Platz gewinnen konnte. Die naturwissenschaftlichen und technischen Fächer an Hoch-

---

[123] vgl. Jerad, N.: Le plurilinguisme au Maghreb et ses effets en France, unter: http://www.ilbolerodiravel.org, 04.02.2002
[124] vgl. Université Laval Sainte-Foy: La Tunisie, unter: http://www.tlfq.ulaval.ca, 12.02.2002
[125] vgl. ebd.

schulen werden im Wesentlichen weiterhin in französischer Sprache unterrichtet.

Seit der Unabhängigkeit führt der Staat mehr oder weniger erfolgreich ein Arabisierungsprogramm durch, welches 1958 lediglich den Bildungsbereich betraf. Französisch behielt trotzdem im wirtschaftlichen und kulturellen Bereich eine bedeutende Stellung, da es als Mittel zur Öffnung des Landes für die moderne Gesellschaft angesehen wird und mit Hilfe dieser Sprache gehofft wurde, den wirtschaftlichen Rückstand aufholen zu können. Erst in den 1970er Jahren sind auch die Verwaltung sowie die Ausschilderung auf Strassen und Bekanntmachungen durch Plakate von der Arabisierung betroffen.[126]

In Folge eines Erlasses des Stadtrates von Tunis, mussten alle Eigentümer von öffentlichen Einrichtungen ihre Beschriftungen ab dem 1. April 1958 arabisieren. In der Folgezeit wurde dieser Erlass zu etwa 90 % eingehalten. Jedoch handelte es sich lediglich um einen Erlass für die Stadt Tunis und beeinflusste daher wenig den Rest des Landes. Heutzutage sind die Beschriftungen in den tunesischen Strassen zum Großteil zweisprachig: Regierungsgebäude (mit Neigung zur arabischen Sprache), Straßenausschilderung, Werbung, Geschäftsbeschriftungen und Straßennamen.[127] Dieses Neben- und Miteinander der Sprachen zeugt bis dahin von einer nicht sehr restriktiven Sprachpolitik des Landes.

Im Jahre 1993 wurde ein Gesetz ausgearbeitet, das die Verwendung der arabischen Sprache als Arbeits- und Korrespondenzsprache vorsah, jedoch schnell in Vergessenheit geriet. Seit Ende der 1990er Jahre verfolgt Tunesien schließlich eine verstärkte Arabisierungspolitik, mit dem Ziel, Arabisch zur Umgangssprache in allen Disziplinen zu machen, die wissenschaftlichen und technischen Bereiche inbegriffen. Es wird vermutet, dass diese plötzliche verstärkte Arabisierung im Zusammenhang mit den kritischen Äußerungen der französischen Medien

---

[126] vgl. Université Laval Sainte-Foy: La Tunisie, unter: http://www.tlfq.ulaval.ca, 12.02.2002
[127] vgl. ebd.

bezüglich der Wahlperiode und der Wahlergebnisse der Präsidentschaftswahlen vom 24. Oktober 1999 steht, die Ben Ali mit 99,44 %
der Stimmen gewann. Im gleichen Zusammenhang könnte das von Jean
Pierre Tuquoi und Nicolas Beau veröffentlichte Buch „Notre ami Ben
Ali" stehen, welches im öffentlichen französischen Fernsehen France 2
vorgestellt wurde. Im Anschluss daran wurde der terrestrisch zu emp-
fangene Sender France 2 vom tunesischen Netz gesperrt. Zur gleichen
Zeit wurden einige französische Zeitungen, u.a. „Le Monde" und „Li-
bération", in Tunesien verboten.[128]

Das bereits 1993 erlassene Gesetz wurde wieder hervorgeholt und seit
Ende des Jahres 2000 sollte die zum Großteil französischsprechende
Verwaltung komplett auf Arabisch umgestellt sein und alle Dokumente
fortan in arabischer Sprache ausstellen. Laut Empfehlungen des Pre-
mierministers soll die Korrespondenz mit den tunesischen Staatsbürgern in einer anderen Sprache als Arabisch verboten werden. Auch die
Verwendung von Fremdsprachen, also vor allem Französisch, in der
internen Verwaltung und öffentlichen Einrichtungen soll untersagt werden. Die Möglichkeit, sich mit Ausländern in deren Sprache zu verständigen, soll trotzdem gegeben sein. Sämtliche Formulare sind in arabischer Sprache auszustellen, nur die Vorräte in französischer Sprache
dürfen noch aufgebraucht werden. Jeglicher Neudruck von franzö-
sischsprachigen Formularen ist untersagt, es sei denn, sie werden von
ausländischen Instanzen verlangt.[129]

Zur gleichen Zeit wurden die Beschriftungen an den Geschäften überarbeitet, denn auf alle Fälle musste die Beschriftung auf Arabisch erfolgen. Ist sie zweisprachig, Arabisch-Französisch, so hat das Arabische
an oberer Stelle zu stehen. Für das Nichteinhalten dieses Erlasses werden harte Strafen angesetzt. Da eine Vielzahl von Unternehmen jedoch
nicht ihren bisher französischen Namen ändern wollte, haben sie kur-

---

[128] vgl. AFP: L'arabe langue unique de l'administration tunisienne début 2000 v.
17.12.1999, Tunis

[129] vgl. Khachana, R.: A Tunis, la chasse à la langue est ouverte, in: Courrier International v. 02.12.1999, London, o.S.

zerhand den französischen Namen lediglich in der phonetischen Umschrift auf Arabisch erscheinen lassen.[130]

Die Anhänger der Arabisierung und Islamisierung betrachten die Zweisprachigkeit Tunesiens als wenig förderlich für die Entwicklung des Landes. Ihre Forderungen sind u.a. eine kulturelle Unabhängigkeit und die Auflösung der Folgeerscheinungen des Kolonialismus. Die Islamisten gaben vor, einen Schritt in Richtung Moderne zu wagen und schlugen vor, die französische durch die englische Sprache zu ersetzen. Ihr angebliches Ziel sei die Förderung der Kontakte mit der internationalen Gemeinschaft gewesen. Doch ihr wahres Bestreben liegt in der Lockerung der Bindungen mit dem nahen europäischen Nachbarn, um damit die maghrebinische Bevölkerung von den Emigranten, vor allem von denen in Frankreich, zu entfremden.[131]

Die Kommunikation mit dem wichtigsten Wirtschaftspartner Tunesiens, Europa, fand bisher auf Französisch statt. Aber auch die Kommunikation mit den frankophonen afrikanischen Ländern findet auf Französisch statt. Die verstärkte Arabisierung und der Rückgang des Französischen wird als Gefahr für diese Kooperationen betrachtet. Auch durch den vermehrten Schulunterricht in arabischer Sprache konnten bisher keine wesentlichen Fortschritte bei den Jugendlichen bezüglich der hocharabischen Sprache erzielt werden. Des Weiteren wird vor allem in intellektuellen Kreisen befürchtet, dass mit der Verstärkung des Arabischen und dem Verdrängen des Französischen ein Charakterzug der tunesischen Persönlichkeit, eine kulturelle Bereicherung und ein unerlässliches Arbeitsmittel in einem für die EU offenen Tourismusland verloren gehen könnte.[132]

---

[130] vgl. AFP: L'arabe langue unique de l'administration tunisienne début 2000 v. 17.12.1999, Tunis

[131] vgl. Laroussi, F., Commission des États généraux sur la situation et l'avenir de la langue française au Québec (Hrsg.): La Francophonie, 4-5, o.O. o.J.

[132] vgl. AFP: L'arabe langue unique de l'administration tunisienne début 2000 v. 17.12.1999, Tunis

## 1.5.8 Medien

Seit dem politischen Wechsel von 1987 wurden in Tunesien die Medien offiziell Schritt für Schritt liberalisiert. Die letzte Gesetzesänderung vom Frühjahr 2001 garantiert zumindest gesetzlich die Presse- und Meinungsfreiheit. Verfassungsmäßig ist die Pressefreiheit in Artikel 8 garantiert.

> **Art. 8** – Les libertés d'opinion, d'expression, de presse, de publication, de réunion et d'association sont garanties et exercées dans les conditions définies par la loi.[133]

Insgesamt sind in Tunesien etwa 180 arabische oder französische bzw. arabisch-französische Periodika erhältlich. Die Tagespresse wird von der „La Presse de Tunisie"[134] angeführt, die wie die „Assahafa" regierungsfreundlich eingestellt ist. Von der Regierungspartei werden „El Horria"[135] und „Le Renouveau"[136] herausgegeben. Zu den privaten Tageszeitungen zählen „Assabah"[137], „Le Temps"[138] und „Echourouk". Darüber hinaus existieren mehrere wöchentlich erscheinende Zeitungen.

Alle diese Zeitungen berichten durchgängig positiv von politischen Ereignissen in Tunesien. Selbst geringe Kritik an der Regierung wird nur selten gewagt. Themen wie Menschenrechte werden nur im positiven Sinne bearbeitet.

> En matière de compression des coûts, nos patrons de presse sont devenus imbattables: ils vendent pratiquement le même journal 365 jours par an.[139]

---

[133] République Tunisienne: Constitution de la République de Tunisie

[134] http://www.lapresse.tn, 15.06.2002

[135] http://www.tunisieinfo.com/indexhorria.html, 15.06.2002

[136] http://www.tunisieinfo.com/LeRenouveau/, 15.06.2002

[137] http://www.tunisie.com/Assabah, 15.06.2002

[138] ebd.

[139] Kommentar eines Geschäftsmannes, zit. in: Kéfi, R.: Libertés: l'effet Maâoui, in: Jeune Afrique/L'Intelligent v. 17.04.2001, 32-34

Die staatliche Presseagentur Tunis Afrique Presse (TAP) besitzt eine Monopolstellung über den Großteil der nationalen Nachrichten. Von ihr aus werden nach dem Ausfiltern unerwünschter Schlagzeilen die Informationen an die Zeitungen weitergeleitet.[140]

Gesetzlich gesehen gibt es keine Zensurvorschriften, jedoch werden die Journalisten in ihrer Tätigkeit zur Autozensur angehalten, denn vor der Veröffentlichung politisch kritischer Artikel müssen diese zur Überprüfung ans Innenministerium übergeben werden. Kapitel I des Pressegesetzes sieht einen „dépôt légal" für alle Zeitungen, Zeitschriften, Bücher und Illustrierten vor. Dies bedeutet, dass vor der Verteilung der Medien eine ausreichende Anzahl an Exemplaren beim Innenministerium hinterlegt werden muss. Theoretisch wird im Gegenzug vom Innenministerium eine Empfangsbestätigung ausgestellt, die den Druckereien anschließend für den Druck der Publikationen vorzulegen ist. In der Praxis wird diese Empfangsbestätigung nicht oft ausgestellt und damit der Druck und die Verteilung der Medien verhindert.[141]

Das Schicksal der für ausländische Medien arbeitenden tunesischen Journalisten wie Taoufik Ben Brik und Sihem Bensedrine sorgt vor allem in Europa für Schlagzeilen, sind sie doch immer wieder wegen kritischer Äußerungen u.a. zur Menschenrechtlage Tunesiens von Kontrollen und Drohungen seitens der tunesischen Polizei betroffen.[142]

Die Verteilung ausländischer Zeitungen und Zeitschriften unterliegt praktisch dem Innenministerium, das regimeunfreundliche Ausgaben zumindest für eine bestimmte Periode vom tunesischen Markt verbannt. So ergeht es seit Oktober 1999 der „Le Monde", die sich zu den damaligen Präsidentschaftswahlen in Tunesien äußerte.[143]

Auch die Radio- und Fernsehstationen sind staatlich beeinflusst und werden vom Etablissement de la Radiodiffusion Télévision Tunisienne

---

[140] vgl. Hussain, A., Vereinte Nationen (Hrsg.): Droits civils et politiques et notamment la question de la liberté d'expression – Rapport sur la mission en Tunisie, o.O. 2000, o.S.

[141] vgl. ebd.

[142] vgl. ebd.

[143] vgl. ebd.

(ERTT) betrieben. Die Radiolandschaft setzt sich aus einer nationalen Station (Radio Tunis), der Jugendstation Canal Jeunes und fünf regionalen Stationen (Le Kef, Monastir, Sfax, Gafsa und Tataouine) zusammen. Tunesien verfügt über einen nationalen Fernsehsender (Tunis 7) und einen Jugendkanal (Canal 21). Darüber hinaus wurde 1992 in Zusammenarbeit mit dem französischen Sender Canal Plus der tunesische private Sender Canal Horizons gegründet. Terrestrisch sind der französische Sender France 2 und der italienische Sender Rai Uno zu empfangen, wobei ersterer seit dem 25. Oktober 1999 infolge kritischer Beiträge gesperrt wurde und auch der Empfang von Rai Uno gelegentlich unterbrochen ist. Nichtsdestotrotz sind diese und eine Vielzahl anderer internationaler Fernsehsender per Satellit zu empfangen und erfreuen sich bei den Tunesiern immer größerer Beliebtheit.[144]

Tunesien war 1991 das erste arabische und afrikanische Land mit Zugang zum Internet. Die 1996 gegründete Agence Tunisienne d'Internet (ATI) ist der öffentliche Internetbetreiber. Um der unbe-grenzten Informationsbeschaffung aus dem Netz entgegenzuwirken, werden Seiten von kritischen ausländischen Zeitungen, aber auch von Menschenrechtsorganisationen und sogar im Ausland ins Netz gestellte tunesische Seiten kontrolliert und gelegentlich für den Zugriff von Tunesien aus gesperrt.[145]

### 1.5.9 Gesundheit

Tunesiens Gesundheitssystem ist im Vergleich zu seinen Nachbarländern relativ gut ausgebaut.

Das Gesetz Nr. 91-63 vom 29. Juli 1991 bezüglich der Gesundheitsorganisation erkennt jeder Person das Recht auf den Schutz seiner Gesundheit unter den bestmöglichen Bedingungen an.

---

[144] vgl. ebd.; o.V.: Deux ans de prison pour un «cyberdissident» tunisien, in: Jeune Afrique/L'Intelligent v. 12.07.2002, unter: http://www.lintelligent.com, 12.07.2002
[145] vgl. Hussain, A., Vereinte Nationen (Hrsg.): Droits civils et politiques et notamment la question de la liberté d'expression – Rapport sur la mission en Tunisie, o.O. 2000, o.S.

Die staatlichen Ausgaben im Gesundheitssektor stiegen von 1987 bis 1999 jährlich durchschnittlich um 11,6 % an, wobei sich das Budget des Gesundheitsministeriums in der gleichen Zeit verdreifacht hat (1987 175 Mio. TD, 1999 539 Mio. TD).[146]

Diese Entwicklung erlaubte eine Verbesserung in nahezu allen Gesundheitsbereichen: Ausbau der Gesundheitsinfrastruktur, verstärkte Abdeckung, Qualitätsverbesserung.

Um auch der benachteiligtsten Bevölkerungsschicht eine medizinische Versorgung bieten zu können, wurde ein System zur kostenlosen medizinischen Hilfe eingeführt (Assistance Médicale Gratuite, AMG). Dieses betrifft derzeit 160 900 Familien sowie verlassene Kinder und Personen mit schweren Behinderungen. Geringere Kosten für die Behandlung in öffentlichen Gesundheitseinrichtungen fallen für alle anderen Personen an, die keinem Sozialversicherungssystem angehören und deren Jahreseinkommen bestimmte Grenzen nicht überschreitet.

Im Bereich der vorbeugenden Medizin wurden zahlreiche nationale Programme durchgeführt, die zur Verbesserung der medizinischen Bedingungen geführt haben. Als Ergebnis konnten eine Reihe von Krankheiten wie zum Beispiel Pocken und Malaria ausgerottet werden.[147]

Für die Gesundheit von Mutter und Kind besteht u.a. ein Impfprogramm, ein Anti-Diarrhö-Programm und ein Programm gegen akute Infektionen der Atemwege. Des Weiteren wurden Programme gegen arteriellen Bluthochdruck, Diabetes, Geisteskrankheiten, Mund- und Zahnkrankheiten und chronische Erkrankungen gestartet.[148]

---

[146] vgl. Agence Tunisienne de Communication Extérieure, unter: http://www.tunisie.com, 03.03.2002

[147] vgl. République Tunisienne, Programme des Nations Unies pour le Développement (Hrsg.): Rapport National sur le Développement Humain 1999, o.O. 2000, o.S.

[148] vgl. Agence Tunisienne de Communication Extérieure, unter: http://www.tunisie.com, 03.03.2002

Das seit Mitte der 1960er Jahre laufende Familienplanungsprogramm konzentriert sich derzeit vor allem auf die ländliche Bevölkerung und ausgewählte Zielgruppen.[149]

Die tunesischen Familien geben durchschnittlich immer mehr Geld für Hygiene und Pflege aus und immer weniger für Nahrungsmittel, was von einem wachsenden Lebensstandard zeugt. Im Jahre 1975 fielen etwa 5,4 % der Ausgaben einer Familie auf den Gesundheits- und Hygienebereich. 2000 lag dieser Anteil bei 10 %.[150]

Die positiven Ergebnisse der Gesundheitspolitik Tunesiens lassen sich an einigen Indikatoren ablesen:[151]

• Die Lebenserwartung bei Geburt lag 1966 bei 51,1 Jahren, 2001 bereits bei 72,9 Jahren.

• Die Bruttogeburtenrate ging von 45,1 ‰ 1966 auf 16,9 ‰ bis zum Jahr 2001 zurück.

• Die Kindersterblichkeitsrate reduzierte sich von 120 ‰ 1966 auf 22,8 ‰ im Jahr 2001.

• Die synthetische Geburtenziffer fiel von 7,15 Kindern/Frau im Jahre 1966 auf 2,05 im Jahr 2001.

• Die Benutzung von Verhütungsmitteln stieg von 49,8 % 1988 auf 62,9 % 2001 an.

• Entfielen 1966 noch 6 806 Einwohner auf einen Arzt, so senkte sich diese Zahl bis 2001 auf 1 167 Einwohner pro Arzt.

---

[149] vgl. Agence Tunisienne de Communication Extérieure, unter: http://www.tunisie.com, 03.03.2002
[150] vgl. Institut National de la Statistique, unter: http://www.ins.nat.tn, 10.06.2002
[151] vgl. Agence Tunisienne de Communication Extérieure, unter: http://www.tunisie.com, 03.03.2002; Institut National de la Statistique, unter: http://www.ins.nat.tn, 10.09.2002

| | 1998 | 1999 | 2000 | 2001 |
|---|---|---|---|---|
| Ärzte | 6 819 | 7 149 | 7 444 | 8 278 |
| Zahnärzte | 1 276 | 1 301 | 1 315 | 1 380 |
| Apotheker | 1 623 | 1 690 | 1 951 | 1 998 |
| Medizinisches Hilfspersonal | 26 666 | 27 050 | 27 392 | 30 392 |

*Tabelle 1-22* Entwicklung des Personals im Gesundheitsbereich (vgl. Institut National de la Statistique, unter: http://www.ins.nat.tn, 10.06.2002)

- Die staatlichen Krankenbetten stiegen von 6 075 im Jahr 1956 auf 16 659 im Jahr 2001. Die Zahl der Grundgesundheitszentren stieg von 979 Zentren 1984 auf 2 000 Zentren im Jahr 2001.

- 1994 waren 86,8 % der Haushalte elektrifiziert, gegen 95,6 % 2001. Über einen Trinkwasseranschluss verfügten 1994 70,1 % der Haushalte, gegenüber 76,1 % 2001.

- Im Jahr 2001 flossen 2,2 % des BIP in den Gesundheitssektor.

| | 1990 | 1992 | 1994 | 1996 | 1998 | 1999 | 2001 |
|---|---|---|---|---|---|---|---|
| Öffentliche Gesundheitsausgaben in % vom Staatsbudget | 7.5 | 8.4 | 8.6 | 9.0 | 9.1 | 8.7 | 6.9 |
| Öffentliche Gesundheitsausgaben in % vom BIP | 2.2 | 2.2 | 2.4 | 2.3 | 2.2 | 2.1 | 2.2 |

*Tabelle 1-23* öffentliche Gesundheitsausgaben (vgl. Institut National de la Statistique, unter: http://www.ins.nat.tn, 10.06.2002)

Aufgrund einer beispielhaften Familienplanungspolitik konnte Tunesien die natürliche Wachstumsrate beachtlich senken. Im Jahre 1956 lebten 3,8 Millionen Menschen in Tunesien. Deren Zahl stieg bis 2001 auf 9,67 Millionen. Die Wachstumsrate fiel dabei von 3,5 % (1956) auf 1,14 % im Jahr 2001.

Politik und Gesellschaft 73

| | 1956 | 1966 | 1975 | 1984 | 1994 | 2000 | 2001 |
|---|---|---|---|---|---|---|---|
| Bevölkerung (in Mio.) | 3.78 | 4.58 | 5.51 | 7.03 | 8.82 | 9.56 | 9.67 |
| Natürliche Wachstumsrate (in %) | 3.50 | 3.10 | 2.70 | 2.60 | 1.70 | 1.14 | 1.14 |
| Bruttogeburtenrate (in ‰) | 50.0 | 45.1 | 36.6 | 32.3 | 22.7 | 17.1 | 16.9 |
| Bruttosterberate (in ‰) | 25.0 | 15.0 | 10.0 | 6.5 | 5.7 | 5.6 | 5.5 |
| Kindersterblichkeitsrate (in ‰) | 200.0 | 120.0 | 76.9 | 51.4 | 31.8 | 25.8 | 22.8 |
| Geburtenrate (Kinder/Frau) | 7.20 | 7.15 | 5.80 | 4.70 | 2.90 | 2.08 | 2.05 |
| Lebenserwartung (in Jahre) | 47.0 | 51.1 | 58.6 | 67.1 | 71.0 | 72.2 | 72.9 |
| Bevölkerung < 15 Jahre (in %) | 42.5 | 46.5 | 43.8 | 39.7 | 34.9 | - | - |
| Bevölkerungsdichte (Einw./km²) | 24.5 | 27.7 | 36.2 | 45.1 | 56.7 | 61.5 | 62.2 |

*Tabelle 1-24 Demographische Entwicklung (vgl. Institut National de la Statistique, unter: http://www.ins.nat.tn, 10.09.2002)*

Das staatliche Gesundheitswesen unterteilt sich in drei Einheiten:[152]

- Die erste Einheit besteht aus 2000 (Jahr 2000) Grundgesundheits- zentren und 106 Kreiskrankenhäusern.

- Die zweite Einheit setzte sich im Jahr 2000 aus 32 Regionalkran- kenhäusern zusammen, die zumeist in den Hauptstädten der Gou- vernorate liegen.

- Die dritte Einheit vereint die 18 Universitätskliniken, die im Jahr 2000 196 Dienste mit 40 Spezialrichtungen anboten.

| | 1998 | 1999 | 2000 |
|---|---|---|---|
| Allgemeinkrankenhäuser | 10 | 10 | 11 |
| Institute, Spezialzentren und -krankenhäuser | 12 | 13 | 18 |
| Regionalkrankenhäuser | 31 | 34 | 32 |
| Bezirkskrankenhäuser | 96 | 106 | 106 |
| Autonome Entbindungsheime | 14 | 14 | 14 |
| Elementare Gesundheitsverbände | 24 | 24 | 24 |
| Allgemeine Gesundheitszentren | 1922 | 1951 | 1981 |

*Tabelle 1-25 Entwicklung der medizinischen Infrastruktur (vgl. Institut National de la Sta- tistique, unter: http://www.ins.nat.tn, 10.06.2002)*

---

[152] vgl. Agence Tunisienne de Communication Extérieure, unter: http://www.tuni- sie.com, 03.03.2002

Darüber hinaus existieren halbstaatliche Einrichtungen:

- 6 Polykliniken der Nationalkasse für Sozialversicherung (Caisse Nationale de la Sécurité Sociale, CNSS), die allgemeine ambulante Behandlungen durchführen, spezielle Pflegedienste anbieten und den Versicherungsmitgliedern Diagnosedienste zur Verfügung stellen.

Im Bereich der privaten Krankenversorgung verfügt Tunesien über zahlreiche Einrichtungen, so zum Beispiel: Kliniken, Zahnarztpraxen, Arztpraxen, Apotheken, Radiologien, Analysezentren, Krankentransportdienste, Dialysezentren und paramedizinische Praxen.

### 1.5.10 Umweltschutz

Tunesien engagiert sich seit einigen Jahren sehr stark auf dem Umweltmarkt und ist bemüht, mit Hilfe von Kooperationen mit dem Ausland die Problemgebiete im Umweltsektor zu lösen.

Diese Umweltprobleme lassen sich in zwei wesentliche Bereiche untergliedern: der Umgang mit den natürlichen Ressourcen aufgrund des Bevölkerungswachstums sowie der Umgang mit dem Städtewachstum und der Industrie.

Folgende Umweltprobleme belasten Tunesien:[153]

- **Zerstörung der Bodenressourcen durch Erosion und Desertifikation:** Jährlich ist ein Verlust von durchschnittlich 5t/ha Boden durch Erosion zu verzeichnen. Ungefähr 5,5 Mio. ha Land sind vor allem im Zentrum und im Süden Tunesiens von der Desertifikation bedroht. Jährlich gehen u.a. aufgrund von Sandstürmen, Abtragung von Boden durch den Wind und sekundärer Versalzung etwa 8 000 ha relativ produktiven Landes verloren. In Zorg, Hamzet, Ouled

---

[153] vgl. Institut de Presse et des Sciences de l'Information, Fonds des Nations Unies pour la Population (Hrsg.): Communication en Matière de Population, Tunis 1998, 186-206

Youssef und Mraïhia wurde bereits Boden, der einer Fläche von 419 ha entspricht, vor Erosion geschützt.[154]

- **Hohes Risiko der qualitativen Verschlechterung der Wasserressourcen in Folge zunehmender industrieller und landwirtschaftlicher Verschmutzung und der Übernutzung des Grundwassers:** Die derzeitigen Wasservorräte Tunesiens reichen voraussichtlich noch bis zum Jahr 2020. Ein besonderes Problem ist die Versalzung bestimmter Reservate und des Grundwassers, insbesondere im Süden Tunesiens. Ebenso belastet die Nutzung von Phosphatdüngern erheblich die Wasserqualität.

- **Biologische Verknappung der Flora und Fauna:** Waldflächen nehmen in Tunesien immer mehr ab und nehmen damit den Lebensraum von zahlreichen Pflanzen und Tieren.

- **Ungleichgewicht der Küsten (Stranderosion) und Meeresökosysteme, u.a. aufgrund unangepasster Küstennutzung und Überfischung:** für die tunesischen Küstenräume sind vor allem die Hydrokarbone, die Industrie (Golf von Gabès), die häuslichen Abwässer, der Rückgang der Strände, der Tourismus und der Fischfang (Golf von Gabès, Sahel) bedrohlich. Für die jährliche Produktion von 650 000 t Phosphorsäure leitet die Produktionsstätte von Gabès seit 1972 durchschnittlich 3,25 Mio. t Phosphatgips Jahr für Jahr ins Meer, wodurch das gesamte Ökosystem gestört wird. Die Erdölförderung der Offshore-Stationen Tazarka (55 km vor Hammamet) und Ashtart (70 km vor Sfax) belastet ebenfalls die Umwelt.

- **Verminderte Lebensqualität aufgrund industrieller Verschmutzung und schlechtem Umgang mit Haushaltsabfällen:** jährlich werden von den Gemeinden etwa 1,2 Mio. t städtischer Hausmüll mehr oder weniger gut gesammelt. Derzeit bestehen die größten Probleme in der Verarbeitung der Abfälle auf den Müllhalden. Mülltrennungsanlagen und bessere Entlademöglichkeiten sind in Planung. Gefährliche und schädliche Abfälle der Industrie, Kran-

---

[154] vgl. Zaghouani, F.: Démarche participative, in: La Presse de Tunisie v. 12.08.2002, o.S.

kenhäuser, Medizinlabors und Unternehmen werden momentan noch zusammen mit dem Hausmüll entsorgt.

Die tunesische Umweltpolitik verfolgt nun das Ziel, das ökologische Gleichgewicht zu schützen und mit den natürlichen Ressourcen sparsam umzugehen sowie gegen jegliche Art von Verschmutzung anzukämpfen.

Um diese Ziele zu erreichen, wurden u.a. folgende Institutionen gegründet, an deren Spitze das Ministerium für Umwelt und Raumplanung steht:[155]

- **Nationales Reinigungsamt** (Office National de l'Assainisse-ment, ONAS): 1974 gegründet, setzt es sich gegen die Verschmutzung und für den Schutz der Wasserressourcen ein und bemüht sich um eine Verbesserung der hygienischen Bedingungen in den städtischen, touristischen und industriellen Gebieten.

- **Nationales Amt für Umweltschutz** (Agence Nationale de Protection de l'Environnement, ANPE): Es wurde 1988 zum Kampf gegen Verschmutzung, vor allem industrieller Art, gegründet und untersucht und kontrolliert die Umweltsituation in Tunesien. Es versucht, durch vorsorgenden Umweltschutz das Risiko einer Verschmutzung zu eliminieren.

- **Nationales Amt für Küstenschutz** (Agence Nationale pour la Protection du Littoral, APAL): Das seit 1995 existierende Amt ist für die bessere Nutzung und Organisation des Küstenraumes zuständig. Darüber hinaus erstellt es Studien zur Sanierung und zum Schutz der empfindlichen und feuchten Zonen.

- **Internationales Zentrum für Umwelttechnologien von Tunis** (Centre International des Technologies de l'Environnement de Tunis, CITET): Auf Empfehlung der Konferenz von Rio de Janeiro wurde das CITET 1995 gegründet. Seine Aufgaben liegen in der Förderung des Wissens und der Kenntnisse über Umwelttechnologi-

---

[155] vgl. Agence Tunisienne de Communication Extérieure, unter: http://www.tunisie.com, 03.03.2002

en und in der Unterstützung des Technologietransfers von Nord nach Süd.

- **Nationales Amt für Erneuerbare Energien** (Agence Nationale des Energies Renouvelables, ANER): Dieses Amt wurde 1998 mit der Aufgabe der Entwicklung und Umsetzung von Strategien zur Förderung erneuerbarer Energien gegründet.

Im Rahmen der Umweltpolitik sind mehrere Programme ins Leben gerufen worden:[156]

- **Blaue Hand** (Main bleue): Sie hat sich den Schutz der Küste und der Wasserressourcen, vor allem vor Ölverschmutzung, zur Aufgabe gestellt. Außerdem fördert sie die Strandreinigung, die Behandlung der Abwässer und die Lösung des Abfallproblems in den Küstenstädten.

- **Grüne Hand** (Main verte): Sie hat den Naturschutz und die Förderung von Grünflächen in Stadtgebieten zum Ziel und möchte mindestens 10m² Grünfläche pro Stadteinwohner errichten. Dazu zählt auch das Stadtparkprogramm zum Schutz der Wälder an Stadträndern schützen und deren Transformation in ökologische Erhohlungs- und Umweltbildungszentren. Innerhalb von 10 Jahren sollen 100 Stadtparks eingerichtet werden. Die Parks Ennahli, El Mourouj, El Khalidj und Farhat-Hached in Radès konnten bereits fertiggestellt werden.

- **Gelbe Hand** (Main jaune): Sie kämpft gegen die fortschreitende Desertifikation in Tunesien. Der Schutz des Wassers und des Bodens, die Befestigung der Dünen, der Kampf gegen die Bodenversalzung sowie die Aufforstung und Regeneration der Wälder fällt in ihren Aufgabenbereich.

Im Umweltbereich sind in Tunesien bisher zahlreiche bilaterale und multilaterale Partnerschaften zustande gekommen. Insbesondere mit Deutschland, aber auch mit Schweden, Spanien, Monaco, Luxemburg,

---

[156] vgl. Agence Tunisienne de Communication Extérieure, unter: http://www.tunisie.com, 03.03.2002

Frankreich, den Niederlanden, Italien, Großbritannien und Japan wurden und werden Projekte durchgeführt.

Auf multilateralem Niveau arbeitet Tunesien vor allem mit der Europäischen Union (Europäische Investitionsbank), der Weltbank, der Islamischen Entwicklungsbank und der Japanischen Kooperationsagentur zusammen.[157]

Abgesehen von der Errichtung von Parkanlagen zum Schutz der Flora und Fauna, konnten bisher 1 Mio. ha Land vor Erosion bzw. Desertifikation geschützt werden. 300 000 ha Land wurden aufgeforstet, 40 000 ha Dünen befestigt und mehr als 10 000 ha Oasenland vor Versalzung geschützt. Die Phosphatgipseinleitung ins Meer vor Sfax konnte verringert werden. Bis 2011 sollen 16 % des Landes von Wald bedeckt sein und 13 m² Grünfläche pro Einwohner angelegt worden sein.[158]

Die Wasserknappheit bedarf auch in Tunesien Maßnahmen zum sparsamen Umgang mit dem Wasser. So werden derzeit bereits 6 630 ha landwirtschaftlicher Nutzfläche mit Brauchwasser bewässert. Ebenso werden Golfplätze und Grünflächen mit gebrauchtem Wasser versorgt.[159]

Durch die Einführung von Umweltprogrammen sollen die Tunesier für Umweltfragen auch in Zukunft stärker sensibilisiert werden. So erscheint schon heute der „Labib" als tunesisches Umweltmaskottchen auf vielen Produkten.[160]

---

[157] vgl. Agence Tunisienne de Communication Extérieure, unter: http://www.tunisie.com, 03.03.2002

[158] vgl. o.V.: Réaliser 16 % de couvert forestier d'ici 2011, in: La Presse de Tunisie v. 31.10.2002, o.S.

[159] vgl. o.V.: Ces entreprises qui gaspillent beaucoup d'eau, in: La Presse de Tunisie v. 25.10.2002, o.S.

[160] vgl. Institut de Presse et des Sciences de l'Information, Fonds des Nations Unies pour la Population (Hrsg.): Communication en Matière de Population, Tunis 1998, 206-210

## 1.6 Politische und gesellschaftliche Szenarien

Nach der Zustimmung des Volkes vom 26. Mai 2002 zur Verfassungsänderung, wird für die kommenden Jahre eine politische Konzentration der Macht beim Präsidenten erwartet. Die offizielle Teilung der Gewalten wird in Realität nur von einer einzigen Gewalt ausgeübt werden – dem Präsidenten.

Außenpolitisch wird Tunesien im Rahmen des Europa-Mittelmeer-Abkommens den Dialog mit den europäischen Partnern verstärken. Gleiches gilt für die Zusammenarbeit mit der Union des Arabischen Maghreb.

Es wird nicht davon ausgegangen, dass sich die Menschenrechtspolitik Tunesiens wesentlich ändern wird. Im Rahmen des Kampfes gegen den internationalen Terrorismus kann mit einer Verschärfung der Menschenrechtslage gerechnet werden.

Die gesellschaftliche Entwicklung wird weiterhin Erfolge verzeichnen können. Mit dem wirtschaftlichen Wachstum Tunesiens erhöht sich stetig der Lebensstandard der Bevölkerung. Die Zahl der Analphabeten wird in Zukunft weiter sinken und immer besser ausgebildete Arbeitskräfte werden auf den Markt drängen.

## 2  Wirtschaft

Das vorliegende Kapitel setzt sich mit der ökonomischen Entwicklung Tunesiens und seiner aktuellen Wirtschaftslage auseinander. Ausgehend von den geographischen Bedingungen und der seit der Unabhängigkeit verfolgten Wirtschaftspolitik, werden, unter Berücksichtigung der Interessen potentieller Investoren, staatliche Maßnahmen zur Investitionsförderung beleuchtet. Im Anschluss daran folgt eine Untersuchung und Darstellung der unterschiedlichsten und gleichzeitig bedeutendsten Wirtschaftssektoren Tunesiens. Dem Arbeitsmarkt sowie der Finanzpolitik ist der letzte Abschnitt des Kapitels gewidmet.

### 2.1  Geographische Voraussetzungen[161]

Das nordafrikanische Land Tunesien, offiziell Tunesische Republik, wird im Norden und Osten vom Mittelmeer begrenzt. Im Südosten bildet Libyen und im Westen Algerien die Grenze. Das Land bedeckt eine Fläche von 162 155 km² und verfügt über 1298 km zumeist aus Stränden bestehender Küste, ohne Inseln. Tunesien zählt mehr als 36 000 ha Küstendünen. Einige Küstenregionen werden daher intensiv touristisch genutzt. Zahlreiche natürliche Häfen und Meeresbuchten säumen die Küste, so der Golf von Tunis, der Golf von Hammamet und der Golf von Gabès, in dem sich auch die Inseln Djerba und Kerkennah befinden.

Die Ausläufer des Atlasgebirges streifen das Land von Südwesten bis Nordosten und erreichen Höhen von 610 m bis 1544 m (Châambi). Die fruchtbaren Täler und Ebenen in den Gebirgsregionen werden vor allem landwirtschaftlich genutzt und erstrahlen das ganze Jahr hindurch in einem satten Grün. In Richtung Süden geht das Bergland in eine Hochebene über und senkt sich im Süden zu Schotts, großen Salzseen, ab, die teilweise unter dem Meeresspiegel liegen. Tunesiens Fläche wird zu 40 % von der Sahara eingenommen.

---

[161] vgl. Agence Tunisienne de Communication Extérieure, unter: http://www.tunisie.com, 15.02.2002

Der einzige größere Fluss Tunesiens, die Madjerda, fließt von Westen nach Osten und mündet in den Golf von Tunis. Der Gesamtwasservorrat Tunesiens wird auf 4,6 Mrd. m³ geschätzt, wovon 3,9 Mrd. m³ nach derzeitigen wirtschaftlichen Kriterien verfügbar sind.

Im Norden und den Küstenregionen herrscht aufgrund der Wassernähe und der geringen Höhen mediterranes Klima. Im Süden und Landesinneren hingegen dominiert semi-arides Klima. Die Durchschnittstemperatur liegt im Dezember bei 11,4°C, im Juli bei 29,3°C. Ist der Norden noch verhältnismäßig reich mit Regen gesegnet (800 bis 1000 mm/Jahr) – die Regenzeit dauert von Oktober bis Mai mit 75 % der Jahresniederschläge – so wird es in Richtung Süden immer trockener und heißer (50 bis 150 mm/Jahr). Die Niederschläge sind starken jährlichen Schwankungen ausgesetzt.

Die Flora im Küstengebiet Tunesiens ähnelt der Südeuropas. Zahlreiche Weinsorten sowie Kiefer- und Korkeichenwälder breiten sich in den fruchtbaren Gebieten des Nordens aus. Weiter südlich passt sich die Pflanzenwelt den trockenen und heißen klimatischen Bedingungen an und geht in Steppe, gekennzeichnet durch Büsche, Sträucher und Olivenhaine, über. In den Oasen der Sahara wächst hauptsächlich die Dattelpalme. Insgesamt zählt Tunesien 2200 Pflanzenarten, darunter 307 seltene Pflanzen und 99 sehr seltene Pflanzen. Tunesien ist die ausschließliche Heimat von 7 Pflanzenarten. Etwa 368 000 ha des Landes sind von natürlichem Wald bedeckt.

Die breitgefächerte Tierwelt des Landes besteht aus 80 Säuge-, 362 Vogel-, 67 Amphibien- und Reptilientierarten und einer Vielzahl von Fischen und wirbellosen Tieren. Hyänen, Schakale und Gazellen sind nur einige Beispiele.

Tunesien ist im Vergleich zu seinen Nachbarländern relativ arm an Bodenschätzen. Das Land verfügt über Phosphat-, Eisen-, Blei-, Zink- und Erdölvorkommen.

## 2.2 Ökonomische Situation

Tunesiens wirtschaftliche Entwicklung der letzten Jahre kann als durchaus erfolgreich charakterisiert werden. Seit der Durchführung des durch den Internationalen Währungsfonds und die Weltbank 1986 initiierten Strukturanpassungsprogramms zieht sich der Staat zunehmend aus der Wirtschaft zurück, die Privatwirtschaft und die Integration in die Weltwirtschaft werden gefördert.

1995 unterzeichnet Tunesien mit der Europäischen Union das Europa-Mittelmeer-Abkommen, das bis zum Jahr 2010 eine schrittweise Einführung einer Freihandelszone vorsieht.[162]

Hauptaugenmerke der derzeitigen Wirtschaftspolitik sind die Förderung des Wirtschaftswachstums, die Schaffung von Arbeitsplätzen, die Förderung des Exports und der Auslandsinvestitionen sowie die Beibehaltung geringer Inflationsraten.

Bereits 1996 wurde ein Mise-à-Niveau Programm zur Modernisierung der Wirtschaft eingeführt, das die tunesischen Unternehmen auf die zunehmende ausländische Konkurrenz vorbereitet, die mit dem Abbau der Handelsbarrieren im Rahmen des Europa-Mittelmeer-Abkommens auf den tunesischen Markt drängt. Dieses Programm wurde von Industrieunternehmen auf Unternehmen der Landwirtschaft und Dienstleister ausgeweitet und umfasste bis September 2002 2278 Unternehmen.[163] *(siehe 2.6 Mise-à-Niveau Programm)*

Im Zeitraum 1987 bis 2001 hat der tunesische Staat bereits 159 seiner Unternehmen privatisiert und konnte 1,505 Mrd. Tunesische Dinar einnehmen.[164]

---

[162] vgl. Europäische Union, unter: http://www.europa.eu.int, 03.02.2002

[163] vgl. Souadi, A.: Conforter les indicateurs de performance, in: La Presse de Tunisie v. 22.05.2002, o.S.; o.V.: Intensifier les actions de sensibilation et d'encadrement, in: La Presse de Tunisie, v. 20.10.2002, o.S.

[164] vgl. Barrouhi, A.: Dernière ligne droite, in: Jeune Afrique/L'Intelligent v. 18.03.2002, 72

|                                        | 1996 | 1997 | 1998 | 1999 | 2000 | 2001 |
|----------------------------------------|------|------|------|------|------|------|
| BIP zu Marktpreisen                    | 19 066.2 | 20 898.2 | 22 580.6 | 24 671.5 | 26 923.3 | 29 423.4 |
| Bruttosozialprodukt                    | 18 056.1 | 19 896.4 | 21 638.7 | 23 656.7 | 25 831.1 | 28 239.3 |
| BIP/Einwohner (TD)                     | 2 075.3 | 2 252.3 | 2 418.5 | 2 611.9 | 2 821.6 | 3 049.6 |
| Investitionsquote (% des BIP)          | 23.2% | 24.7% | 24.9% | 25.4% | 26.2% | 26.4% |
| Auslandsverschuldung                   | 9 620 | 10 820 | 10 857 | 12 795 | 13 825 | 14 395 |
| Verschuldungsrate (% des BIP)          | 50.5% | 51.8% | 48.1% | 51.9% | 51.3% | 48.9% |
| Inflationsrate (%)                     | 3.7% | 3.7% | 3.1% | 2.7% | 2.9% | 1.9% |
| Export                                 | 5 372.0 | 6 147.9 | 6 518.3 | 6 966.9 | 8 004.8 | 9 503.7 |
| Import                                 | 7 498.8 | 8 793.5 | 9 489.5 | 10 070.5 | 11 738.0 | 13 658.3 |
| Saldo Export/Import                    | -2 126.8 | -2 645.6 | -2 944.5 | -3 103.6 | -3 733.2 | -4 154.6 |
| Deckungsrate Export/Import (%)         | 71.6% | 69.9% | 68.7% | 69.2% | 68.2% | 69.6% |
| Arbeitslosenquote (%)                  | - | 15.7% | - | 15.8% | 15.6% | 15.0% |

*Tabelle 2-1 Entwicklung wichtiger Wirtschaftsindikatoren in Mio. TD (vgl. Institut National de la Statistique, unter: http://www.ins.nat.tn, 10.06.2002; Agence Tunisienne de Communication Extérieure, unter: http://www.tunisie.com, 04.06.2002)*

Die Ergebnisse des 9. Entwicklungsplans (1997-2001) zeugen von der zunehmenden wirtschaftlichen Stabilität Tunesiens: durchschnittliches Wachstum des Bruttoinlandproduktes von 5,3 % von 1997-2001, Rückgang der Inflationsrate auf 1,9 % im Jahr 2001, Anstieg der Investitionsrate von 23,2 % des BIP 1996 auf 26,4 % im Jahr 2001, Erhöhung der Sparquote von 23,7 % des Bruttosozialproduktes 1996 auf 25,5% im Jahr 2001, Rückgang der Verschuldungsrate von 50,5 % 1996 auf 48,9 % im Jahr 2001.

Der Anteil der Landwirtschaft am BIP ging 2001 auf 13,5 % zurück. Der Anteil der Industrie am BIP betrug im Jahr 2001 33,3 %, die Dienstleistungen trugen im Jahr 2001 mit 53,1 % zum BIP bei. Ein wesentlicher Anteil der Dienstleistungen wird nach wie vor vom Tourismus getragen (7,1 % des BIP).[165]

---

[165] vgl. Institut National de la Statistique, unter: http://www.ins.nat.tn, 20.10.2002

Die Arbeitslosigkeit bleibt ein Strukturproblem der tunesischen Wirtschaft: im Jahr 2001 belief sie sich nach offiziellen Angaben auf 15,0 %. Von den knapp 500 000 Arbeitslosen ist ca. die Hälfte jünger als 25 Jahre, darunter ein Großteil Hochschulabsolventen.[166]

Im Jahr 2001 betrug das BIP pro Kopf 3049,6 Dinar und ist damit, mit Ausnahme Libyens, das höchste im Maghreb. Die jährlichen Ausgaben pro Haushalt beliefen sich im Jahr 2000 auf 6 505 Dinar, dies entspricht 1 334 Dinar pro Person.[167]

Fast 80 % der Haushalte sind in Tunesien Besitzer ihres Wohnraumes, 96 % der Haushalte sind elektrifiziert, 76 % haben fließendes Wasser. In 18 % der Haushalte existiert mindestens ein Auto, in 30 % ein Telefon und sogar 87 % der Haushalte verfügen über einen Fernseher, 18 % über eine Satellitenanlage, 22 % über eine Waschmaschine und 68 % über einen Kühlschrank. Laut offizieller Angaben zählen damit 60 % der Tunesier zur Mittelklasse. Die Armutsrate konnte von 22 % der Bevölkerung 1975 auf 4,2 % im Jahr 2000 gesenkt werden.[168]

| | 1975 | 1980 | 1985 | 1990 | 1995 | 2000 |
|---|---|---|---|---|---|---|
| Nahrungsmittel | 41.7 | 41.7 | 39.0 | 40.0 | 37.7 | 38.0 |
| Wohnraum | 27.9 | 29.0 | 27.7 | 22.0 | 22.2 | 21.5 |
| Kleidung | 8.8 | 8.5 | 6.0 | 10.2 | 11.9 | 11.1 |
| Hygiene & Pflege | 5.4 | 5.7 | 7.0 | 8.7 | 9.6 | 10.0 |
| Transport & Telekommunikation | 4.7 | 4.9 | 9.0 | 8.2 | 8.7 | 9.7 |
| Bildung, Kultur, Freizeit | 8.0 | 7.7 | 8.9 | 8.5 | 8.9 | 8.7 |
| Sonstige | 3.5 | 2.5 | 2.4 | 2.4 | 1.0 | 1.0 |

*Tabelle 2-2 Struktur der Ausgaben/Haushalt in % der Gesamtausgaben (vgl. Institut National de la Statistique, unter: http://www.ins.nat.tn, 10.06.2002)*

---

[166] vgl. Institut National de la Statistique, unter: http://www.ins.nat.tn, 10.06.2002
[167] vgl. ebd.
[168] vgl. Ministère du Développement Economique (Hrsg.): Note d'orientation du Xe Plan (2002-2006), Tunis 2001, o.S.; Institut National de la Statistique, unter: http://www.ins.nat.tn, 10.06.2002

Der 10. Entwicklungsplan für den Zeitraum von 2002 bis 2006 sieht u.a. nachfolgende Orientierungen für die künftige Entwicklung Tunesiens vor:[169]

- Schaffung zusätzlicher Arbeitskräfte u.a. durch intensivierten Export, Produktivitätssteigerung und damit erhöhte Wettbewerbsfähigkeit;

- Erweiterung des Bildungswesens durch Spezialausbildungsrichtungen, verstärkte Ausbildung im Bereich der Informations- und Kommunikationstechnik, Erhöhung der Schulbesuchsraten sowohl in den Grundschulen als auch im höheren Bildungswesen, Erhöhung der Zahl der Auszubildenden mit erfolgreichem Abschluss auf 60 000 bis zum Jahr 2006;

- Erhöhung der Wettbewerbsfähigkeit durch den Ausbau der Infrastruktur und Telekommunikation, die Verbesserung der Verwaltung, mehr Flexibilität im Wechselkursregime, eine verstärkte Qualitätsförderung, Präsenz tunesischer Unternehmen auf ausländischen Märkten usw.;

- Verstärkung der Leistungsfähigkeit des privaten Sektors durch erleichterten Zugang zu ehemals staatlichen Domänen und Zusammenschluss kleiner Unternehmen zu Gruppen

- In den einzelnen Sektoren: Verbesserung der Nahrungsmittelversorgung, Diversifizierung der landwirtschaftlichen Produktion, Unterstützung klimatisch benachteiligter Regionen, Förderung der Wassersparsamkeit, Fortsetzung des Mise-à-Niveau Programms zur Verbesserung der Wettbewerbsfähigkeit der Industrieunternehmen, Förderung der Wachstumsmärkte, Unterstützung von Unternehmenszusammenschlüssen, Neustrukturierung der staatlichen Unternehmen, Liberalisierung des Fernverkehrs, Förderung des Tourismussektors und der Freizeitaktivitäten;

- Aufrechterhaltung des Gesamtgleichgewichtes durch die Förderung der Exporttätigkeit, verstärkte Anziehung von direkten Auslandsin-

---

[169] vgl. Ministère du Développement Economique (Hrsg.): Note d'orientation du Xe Plan (2002-2006), Tunis 2001, o.S.

vestitionen, vermehrte Steuereinnahmen, Kontrolle der öffentlichen Ausgaben und Senkung der Auslandsverschuldung;

- Förderung der präventiven Medizin, Ausbau der Notfall- und Spitzenmedizin, Dezentralisierung der medizinischen Strukturen, Reform des Krankenversicherungssystems, Erweiterung der sozialen Absicherung, Senkung der Analphabetenrate von 27 % im Jahr 2001 auf 17 % bis 2006, Erhöhung des jährlichen Durchschnittseinkommens pro Einwohner auf 4 110 Dinar bis 2006, Sicherung der Chancengleichheit für die Jugendlichen und Ausbau der Jugendfreizeiteinrichtungen;

- Optimale Nutzung der Wasservorräte, Schutz der Böden, Fortsetzung des Küstenschutzprogramms, Förderung erneuerbarer Energien, Eindämmung der Umweltverschmutzung, Förderung privater Investitionen im Umweltbereich, zunehmende Nutzung ökologisch fortschrittlicher Technologien;

- Förderung der benachteiligten Regionen durch die Verbesserung der Infrastruktur, Schaffung von Instituten zur Aus- und Weiterbildung von Personal, Erarbeitung von Beschäftigungsplänen für ländliche und städtische Gebiete, Unterstützung kleiner und mittelständischer Unternehmen, Dezentralisierung der internationalen Zusammenarbeit.

## 2.3 Wirtschaftliche Entwicklung seit der Unabhängigkeit

### Die 1960er Jahre: Sozialismus und Industrialisierung[170]

Zum Zeitpunkt seiner Unabhängigkeit 1956 ist Tunesien ein von der Landwirtschaft geprägtes Land. Hochmechanisierte Großbetriebe, die zum Großteil in ausländischer Hand sind, produzieren vor allem für den französischen Markt. Exportiert werden u.a. Weizen, Olivenöl und Wein. Daneben existiert der traditionelle Agrarsektor, der etwa 450 000 Kleinbauern zählt.[171]

---

[170] vgl. Camau, M.: La Tunisie, Paris 1989, 76-80
[171] vgl. Berger, J.; Büttner, F.; Spuler, B.: Nahost-PLOETZ, Würzburg 1987, 195

Ende 1961, fünf Jahre nach der Unabhängigkeit von Frankreich, wird unter dem Planungsminister und ehemaligen Generalsekretär des Gewerkschaftsverbandes Ahmed Ben Salah ein zehnjähriger Entwicklungsplan (1962-1971) mit einem geplanten Nebeneinander von Genossenschaften, öffentlichem und privatem Sektor veröffentlicht, mit dem Tunesien in eine stärker vom Staat gelenkte Wirtschaft übergeht. Seine Ziele sind: die wirtschaftliche Dekolonialisierung, die Förderung der Menschen mit dem Ziel eines Mindesteinkommens von jährlich 50 Dinar pro Person, Regionalentwicklung und die Selbstentwicklung mit einem Abbau der ausländischen Hilfe.

Der sozialistische tunesische Staat übernimmt die wirtschaftlichen Schlüsselsektoren und die von privaten Investitionen vernachlässigten Bereiche und baut eine staatliche Industrie auf, landwirtschaftliche Anbauflächen werden im Rahmen der Bodenreform von 1964 kollektiviert und die Wirtschaft fortan vom Staat zentral geplant. Private Investitionen werden reguliert und der Außenhandel kontrolliert.

Die Kollektivierung von Landwirtschaft und Handel stellt sich jedoch schnell als Fehlentscheidung heraus, da die erhofften Ziele einer Produktivitätssteigerung und Gewinnerwirtschaftung nicht erreicht werden. Gegen die Kollektivierungsmaßnahmen wird 1968 zum Widerstand aufgerufen, in dessen Ende Ben Salah 1969 gestürzt wird.[172] Mit der Enteignung von Ausländern, hauptsächlich Franzosen, wanderten zahlreiche Familien aus, was in einem Facharbeitermangel und verschlechterten tunesisch-französischen Beziehungen resultierte.

Die Arbeitslosigkeit stellt weiterhin ein Problem dar. Die Schaffung von 132 000 neuen Arbeitsplätzen, davon ein Drittel in der Verwaltung, ist nicht ausreichend, um der zusätzlichen Nachfrage von 357 000 Arbeitsplätzen in diesem Jahrzehnt gerecht zu werden.

In den 1960er Jahren werden 40 % der Investitionen durch ausländisches Kapital finanziert. Der Staat ist auf ausländische Hilfe in Form von Spenden und Darlehen angewiesen. Die Verschuldungsrate im

---

[172] vgl. Berger, J.; Büttner, F.; Spuler, B.: Nahost-PLOETZ, Würzburg 1987, 195

Verhältnis zum BSP steigt von 21,4 % am Anfang des Jahrzehnts auf 49,8 % am Ende des Jahrzehnts an.

Am Ende der 1960er Jahre sind weder Industrie noch Landwirtschaft leistungsstark und Tunesiens Abhängigkeit, die es galt abzubauen, verstärkt sich.

## Die 1970er Jahre: Öffnungspolitik

Anfang der 1970er Jahre richtet Tunesien seine Wirtschaft auf eine Öffnung aus, die durch die Förderung privater Investitionen und einen verstärkten Außenhandel gekennzeichnet ist.

Inländische und ausländische Investitionen, vor allem in die produzierende Industrie, den Tourismus und arbeitsplatzintensive Projekte, werden verstärkt. Die Förderung des produzierenden Gewerbes soll die Exporte ankurbeln und den Binnenmarkt erweitern. Die Gründung von reinen Exportbetrieben, mit Beteiligung von ausländischem Kapital, wird begrüßt. Das 1972 eingeführte Gesetz zur Förderung des privaten Exportsektors (Gesetz Nr. 72-38 von 1972) unterstützt diese Entwicklung. Tunesiens komparativer Vorteil liegt vor allem in der ausreichenden Anzahl an immer qualifizierteren Arbeitskräften zu relativ geringen Kosten.[173]

Jedoch werden die lokale Produktion und der lokale Konsum durch Einfuhrquoten für etwa 50 % der Importe weiterhin reguliert.

Das 1976 abgeschlossene Kooperationsabkommen Tunesiens mit der Europäischen Gemeinschaft sieht die Zollbefreiung von tunesischen Exporten der verarbeitenden Industrie und in begrenztem Maße der Landwirtschaft nach Europa vor.[174]

Die Wirtschaftsöffnung treibt das Wachstum voran. Die phosphatverarbeitende Industrie als auch die Förderung des wichtigsten Exportgutes, dem Erdöl, werden ausgebaut. Devisen fließen vor allem durch den

---

[173] vgl. Publi-Performances (Hrsg.): Entreprendre en Tunisie, o.O. o.J., 14
[174] vgl. Europäische Union, unter: http://www.europa.eu.int, 30.03.2002

Export von Erdöl, Phosphat, Textilien sowie den Tourismus und Überweisungen von Gastarbeitern in Europa nach Tunesien.[175]

Zwischen 1972 und 1981 kann der geschützte Binnenmarkt einen Konsumanstieg von jährlich durchschnittlich 8,2 % verzeichnen. Aufgrund steigender Nachfrage, steigen auch die Importe an (12,5 %) und übersteigen die Exporte (7,5 %). Die Ungleichgewichte zwischen Konsum und Produktion sowie zwischen Import und Export stehen im Zusammenhang mit einer negativen landwirtschaftlichen Entwicklung: stagnierende Produktion von Grundnahrungsmitteln, auch zurückzuführen auf steigende Produktionskosten, Konsumanstieg, Veränderung der Konsumstruktur, Anstieg der Importkosten.[176]

**Die 1980er Jahre: Wirtschaftskrise und Strukturanpassungsplan**

Die demographische Entwicklung verlangt nach immer mehr Arbeitsplätzen, die jedoch nicht zur Verfügung stehen. Mehr als sonst gewinnen die Exporte an Bedeutung. Aufgrund dessen fördert der tunesische Staat Investitionen in die arbeitsplatzintensive Produktion.[177]

Im Jahre 1986 sinken nicht nur die Ölpreise drastisch, sondern auch die tunesische Landwirtschaft sowie die Phosphat- und Tourismusindustrie geraten in eine Krise. Der Dollar ist Schwankungen ausgesetzt, die Tourismuseinnahmen sind rückläufig und auch die Überweisungen tunesischer Emigranten gehen zurück.

Die Ziele des sechsten Entwicklungsplanes (1982-1986) werden nicht erreicht, die wirtschaftliche Situation im Lande verschlimmert sich: sinkende Wachstumsrate des BIP (2,9 % gegen geplante 6 %), stärkeres Konsum- als BIP-Wachstum, sinkende Sparquote (16,1 % des BSP 1986 gegen 24,4 % 1981), steigendes Zahlungsbilanzdefizit, steigende Verschuldungsrate (58,7 % 1986 gegen 38 % 1981) usw.[178] Im Jahre

---

[175] vgl. Berger, J.; Büttner, F.; Spuler, B.: Nahost-PLOETZ, Würzburg 1987, 195-196

[176] vgl. Camau, M.: La Tunisie, Paris 1989, 80-84

[177] vgl. ebd., 85

[178] vgl. ebd., 87

1984 liegt die Arbeitslosenrate bei ca. 25-30 %, wobei fast die Hälfte der Arbeitslosen jünger als 25 Jahre ist.[179]

Aufgrund der sich verschlechternden wirtschaftlichen Situation schlägt Tunesien den Weg der Stabilisierung ein. Der tunesische Dinar wird um 10 % abgewertet und ein Strukturanpassungsprogramm des Internationalen Währungsfonds und der Weltbank im August 1986 angenommen. Wesentliche Säulen dieses Programms sind die Öffnung der Grenzen, die Senkung der Binnennachfrage und die Privatisierung staatlicher Unternehmen. Damit soll langfristig der zusätzliche Bedarf an Arbeitsplätzen gedeckt werden, die Zahlungsbilanz und die Außenverschuldung unter Kontrolle gebracht werden, die Preis-, Handels- und Investitionskontrollen verringert und die Privatisierung von Staatsunternehmen gefördert werden.[180]

Der am Strukturanpassungsplan ausgerichtete siebte Entwicklungsplan (1987-1991) sieht vor allem die Förderung der Landwirtschaft, die Intensivierung der Exporte und die Kontrolle der Binnennachfrage vor. Darüber hinaus bilden die Schaffung von Arbeitsplätzen und die Rückkehr zu einer akzeptablen Zahlungsbilanz Prioritäten des siebten Entwicklungsplans.[181]

## 1990er Jahre: Wirtschaftsliberalisierung

Als Folge des Strukturanpassungsprogramms konnten im Bereich der Investitionen und des Sparverhaltens Erfolge erzielt werden. Auch die Inflationsrate kann Jahr für Jahr gesenkt werden. Lag sie 1991 noch bei 8,2 %, so konnte sie bis zum Jahr 1999 auf 2,7 % reduziert werden.[182]

Seit dem politischen Wandel von 1987 mit der Ablösung des ehemaligen Präsidenten Habib Bourguibas durch Zine El Abidine Ben Ali verfolgt Tunesien eine Politik der Wirtschaftsliberalisierung, mit dem Ziel,

---

[179] vgl. Berger, J.; Büttner, F.; Spuler, B.: Nahost-PLOETZ, Würzburg 1987, 196

[180] vgl. Camau, M.: La Tunisie, Paris 1989, 87-90

[181] vgl. ebd.

[182] vgl. République Tunisienne, Programme des Nations Unies pour le Développement (Hrsg.): Rapport National sur le Développement Humain 1999, o.O. 2000, o.S.

das Land in die Weltwirtschaft zu integrieren und von einer geschützten zu einer liberalen Wirtschaft überzugehen.

Das Liberalisierungsprogramm geht mit der Beseitigung zahlreicher Verwaltungshindernisse einher, die die inländische als auch ausländische Konkurrenz bremsen würden. Die inländischen Preise werden dereglementiert und die Produktion und Verteilung der Produkte liberalisiert. Zahlreiche Importbeschränkungen werden aufgehoben und Investitionsmöglichkeiten erleichtert. Der Staat verstärkt das Privatisierungs-programm und liberalisiert den Finanzsektor. Letzterer wird von der Liberalisierung der Zinssätze, der laufenden Konvertibilität des Dinar und der Umstrukturierung des Bankensektors geprägt.[183]

| Indikatoren | 1962-1971 | 1972-1981 | 6. Plan 1982-1986 | 8. Plan 1992-1996 | 9. Plan 1997-2001 |
|---|---|---|---|---|---|
| Wachstum BIP (%) | 4.6 | 7.1 | 2.9 | 4.3 | 6.0 |
| Anzahl an neuen Arbeitsplätzen (in Tausend) | 132 | 398 | 200 | 280 | 320 |
| Investitionen (in % des BIP) | 22.4 | 28.0 | 29.0 | 26.0 | 26.4 |
| Sparquote (in % des BSP) | 15.0 | 20.8 | 19.8 | 21.6* | 25.1* |
| Wachstum der Exporte (%) | 7.4 | 7.5 | -0.7 | 6.3 | 6.0 |
| Wachstum der Importe (%) | 4.2 | 12.5 | -1.1 | 5.4 | 5.9 |
| Durchschnittliches laufendes Defizit/BSP (%) | 9.1 | 6.3 | 8.5 | 2.9* | 2.2* |
| Außenverschuldungsrate/BSP | 49.8 | 38.0 | 58.7 | 51.1* | 40.9* |
| Durchschnittliches Haushaltsdefizit (in % des BIP) | - | - | - | 3.5 | 2.0 |
| Inflation (%) | - | - | - | 4.8 | 2.7 |

*Tabelle 2-3 Entwicklung wichtiger Wirtschaftsindikatoren 1962-2001 (vgl. VIe Plan de Développement économique et social (1982-1986), Tunis, juin 1982, t. 3; Plan de Développement économique et social (1987-1991), Tunis, juillet 1987, t. 1, zit. in: Camau, M.: La Tunisie, Paris 1989, 88-89; Ministère du Développement Economique (Hrsg.): Note d'orientation du Xe Plan (2002-2006), Tunis 2001, o.S.; Ministère du Développement Economique (Hrsg.): Le 9ème Plan de Développement (1997-2001), o.O. o.J., o.S.)*

---

[183] vgl. Les Guides MarCom (Hrsg.): Guidexport Tunisie, o.O. o.J., 20

## 2.4 Investorensuche

Die tunesische Wirtschaftspolitik der letzten Jahrzehnte hat stetig zu Gunsten der ausländischen Investitionen und der Förderung der Exporte agiert. In den folgenden Abschnitten soll daher die Investorensuche u.a. anhand der Entwicklung der ausländischen Direktinvestitionen dargestellt werden. Anschließend wird die Prozedur einer Firmengründung in Tunesien nachvollzogen und die zahlreichen Investitionsanreize, die vom tunesischen Staat geschaffen wurden, zusammengefasst.

### 2.4.1 Ausländische Direktinvestitionen

Die Anzahl ausländischer oder gemischter Unternehmen in Tunesien belief sich im Jahr 2001 auf 2339 Unternehmen, die insgesamt 215 300 Arbeitsplätze bereitstellten und im selben Jahr etwa 12 000 Arbeitsplätze geschaffen haben.[184] Unternehmen aus den europäischen Ländern sind traditionell die am stärksten vertretenen ausländischen Unternehmen, gefolgt von Unternehmen aus arabischen Ländern.

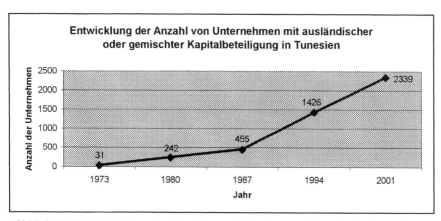

**Abbildung 2-1** *Entwicklung der Anzahl von Unternehmen mit ausländischer oder gemischter Kapitalbeteiligung (vgl. Ministerium für Internationale Zusammenarbeit und Ausländische Investitionen (Hrsg.): Tunesien – Land der Erfolgschancen, Tunis 2002, o.S.)*

---

[184] vgl. Barrouhi, A.: Les investissements directs étrangers (IDE), in: Jeune Afrique/L'Intelligent v. 18.03.2002, 66

An der Spitze der ausländischen und gemischten Unternehmen stehen die Unternehmen der verarbeitenden Industrie, allen voran im Sektor der Textilien und Bekleidung, deren Zahl sich Ende 2000 auf 1 060 belief. Weitere bedeutende Domänen für ausländische Investoren sind die Elektrik und Elektronik, der Bereich Leder und Schuhe sowie der Tourismus.

| Sektor | Anzahl ausländischer/ gemischter Unternehmen | Arbeitsplätze |
|---|---|---|
| Verarbeitende Industrie | 1779 | 169 707 |
| - Nahrungsmittel | 78 | 3 976 |
| - Textilien, Bekleidung | 1060 | 107 745 |
| - Leder, Schuhe | 140 | 12 909 |
| - Elektrik, Elektronik | 148 | 25 542 |
| - Mechanik | 122 | 5 546 |
| - Baumaterialien | 49 | 4 569 |
| - Chemie | 55 | 4 398 |
| - sonstige Industrie | 127 | 5 022 |
| Landwirtschaft | 50 | 1 216 |
| Tourismus | 149 | 17 117 |
| Sonstige Dienstleistungen | 108 | 1002 |
| Energie | 53 | 3 000 |
| Gesamt | 2 139 | 192 042 |

*Tabelle 2-4 Struktur der ausländischen oder gemischten Unternehmen in Tunesien 2000 (vgl. Agence Tunisienne de Communication Extérieure, unter: http://www.tunisie.com, 03.03.2002)*

Die ausländischen Direktinvestitionen sind in den vergangenen Jahren stark angestiegen. Für das Jahr 2001 werden sie auf 645 Mio. TD geschätzt.[185] Ausländische bzw. tunesische Unternehmen mit ausländischer Beteiligung produzieren etwa ein Drittel der gesamten Exporte und stellen ein Sechstel der gesamten Arbeitsplätze.

---

[185] vgl. Barrouhi, A.: Les investissements directs étrangers (IDE), in: Jeune Afrique/L'Intelligent v. 18.03.2002, 66

| | 1997 | 1998 | 1999 | 2000 |
|---|---|---|---|---|
| Ausländische Direktinvestitionen | 102.9 | 759.9 | 437.2 | 1068.0 |
| - Energie | 271.3 | 201.8 | 194.8 | 323.3 |
| - Privatisierungen | 28.1 | 442.0 | - | 362.0 |
| - verarbeitender Sektor | 85.7 | 114.1 | 197.9 | 326.3 |
| - sonstige Sektoren | 17.8 | 2.0 | 44.2 | 56.4 |

*Tabelle 2-5 Ausländische Direktinvestitionen nach Sektoren in Mio. TD (vgl. Agence Tunisienne de Communication Extérieure, unter: http://www.tunisie.com, 03.03..2002)*

Den Anstoß für ausländische Direktinvestitionen gab das Gesetz 72-38 aus dem Jahre 1972, das für reine Exportbetriebe eine Freizone schaffte und sie von Zollgebühren und Steuern befreite. Im Jahre 1995 wurde es durch das Gesetz über Investitionsanreize (Code d'incitations à l'investissement) ergänzt.

In den 1970er Jahren, in denen Europa Arbeitskräfte benötigte, wollte Tunesien nicht seine Arbeiter „exportieren", sondern die europäischen Unternehmen überzeugen, sich in Tunesien niederzulassen.

Aufgrund sinkender staatlicher Entwicklungsausgaben sowie fallender Spenden und bilateraler Finanzhilfen, war und ist der Staat gezwungen, neue Einnahmequellen zu finden. Eine davon bilden die ausländischen Direktinvestitionen.

Seit 1987 werden daher verstärkt Investitionsanreize für ausländische Unternehmer geschaffen. Dreißig Jahre nach der Einführung des Gesetzes 72-38 sind die Ergebnisse zufriedenstellend: vom 27. April 1972 bis 1. April 2002 wurden 2 261 reine Exportbetriebe gegründet, 248 105 Arbeitsplätze geschaffen und 1,8 Mrd. TD investiert.[186]

| | 1972-1981 | 1982-1991 | 1992-2001 |
|---|---|---|---|
| Anzahl der Netto-Gründungen reiner Exportbetriebe | 156 | 475 | 1630 |

*Tabelle 2-6 Netto-Gründungen reiner Exportbetriebe nach Jahrzehnten (vgl. Chahed, Ch.: Sur la voie d'une industrialisation poussée, in: La Presse de Tunisie v. 15.05.2002, I)*

---

[186] vgl. Chatty, J.: Nouveau point d'inflexion, in: La Presse de Tunisie v. 15.05.2002, o.S.

Im Jahr 2001 haben die Ausfuhren von reinen Exportbetrieben einen Wert von 6,3 Mrd. TD bei laufenden Preisen erreicht, was 76,3 % der Exporte verarbeiteter Güter entspricht.[187]

Allein aufgrund der Bereitstellung zahlreicher Arbeitsplätze ist der tunesische Staat bemüht, weitere Investitionen aus dem Ausland anzuziehen und die Niederlassung im Land zu fördern.

Um diese positive Entwicklung fortzuführen, legt die tunesische Wirtschaftspolitik besonderen Wert auf die Modernisierung tradi-tioneller Sektoren wie den Tourismus und die Textilindustrie, fördert aber gleichzeitig jüngere Sektoren, so zum Beispiel die Industrie der Zwischenprodukte.

Um den ausländischen Investoren und damit der eigenen Wirtschaftsentwicklung gute Voraussetzungen zu bieten, spielt der Aus- und Weiterbildungsbereich in Tunesien eine bedeutende Rolle. Zukünftige Arbeitskräfte werden gut ausgebildet und waren bisher aufgrund ihrer geringen Kosten im Ländervergleich für ausländische Unternehmen ein Hauptbeweggrund, um sich in Tunesien niederzulassen.

| Land | | Land | | Land | |
|------|------|------|------|------|------|
| Indien | 23 | Mexiko | 177 | Frankreich | 769 |
| China (Wuzhou) | 38 | Tschechien | 223 | USA | 808 |
| Marokko | 77 | Griechenland | 254 | Niederlande | 954 |
| Mauritius | 85 | Portugal | 315 | Belgien | 1031 |
| Tunesien | 100 | Italien | 462 | Deutschland | 1 192 |
| Malaysia | 115 | Grossbritannien | 478 | Japan | 1 269 |
| Polen | 177 | Spanien | 538 | Schweiz | 1 323 |

*Tabelle 2-7 Personalkosten im Ländervergleich (inkl. Sozialabgaben), Tunesien = Basis 100 (vgl. FRAMATECH, Juli 2000, zit. in: Agence de Promotion d'Investissement Extérieur – APIE (Hrsg.): Tunisie en Comparaison – Coûts des Facteurs de Production, Tunis Januar 2002, 20)*

Obgleich sich Ägypten und Marokko bezüglich der Produktionskosten in der Textilindustrie als kostengünstigere Länder erweisen, liegt Tune-

---

[187] vgl. Chahed, Ch.: Sur la voie d'une industrialisation poussée, in: La Presse de Tunisie v. 15.05.2002, o.S.

sien mit durchschnittlichen Kosten von 0,215 DM/min noch deutlich vor den europäischen Ländern.

| Land | | Land | | Land | |
|------|------|------|------|------|------|
| Ägypten | 0.162 | Marokko | 0.204 | Portugal | 0.288 |
| Indien | 0.166 | Tunesien | 0.215 | Spanien | 0.387 |
| China | 0.171 | Ungarn | 0.252 | USA | 0.496 |
| Rumänien | 0.195 | Türkei | 0.255 | Frankreich | 0.570 |
| Mexiko | 0,197 | Polen | 0,277 | Deutsch-land | 0,777 |

*Tabelle 2-8 Produktionskosten in der Textilindustrie im Ländervergleich, Gesamtkosten/Minute 1999 in DM, ohne Transportkosten (vgl. Studienbüro Kurt Salomon Associates (KSA), zit. in: Agence de Promotion d'Investissement Extérieur – APIE (Hrsg.): Tunisie en Comparaison – Coûts des Facteurs de Production, Tunis Januar 2002, 15-16)*

### 2.4.2 Firmengründung in Tunesien

Im folgenden soll der administrative und rechtliche Weg zur Errichtung eines eigenen Unternehmens in Tunesien beschrieben werden.

Aktivitäten in folgenden Bereichen unterliegen in Tunesien lediglich einer einfachen Anmeldung:[188]

- Landwirtschaft,

- verarbeitende Industrie (Ausnahmen: mechanische Weberei von Teppichen und Teppichböden, Waffenherstellung, Recycling und Verarbeitung von Abfällen und Müll),

- Nahrungsmittelindustrie,

- einige reine Exportdienstleistungen,

- an die Industrie gebundene Dienstleistungen,

- öffentliche Bauarbeiten.

Hingegen ist für die Bereiche Fischerei, Tourismus, Transport, Kommunikation und Filmindustrie eine vorherige Genehmigung von den

---

[188] vgl. Ministerium für Internationale Zusammenarbeit und Ausländische Investitionen (Hrsg.): Tunesien-Land der Erfolgschancen, Tunis 2002, o.S.

zuständigen Behörden notwendig. Dies gilt sowohl für tunesische Staatsbürger als auch für Ausländer.

Die Firmengründung kann am Sammelschalter (guichet unique) des Sitzes der API (Agence de Promotion de l'Industrie) in Tunis oder in ihren Regionalvertretungen vorgenommen werden.

Folgende Operationen sind dort durchführbar:

- Vorhabensanmeldung,

- Vorlage der Satzungen und Eintrag ins Handelsregister des Amtsgerichts,

- Registrierung des Gesellschaftsvertrages beim Finanzamt,

- Anmeldung der Geschäftseröffnung bei der zuständigen Steuerstelle,

- Veröffentlichung im Amtsblatt,

- Vergabe einer Zollnummer.


**Kosten**

Mit folgenden Kosten muss bei einer Unternehmensgründung gerechnet werden:

- Gebühr für die Gründung der Gesellschaft: 100 TD,

- Zeichnungs- und Einzahlungsgebühr bei Gründung einer AG: 25-100 TD (reine Exportbetriebe sind von diesen Gebühren befreit),

- Handelsregistereintrag: 15 TD,

- Auszug aus dem Handelsregister: 5 TD,

- Veröffentlichung im JORT (Journal Officiel): 90-250 TD, je nach Länge.

# Vorhabensrealisierung[189]

Für umweltverschmutzende Aktivitäten muss im Vorfeld von zugelassenen Stellen eine genaue Studie über deren Auswirkungen auf die Umwelt angefertigt werden. Für andere Aktivitäten ist eine zusammenfassende Vorhabensbeschreibung mit seinen Folgen für die Umwelt notwendig.

Für Vorhaben in den Bereichen Tourismus, Industrie und Dienstleistungen kann der Unternehmer Grundstücke oder Industriegebäude beim Amt für Industriegrundstücke AFI (Agence Foncière Industrielle), bei den Gouvernoratsräten sowie von Privateigentümern erwerben.

Innerhalb von Aktiengesellschaften, deren Kapital mindestens zu 34 % in tunesischen Händen liegen muss, können landwirtschaftliche Flächen bewirtschaftet werden und langfristig bis zu vierzig Jahre gepachtet werden.

Für die Bebauung von Grundstücken ist eine Baugenehmigung erforderlich, die beim Präsidenten der Stadtverwaltung bzw. beim Zonengouverneur erworben werden kann.

Arbeitskräfte können mit zeitlich befristeten oder unbefristeten Arbeitsverträgen eingestellt werden.

Die Einstellung von ausländischen Arbeitskräften muss vom Ministerium für Berufliche Bildung und Arbeit genehmigt werden, es sei denn, es handelt sich um reine Exportbetriebe oder in den Freihandelszonen tätige Unternehmen. Diese können nach einfacher Anmeldung bis zu vier leitende oder aufsichtsführende Angestellte ausländischer Staatsangehörigkeit einstellen.

## Kapitaleigentum

In der verarbeitenden Industrie, im Tourismus, im für den Export bestimmten Dienstleistungsbereich und für Dienstleistungen in Verbindung mit der Industrie (Studien, Ingenieurwesen, Wartung, etc.) können

---

[189] vgl. Ministerium für Internationale Zusammenarbeit und Ausländische Investitionen (Hrsg.): Tunesien-Land der Erfolgschancen, Tunis 2002, o. S.

ausländische Investoren 100 % des Projektkapitals ohne Genehmigung innehaben. Für Aktivitäten im Binnenhandel und verschiedene Dienstleistungen für den lokalen Markt bei einer Auslandsbeteiligung von mehr als 50 % benötigen die Investoren eine Genehmigung.

Im landwirtschaftlichen Bereich können ausländische Investoren bis zu 66 % des Gesellschaftskapitals halten. Gesellschaftsanteile an tunesischen Unternehmen können bis zu 49,99 % des Kapitals erworben werden.[190]

**Garantien**

Tunesien ist Unterzeichner zahlreicher internationaler Konventionen und Abkommen: Abkommen mit der Multilateral Investment Guarantee Agency (MIGA), Investitionsschutzabkommen und Doppelbesteuerungsabkommen mit den meisten OECD-Ländern, Abkommen der Konferenz der Vereinten Nationen über Handel und Entwicklung bezüglich des Schutzes von Lizenzen und eingetragenen Warenzeichen, Mitglied der Weltorganisation für intellektuelles Eigentum, Mitglied des Internationalen Zentrums zur Beilegung von Investitionsstreitigkeiten.[191]

**Kapitaltransfer**

Gewinne und Erlöse ausländischer Investoren aus investiertem Kapital in Devisen können frei transferiert werden.[192]

### 2.4.3    Investitionsanreize

Da sich nach mehreren Jahrzehnten der Wirtschaftsöffnung von Seiten des tunesischen Staats und der engen Kooperation mit dem ausländischen Markt, vor allem den Ländern der Europäischen Union, beinahe

---

[190] vgl. Ministerium für Internationale Zusammenarbeit und Ausländische Investitionen (Hrsg.): Tunesien-Land der Erfolgschancen, Tunis 2002, o.S.
[191] vgl. ebd.
[192] vgl. ebd.

ein ökonomisches Abhängigkeitsverhältnis für Tunesien aufgebaut hat, fördert Tunesien auch in Zukunft Investitionen aus dem Ausland und hat dafür zahlreiche Investitionsanreize geschaffen, von denen im Folgenden einige beleuchtet werden.

## Steuervergünstigungen

Gewinne aus Exporteinkommen, Projekten im Agrarbereich und in der Regionalentwicklung sind in den ersten zehn Jahren vollständig von Steuern befreit. Lediglich 50 % der Steuern müssen ab dem 11. Jahr für Exporteinkommen und für weitere zehn Jahre für Projekte in der Regionalentwicklung entrichtet werden.

Der Import von Ausrüstungsgütern, Rohstoffen und Halbfertigprodukten für reine Exportbetriebe ist vollständig von Zoll- und Steuerzahlungen befreit.[193]

Abgesehen von den Steuervergünstigungen stellt sich Tunesien im Ländervergleich bezüglich der Körperschaftssteuer mit einem Steuersatz von 35 % als durchschnittliches Land dar.

| Land | | Land | | Land | |
|------|------|------|------|------|------|
| Chile | 15.00 %* | Jordanien | 30.00 % | Tschechien | 35.00 % |
| Ungarn | 18.00 % | Spanien | 35.00 %* | Frankreich | 35.33 %* |
| Irland | 20.00 %* | Tunesien | 35.00 % | Polen | 36.00 % |
| Großbritannien | 30.00 %* | Marokko | 35.00 % | Deutschland | 39.36 %* |
| Türkei | 30.00 % | Mexiko | 35.00 %* | Ägypten | 40.00 % |
| *Steuersatz Januar 2001 | | | | | |

*Tabelle 2-9* Vergleich der Körperschaftssteuer in ausgewählten Ländern, 1999 (vgl. 2000 Index of Economic Freedom – Bericht „The Heritage Foundation", KPMG Corporate Tax Rates Survey – März 2001, zit. in: Agence de Promotion d'Investissement Extérieur – APIE (Hrsg.): Tunisie en Comparaison – Coûts des Facteurs de Production, Tunis Januar 2002, 13-14)

---

[193] vgl. Ministerium für Internationale Zusammenarbeit und Ausländische Investitionen (Hrsg.): Tunesien-Land der Erfolgschancen, Tunis 2002, o.S.

## Investitionsprämien

Der tunesische Staat gewährt für den Umweltschutz in Unternehmen einen Zuschuss von 20 % der Installationskosten. Für Projekte in der Regionalentwicklung werden je nach Standort 15 % oder 25 % der Kosten erstattet. Im Bereich der landwirtschaftlichen Entwicklung erstattet der Staat 7 % der Projektkosten, bietet eine 8 %ige Prämie für Projekte in den trockenen Gebieten des Landes und erstattet 25 % der Kosten für Fischereiprojekte von Bizerte bis nach Tabarka.[194]

| Lebensmittelindustrie | Pharmazeutische Industrie |
|---|---|
| Gründung neuer Betriebe zur Konditionierung von Olivenöl | Herstellung von Medikamenten für den menschlichen Gebrauch |
| Herstellung neuer Produkte aus Datteln | Herstellung von Impfstoffen |
| Modernisierung von Betrieben der Dattelkonditionierung | Herstellung von generischen Medikamenten |
| Herstellung von Fischspeisen | **Verpackungsindustrie** |
| | Glasverpackung für die pharmazeutische Industrie |
| **Textilindustrie** | Pappkartons |
| Fäden für den Bedarf des Binnenmarktes | Wellpappschachteln |
| Stoffe für Exportbekleidungsunternehmen | Filme und ähnliche Produkte |
| Wirk- und Strickwaren | **Automobil-Bauteile** |
| Hochwertige Konfektionswaren | Kabel für Kraftfahrzeuge |
| **Elektrik** | Elektronische Komponenten |
| | Kunststoffkomponenten |
| Kabelbäume | Zusammenbau von Sitzen und Herstellung von Schonbezügen |
| Verbindungsapparate | |
| Beleuchtungsapparate | Auspufftöpfe |
| Batterien und Akkumulatoren | Stoßdämpfer |
| **Elektronik** | **Informationstechnologie** |
| Gedruckte Schaltungen | Call-Center nach dem Modell CRM (Customer Relationship Management) |
| Steckverbinder | |
| Spulen und Transformatoren | E-Commerce B-to-B (Business to Business) |
| Kondensatoren und Widerstände | Informatikdienstleistungen |
| Montage von Fernsehern | Konzeption und Programmierung von Anwendungen (Multimedia, spezialisierte Daten- und Verwaltungsbanken) |

---

[194] vgl. vgl. Ministerium für Internationale Zusammenarbeit und Ausländische Investitionen (Hrsg.): Tunesien-Land der Erfolgschancen, Tunis 2002, o.S.

| Leder- und Schuhindustrie | Tourismus |
|---|---|
| Stadt- und Freizeitschuhe | Badetourismus (vor allem in Hergla, Sallo-um und Gabès) |
| Schuhschäfte | |
| Sicherheitsschuhe | Kulturtourismus (Sbeitla und Bulla Regia) |
| Damenlederhandtaschen mittlerer und hoher Qualität | Ökotourismus auf Kerkennah und in Zouarâa, zwei Entwicklungspole für den grünen Tourismus |
| Gepäckartikel | |
| Lederwaren mittlerer und hoher Qualität | Sport- und Bergtourismus (Aïn Draham und Tabarka) |
| Qualitätsleder | Animations- und Freizeitaktivitäten |

*Tabelle 2-10* Investitionsmöglichkeiten in Tunesien (vgl. Ministerium für Internationale Zusammenarbeit und Ausländische Investitionen (Hrsg.): Tunesien – Land der Erfolgschancen, Tunis 2002, o.S.)

## Übernahme der Arbeitgeberbeiträge

Für eine Dauer von fünf Jahren übernimmt der Staat die gesamten Arbeitgeberbeiträge zur gesetzlichen Sozialversicherung für die Einstellung von Hochschulabsolventen und Projekte in regionalen Entwicklungsgebieten.

Unternehmen mit Unterkapazität können bei der Einführung einer zweiten oder dritten Arbeitsschicht für einen Zeitraum von fünf Jahren die Erstattung von 50 % der Arbeitgeberbeiträge beantragen.[195]

Tunesien erweist sich für den Arbeitgeber als auch für den Arbeitnehmer als Land mit relativ geringen Sozialabgaben. Mit 19 % bzw. 7,75 % ist es bedeutend günstiger als europäische Industrieländer, aber auch Länder wie die Türkei und Ägypten.

---

[195] vgl. Ministerium für Internationale Zusammenarbeit und Ausländische Investitionen (Hrsg.): Tunesien-Land der Erfolgschancen, Tunis 2002, o.S.

| Land | Arbeitgeber | Arbeit-nehmer | Land | Arbeitgeber | Arbeit-nehmer |
|---|---|---|---|---|---|
| Jordanien | 10.00 | 5.00 | Türkei | 22.50 | 16.00 |
| Irland | 12.00 | 6.00 | Portugal | 23.75 | 1.00 |
| Großbritannien | 12.20 | 10.00 | Ägypten | 26.00 | 14.00 |
| Japan | 14.70 | 13.60 | Spanien | 30.80 | 6.40 |
| Marokko | 15.39 | - | Ungarn | 34.00 | 12.50 |
| Tunesien | 19.00 | 7.75 | Tschechien | 35.00 | 12.50 |
| Polen | 20.40 | 18.70 | Frankreich | 35-40 | 18-23 |

*Tabelle 2-11* Sozialabgaben 2001 in % vom Gehalt (vgl. Worldwide Corporate Tax Guide and Directory, Ernest&Young 2001, zit. in: Agence de Promotion d'Investissement Extérieur – APIE (Hrsg.): Tunisie en Comparaison – Coûts des Facteurs de Production, Tunis Januar 2002, 11)

## Übernahme der Infrastrukturkosten

Die Infrastrukturkosten für die Erschließung von Aquakulturzonen und Anbauverfahren mit Nutzung der Erdwärme sowie für Projekte in regionalen Entwicklungsgebieten können teilweise oder vollständig vom Staat übernommen werden.[196]

## Reine Exportbetriebe[197]

Besonders gefördert werden reine Industrieexportproduktionen. Unternehmen gelten als reine Exportunternehmen, wenn sie:

- ausschließlich für das Ausland produzieren,

- Dienstleistungen im Ausland oder in Tunesien erbringen, die für die Nutzung im Ausland vorgesehen sind,

---

[196] vgl. Ministerium für Internationale Zusammenarbeit und Ausländische Investitionen (Hrsg.): Tunesien-Land der Erfolgschancen, Tunis 2002, o.S.

[197] vgl. Deutsch-Tunesische Industrie- und Handelskammer, unter: http://www.ahktunis.org, 10.06.2002

- Unternehmen sind, die ausschließlich mit reinen Exportbetrieben oder mit in den Freihandelszonen ansässigen Unternehmen zusammenarbeiten,

- Banken und Finanzinstitute sind, die hauptsächlich mit nichtansässigen Personen oder Unternehmen (Offshore-Unternehmen) zusammenarbeiten. (Unternehmen gelten dann als Offshore-Unternehmen, wenn ihr Kapital zu mindestens 66 % von nicht in Tunesien ansässigen Personen oder Unternehmen oder von Ausländern gehalten wird).

Reine Exportbetriebe kommen insbesondere in den Genuss folgender Vergünstigungen:

- Zoll- und Steuerbefreiung für den Import von Ausrüstungsgütern, Rohstoffen und Halbfertigprodukten, soweit diese für die Exporttätigkeit benötigt werden.

- Vollständige Befreiung von der Einkommens- und Körperschaftssteuer während der ersten zehn Jahre der Betriebstätigkeit auf Einkünfte und Gewinne, die ausschließlich auf Exporttätigkeit beruhen. Ab dem 11. Jahr Steuerermäßigung in Höhe von 50 %. Bei einem Höchststeuersatz von 35 % werden die Gewinne dann mit 17,5 % versteuert.

- Erleichterte Zollabwicklung. Reine Exportbetriebe werden wie Freihandelszonen behandelt und unterliegen daher einer erleichterten Zollabwicklung. Es besteht ein Betriebszöllner. Die damit verbundenen Personal- und Bürokosten sind allerdings vom Betrieb zu tragen.

Die Besteuerung des Einkommens des Repräsentanten und der ausländischen Führungskräfte erfolgt pauschal mit 20 % des Bruttoeinkommens. Sie können jeweils einen PKW sowie ihre persönlichen Gegenstände zoll- und steuerfrei einführen. Repräsentanten und ausländische Führungskräfte sind von der Sozialversicherungspflicht in Tunesien befreit, wenn sie eine bestehende andere Sozialversicherung nachweisen.

Reine Exportbetriebe haben nach dem Gesetz die Möglichkeit, bis zu 20 % ihrer Produktion oder Dienstleistungen auf dem lokalen Markt zu verkaufen. Unternehmen, die diese Möglichkeit in Anspruch nehmen wollen, müssen bei dem für sie zuständigen Ministerium eine spezielle Genehmigung beantragen. Für die Verkäufe auf dem lokalen Markt gelten die Außenhandelsvorschriften. Die Waren unterliegen Importsteuern und Einfuhrzöllen. Maßgebend für die Festsetzung der Zollgebühren ist der Wert des Endprodukts. Mit der Zahlung von Zöllen ist auch ein Vorschuss auf Einkommens- und Gewinnsteuern fällig, der 2,5 % des Gesamtumsatzes aus Inlandsverkäufen beträgt.

## Teilweise Exporttätigkeit[198]

Unternehmen, die nur teilweise für den Export tätig sind, können mit ihrem Exportanteil grundsätzlich dieselben Vorteile in Anspruch nehmen wie reine Exportbetriebe. Sie haben Anspruch auf vollständige Befreiung oder Rückerstattung von Zöllen, Gebühren und Steuern. Unternehmensgewinne, die auf den Exportanteil fallen, werden in den ersten zehn Jahren nicht versteuert. Für Rohwaren oder Halbfertigprodukte, die für den Export verarbeitet werden, können entsprechende Zoll- und Steuerrückerstattungsanträge gestellt werden. Teilweise für den Export produzierende Unternehmen haben weiterhin einen Anspruch auf Rückerstattung eines Teils der Zollgebühren für Ausrüstungsgüter auf der Grundlage des davon geschaffenen Exportanteils.

## Gemeinsame Investitionsanreize

Allgemein können Investitionen, auch wenn es sich nicht um Exporttätigkeit handelt, steuerlich begünstigt werden. Dabei können die Begünstigungen nicht nur bei Unternehmensgründungen, sondern ebenso für Investitionen in Erweiterungen, Erneuerungen, Wiederaufbau und Umwandlung von Betrieben in Anspruch genommen werden.

---

[198] vgl. Deutsch-Tunesische Industrie- und Handelskammer, unter: http://www. ahktunis.org, 10.06.2002

Zu den Vorteilen zählt die Möglichkeit der Wahl der degressiven Abschreibung für Produktionsmaterial und Produktionsmittel. In Betracht kommen weiter steuerliche Vergünstigungen bei Kapitalerweiterungen und Rückführung von Gewinnen, die Reduzierung der Zollgebühren auf 10 % und der Erlass der Mehrwertsteuer auf Ausrüstungsgegenstände, die auf dem lokalen Markt nicht erhältlich sind, sowie der Verzicht auf Mehrwertsteuer für lokal hergestelltes Material.

Die Inanspruchnahme der einzelnen Vergünstigungen und ihre Voraussetzungen sowie die Frage, welche Ausrüstungsgegenstände und welches Material im Einzelnen hiervon betroffen sind, werden in einer Reihe von Ausführungsverordnungen festgelegt. Welche Vorschriften jeweils zum Zuge kommen, muss in jedem Einzelfall recherchiert werden.

## 2.5 Privatisierung

Im Rahmen seiner Öffnungspolitik führte der tunesische Staat 1987 ein Privatisierungsprogramm ein. In- und ausländisches privates Kapitel bildete eine gute Finanzquelle zur Ablösung der staatlichen Investitionen.

Zu Beginn des Privatisierungsprogramms am Ende der 1980er Jahre besaß der Staat eine mehrheitliche Beteiligung an 190 Unternehmen. An 400 Unternehmen besaß er zusammen mit öffentlichen Institutionen mehr als 50 % des Kapitals. Zuerst waren hauptsächlich die Landwirtschaft, später auch der Transport, vor allem der Warentransport, und einige Telekommunikationsbereiche (öffentliche Telefone, Fax etc.) von der Privatisierung betroffen. Ebenso unterlagen die Sektoren Tourismus, Textilien, Handel, Baumaterialien, Mechanik, Chemie, Nahrungsmittelindustrie und Fischfang der Privatisierung.[199]

---

[199] vgl. Ministère du Développement Economique: Programme des Privatisations, unter: http://www.tunisieinfo.com, 20.03.2002

| | 1987-1991 | 1992-1996 | 1997-2001 | Gesamt |
|---|---|---|---|---|
| Übertragungserlös (MD) | 126 | 190 | 1189 | 1505 |
| Anzahl der Unternehmen | 37 | 44 | 78 | 159 |

*Tabelle 2-12* Privatisierungen pro Periode (vgl. Agence Tunisienne de Communication Extérieure, unter: http://www.tunisieinfo.com, 03.03.2002)

Doch erst 1995 beschleunigen sich die Privatisierungen. Nun werden auch die privaten Unternehmen an traditionellen Staatsmonopolen wie großen Infrastrukturprojekten und deren Wartung beteiligt.

Drei Jahre später, im Jahre 1998, werden drei Zementwerke (Enfidha, Jebel Ouest, Gabès) an spanische und portugiesische Unternehmen im Wert von 720,43 Mio. Dinar übertragen und bilden bisher die bedeutendsten Einnahmen aus dem Privatisierungsprogramm.[200]

| Sektor | Erlös | % | Auslands-investition |
|---|---|---|---|
| Landwirtschaft, Fischerei, Lebensmittel | 57 | 3.8 | 0 |
| Industrie | 936 | 62.2 | 779 |
| - Baumaterial | 825 | 54.8 | 771 |
| - mechanische, elektrische, chemische Industrie | 92 | 6.1 | 3 |
| - Textil | 19 | 1.3 | 5 |
| Dienstleistungen | 512 | 34.0 | 191 |
| - Tourismus und Handwerk | 271 | 18.0 | 93 |
| - Handel | 137 | 9.1 | 76 |
| - Transport | 69 | 4.6 | 17 |
| - Sonstiges | 35 | 2.3 | 5 |
| Gesamt | 1 505 | 100 | 970 |

*Tabelle 2-13* Aufteilung des Privatisierungserlöses nach Sektoren in Mio. TD von 1987-31.12.2001 (vgl. Ministère de Développement Economique: Programme de Privatisations, unter: http://www.tunisieinfo.com, 20.03.2002)

Bis Ende 2001 wurden insgesamt 159 Unternehmen mit einem Gesamtübergabewert von 1,505 Mrd. Dinar privatisiert. Insgesamt wurden

---

[200] vgl. Ministère du Développement Economique: Programme des Privatisations, unter: http://www.tunisieinfo.com, 20.03.2002

81 Unternehmen total und 30 teilweise privatisiert. 38 Unternehmen wurden aufgelöst und von neun Unternehmen das Kapital durch öffentliche Aktienverkaufsangebote geöffnet. Einem Unternehmen wurde eine Konzession erteilt.

Vor allem die Auslandsinvestitionen im Rahmen des Privatisierungsprogramms sind für den tunesischen Staat von Interesse. Ausländische Investoren sollen vor allem mit Projekten wie dem Bau von Autobahnen, der Elektrizitätsproduktion, der Wasserentsalzung, der Behandlung von Abwässer und Abfällen angezogen werden. Bis Ende 2001 konnten bereits Privatisierungen im Wert von 970 Mio. Dinar durch Auslandsinvestitionen realisiert werden.

## 2.6 Mise-à-Niveau Programm

Das Mise-à-Niveau Programm ist ein umfassendes Modernisierungsprogramm, das weite Bereiche des öffentlichen und privaten Sektors betrifft. Neben einem Reformprogramm, das die Verbesserung des nationalen Berufsbildungssystems und der öffentlichen Verwaltung zum Ziel hat, sollen durch ein staatliches Subventionsprogramm tunesische Industrieunternehmen und industrienahe Dienstleister für die vollkommene Öffnung des Binnenmarktes im Zuge des Europa-Mittelmeer-Abkommens mit der Europäischen Union wettbewerbsfähig gemacht werden, damit sie gegenüber der Konkurrenz mit qualitativ besseren und preisgünstigeren Importen bestehen können. Das Subventionsprogramm wird in erster Linie aus Haushaltsmitteln des tunesischen Staats finanziert und von internationalen Gebern wie der Weltbank und der Europäischen Union kofinanziert.

Den teilnehmenden Unternehmen werden nachstehende Vorteile gewährt:[201]

- Übernahme von 70 % (max. 30 000 TD) der Kosten für die Erstellung einer Unternehmensdiagnose und eines Aktionsplans

---

[201] vgl. Industrieministerium, Mise-à-Niveau Büro: la Procédure de mise à niveau, Tunis o.J. , o.S.

- Zuschüsse in Höhe von 50 % für die Anschaffung von Einrichtungen für Mess- und Prüflabore, Informatik- und Kommunikationsmaterial sowie damit verbundenen Aktivitäten (Webseite, elektronischer Handel, etc.)

- Zuschüsse zu immateriellen Investitionen (Technologietransfer, Zertifizierung, Marketing, Weiterbildung) in Höhe von 70 %

- Zuschüsse in Höhe von 10 % und 20 % zu materiellen Investitionen je nach Finanzierungsplan

| Sektor | Investitionen des Mise-à-Niveau Programms in Mio. TD bis Ende 2001 |
|---|---|
| Agrar-, Nahrungsmittelindustrie | 522 |
| Leder-, Schuhindustrie | 91 |
| Chemische Industrie | 158 |
| Baustoffindustrie | 454 |
| Mechanische und elektrische Industrie | 270 |
| Bekleidungs- und Textilindustrie | 338 |
| Sonstige Industrie | 257 |
| Gesamt | 2 079 |

*Tabelle 2-14 Investitionen des Mise-à-Niveau Programms in Mio. TD bis Ende 2001 (vgl. Ministerium für Internationale Zusammenarbeit und Ausländische Investitionen (Hrsg.): Tunesien-Land der Erfolgschancen, Tunis. 2002, o.S.)*

Die Mehrheit der Neuinvestitionen im Rahmen des Mise-à-Niveau Programms floss in die Erneuerung von Maschinen und Anlagen. Vernachlässigt wurden die Investitionen in Aus- und Weiterbildung, Exportmarketing sowie die für die erfolgreiche Umsetzung des Mise-à-Niveau nötigen externen Beratungen (37 % der Unternehmen).[202]

Seit der Einführung des Mise-à-Niveau Programms im Jahr 1996 haben bis Ende September 2002 2 278 Unternehmen am Mise-à-Niveau Programm teilgenommen, 1 266 Anträge wurden bewilligt.[203] Die am Pro-

---

[202] vgl. Souadi, A.: Conforter les indicateurs de performance, in: La Presse de Tunisie v. 22.05.2002, I-IV

[203] vgl. o.V.: Intensifier les actions de sensibilation et d'encadrement, in: La Presse de Tunisie, v. 20.10.2002, o.S.

gramm teilnehmenden Unternehmen repräsentieren 40 % der Industrieunternehmen mit mehr als 10 Beschäftigten. Insgesamt konnten bis Ende April 2002 2 154,7 Mio. Dinar in Form von Subventionen vergeben
werden, davon 265,1 Mio. Dinar für immaterielle Zwecke. Es wurden
insgesamt 134 982 Arbeitsplätze durch dieses Programm geschaffen.[204]

In Auswertung des Mise-à-Niveau Programms gaben 11 % der Unternehmen an, die drei Jahre zuvor noch keine Exporttätigkeit hatten, im
Jahr 2000 exportiert zu haben. 43 % der befragten Unternehmen wei-
sen eine durchschnittliche Entwicklung ihrer Exportumsatzzahlen von
300 % zwischen 1997 und 2000 auf.[205] In den beteiligten Unternehmen
konnte die Beschäftigung im Jahr 2000 um 6,5 % erhöht werden sowie
der Umsatz um 10 % gesteigert werden. Im Zeitraum des 10. Entwicklungsplanes sollen dem Mise-à-Niveau Programm jährlich 300
weitere Unternehmen beitreten.[206]

Dem Modernisierungsprogramm gilt von Seiten des Staates aufgrund
der Auswirkungen der Marktliberalisierung auf die Industrieproduktion,
die Beschäftigung und die Exporte auch weiterhin höchste Priorität.


## 2.7 Wirtschaftssektoren

Im Jahr 2001 haben der Tourismus, Transport und Telekommunikation
sowie alle sonstigen Dienstleistungen insgesamt 53,2 % des BIP erwirtschaftet. Nur 13,5 % entfielen auf die Landwirtschaft und den
Fischfang, der verarbeitenden und nicht verarbeitenden Industrie kamen
33,3 % des Bruttoinlandprodukts zu.[207]

---

[204] vgl. Souadi, A.: La compétitivité d'abord, in: La Presse de Tunisie v.
19.05.2002, o.S.
[205] vgl. ebd.
[206] vgl. Chatty, J.: Programme de mise à niveau: Un vecteur de compétitivité, in:
La Presse de Tunisie v. 25.09.2002, o.S.
[207] vgl. Institut National de la Statistique, unter: http://www.ins.nat.tn, 15.06.2002

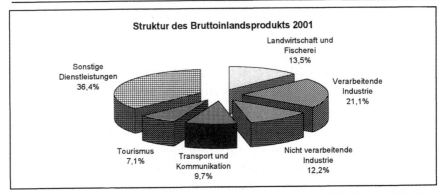

*Abbildung 2-2 Struktur des Bruttoinlandprodukts 2001 in % (vgl. Ministère de Développement Economique: Budget 2002, Tunis 2002, o.S.)*

| Sektor | 1998 | 2000 | 2001 |
|---|---|---|---|
| Landwirtschaft und Fischerei | 14.3 | 13.9 | 13.5 |
| Verarbeitende Industrie | 21.0 | 21.1 | 21.1 |
| Nicht verarbeitende Industrie | 11.6 | 11.9 | 12.2 |
| Transport und Kommunikation | 9.0 | 9.4 | 9.7 |
| Tourismus | 7.0 | 7.1 | 7.1 |
| Sonstige Dienstleistungen | 37.1 | 36.6 | 36.4 |

*Tabelle 2-15 Struktur des BIP bei laufenden Preisen in % (vgl. Ministère de Développement Economique: Budget 2002, Tunis 2002, o.S.)*

Vor allem die verarbeitende Industrie, hier insbesondere die Bereiche Textilien, Leder und Schuhe, aber auch die mechanische und elektrische Industrie sind für die tunesische Wirtschaft von Bedeutung, sind sie doch die wichtigsten Exportsektoren des Landes. Der Bereich der Kommunikation stellt einen Wachstumsmarkt dar. Der Transport sowie der Tourismus müssen sich in einer Zeit der Konjunktur der internationalen Konkurrenz stellen.

## 2.7.1  Landwirtschaft, Fischerei und Lebensmittelindustrie

Von seinen insgesamt 162 155 km² Fläche sind 10 Mio. ha fruchtbarer, mittel fruchtbarer und gering fruchtbarer Boden. 6,287 Mio. ha Land können nicht landwirtschaftlich genutzt werden. Sand- (Erg) und Felsenflächen breiten sich auf etwa 3 Mio. ha Land aus. Hinzu kommen 1 Mio. ha Salzflächen (Sebkhats).

In Tunesien werden 2 Mio. ha Land für den Anbau von Getreide genutzt und wiederum 2 Mio. ha für Baum- und Ölkulturen. Andere Kulturen breiten sich auf 781 000 ha aus. Insgesamt beläuft sich damit die genutzte Ackerfläche Tunesiens auf 4,781 Mio. ha, von der 340 000 ha bewässert werden.[208]

| | 1999 | 2000 | | 1999 | 2000 |
|---|---|---|---|---|---|
| Getreide | 1519 | 1588 | Gemüse | 156 | 162 |
| Futter | 336 | 361 | Baumkulturen | 2103 | 2126 |
| Hülsenfrüchte | 18 | 21 | Sonstige | 21 | 23 |

*Tabelle 2-16 Nutzung der kultivierten Flächen in ha (vgl. Agence Tunisienne de Communication Extérieure, unter: http://www.tunisie.com, 15.02.2002)*

Seit der Unabhängigkeit Tunesiens ging der Anteil der Landwirtschaft und der Fischerei am Bruttoinlandsprodukt stetig zurück. Lag deren Anteil 1960 noch bei 56 %, so trugen Landwirtschaft und Fischerei 2001 nur noch mit 14,5 % zum Bruttoinlandsprodukt bei.[209] Nichtsdestotrotz kommt der Entwicklung und Förderung der Landwirtschaft in Tunesien eine besondere Bedeutung zu, soll sie doch das Land mit Lebensmitteln absichern. Bereits seit Ende der 1950er Jahre führt das Land ein Bewässerungsprogramm durch. Dazu zählen u.a. der Bau von Staudämmen und Brunnen. Im Rahmen eines Wassererschließungsprogramms, das seit 1990 realisiert wird, sollen 21 Staudämme, 230 Wehre, 1 000 Rückhalteseen, 1 760 Brunnen und 98 Kläranlagen erbaut werden.[210]

4,77 % der Gesamtexporte Tunesiens im Jahr 2001 entfallen auf landwirtschaftliche Produkte und Lebensmittel.[211] Etwa ein Fünftel der Ar-

---

[208] vgl. Agence Tunisienne de Communication Extérieure, unter: http://www.tunisie.com, 15.02.2002

[209] vgl. Lahmar, R.: L'agriculture tunisienne à l'orée du 3ème millénaire, in: Réalités v. 09.05.2002, 24-26

[210] vgl. Agence Tunisienne de Communication Extérieure, unter: http://www.tunisie.com, 15.02.2002

[211] vgl. Institut National de la Statistique, unter: http://www.ins.nat.tn, 10.06.2002

beitsplätze liegen im landwirtschaftlichen Sektor. Er sichert ca. 471 000 Bauern und 60 000 Fischern ein sicheres Einkommen. Hinzu kommen noch mehrere Millionen Saisonarbeitstage pro Jahr. Im Lebensmittelsektor sind im Jahr 2000 53 601 Personen in 760 Unternehmen mit mehr als 10 Arbeitern beschäftigt gewesen. Allein 85 von diesen Unternehmen arbeiten ausschließlich für den Export und beschäftigen 8 722 Personen. 71 Unternehmen wurden mit ausländischer Beteiligung aufgebaut.[212]

Die Produktion in der Landwirtschaft ist stark von den schwankenden klimatischen Bedingungen abhängig (Dürrejahre 1988, 1989, 1994, 1995, 1997, 2000). Vor allem im Zentrum und Süden des Landes hinterlässt die Trockenheit zerstörende Spuren für die Landwirtschaft. Im Jahr 2000 erreichte die Produktion einen Wert von 5,49 Mio. Dinar, gegen lediglich 2,84 Mio. Dinar 1992, was einer jährlichen Steigerung von 8 % entspricht. Die wichtigsten landwirtschaftlichen Produkte Tunesiens sind Olivenöl, Zitrusfrüchte, Getreide und Datteln.[213]

Weite Getreidefelder und Obstplantagen breiten sich in den fruchtbaren Tälern und Ebenen im Norden und Nordosten des Landes aus. Der Sahel Tunesiens strotzt hingegen vor Olivenbäumen, deren Zahl auf 55 000 geschätzt wird. In den Wüstenoasen im Süden Tunesiens werden Datteln gezüchtet. Im Bereich der Viehzucht konzentriert sich Tunesien auf die Schaf- und Rinderzucht und steht kurz vor der Selbstversorgung mit rotem Fleisch.

|        | 1993  | 1994  | 1995  | 1996  | 1997  | 1998  | 1999  | 2000  | 2001  |
|--------|-------|-------|-------|-------|-------|-------|-------|-------|-------|
| Rinder | 381   | 386   | 385   | 409   | 430   | 418   | 480   | 511   | 484   |
| Schafe | 3 540 | 3 528 | 3 776 | 3 980 | 3 972 | 3 943 | 3 962 | 4 000 | 4 110 |
| Ziegen | 762   | 725   | 757   | 834   | 788   | 733   | 782   | 827   | 829   |

*Tabelle 2-17* Viehbestand in Tausend Köpfe (vgl. Banque Centrale de Tunisie: Rapport annuel 2000, Tunis 2001, 58; Rapport annuel 2001, Tunis 2002, 55)

---

[212] vgl. Agence de Promotion de l'Industrie, unter: http://www.tunisian-industry.com, 08.06.2002; Banque Centrale de Tunisie: Rapport annuel 2000, Tunis 2001, 48

[213] vgl. Agence Tunisienne de Communication Extérieure, unter: http://www.tunisie.com, 03.03.2002

Aufgrund steigender Erträge und trotz einer stark steigenden Nachfrage, konnte Tunesien in den letzten Jahren den Grad der Selbstversorgung für die meisten landwirtschaftlichen Produkte erreichen. Im Jahr 1999 hat das Land die Selbstversorgung mit Milch erreicht, deren Produktion am Anfang der 1990er Jahre lediglich 50 % des Bedarfs deckte.[214]

| | 1994 | 1996 | 1998 | 2000 | 2001 |
|---|---|---|---|---|---|
| Hartweizen | 436 | 1 706 | 1 090 | 706 | - |
| Weichweizen | 66 | 312 | 263 | 136 | - |
| Gerste | 145 | 834 | 303 | 241 | - |
| Triticale | 7 | 15 | 9 | 3 | - |
| Rauchtabak (in t) | 2 888 | 2 259 | 3 653 | 3 043 | 4.700 |
| Zuckerrüben | 231.5 | 305.6 | 143 | 20.7 | 0 |
| Saubohnen | 16.4 | 37.3 | 34 | 29 | - |
| Kichererbsen | 15 | 16.1 | 18 | 13 | - |
| Kartoffeln | 210 | 270 | 295 | 295 | 325 |
| Tomaten | 480 | 700 | 663 | 950 | 812 |
| Paprika | 165 | 190 | 189 | 207 | 214 |
| Zwiebeln | 262 | 238 | 270 | 272 | 259 |
| Artischocken | 17 | 21 | 23 | 17 | 20 |
| Melonen | 375 | 370 | 300 | 370 | 380 |
| Oliven | 1 050 | 300 | 450 | 1 125 | - |
| Datteln | 74 | 74 | 103 | 104 | 107 |
| Zitrusfrüchte | 208 | 210 | 229.2 | 225.5 | - |
| Aprikosen | 26.5 | 25 | 27 | 30 | 26 |
| Mandeln | 52 | 42 | 59 | 60 | 30 |
| Weintrauben | 103 | 88 | 105 | 125 | - |

*Tabelle 2-18* Landwirtschaftliche Produktion in 1000 t (vgl. Banque Centrale de Tunisie: Rapport annuel 2000, Tunis 2001, 51-60; Rapport annuel 2001, Tunis 2002, 49-55; Institut National de la Statistique, unter: http://www.ins.nat.tn, 10.06.2002)

Trotz einiger Jahre schlechterer Ernte, konnte die Handelsbilanz für Nahrungsmittel eine Verbesserung verzeichnen. Zwischen 1990 und

---

[214] vgl. ebd. und Lahmar, R.: Splendeur et difficultés d'un fleuron de l'Agroalimentaire, in: Réalités v. 01.08.2002, o.S.

2000 betrug die Deckungsrate 87,7 %, während sie im Jahrzehnt zuvor bei weniger als 50 % lag.[215] Auch die Investitionen konnten verstärkt werden. Von 100 Mio. Dinar 1992, stiegen sie auf 241,6 Mio. Dinar im Jahr 2000.[216]

Mit dem seit dem 3. Januar 2001 geltenden Landwirtschaftsabkommen mit der Europäischen Union wurden neue Perspektiven für den Export geschaffen. Für einige Produkte, wie Olivenöl, Tomatenmarkkonzentrat und Tafeltrauben wurde der Zugang zum europäischen Markt erleichtert sowie neuen Produkten der Absatz in der EU ermöglicht.[217]

Die Olivenölproduktion erlebte in den 1980er und 1990er Jahren einen Aufschwung. Etwa ein Drittel der Produktion wird heute auf dem lokalen Markt abgesetzt, der Rest hauptsächlich in Ländern der Europäischen Union. Aufgrund des ausbleibenden Regens der vergangenen Jahre, vor allem in der Sahelzone, in der Gegend von Sfax und im Südosten des Landes, ist die Olivenernte jedoch gefährdet.

Auch Zitrusfrüchte, allen voran Orangen, werden zu einem großen Teil exportiert, vor allem nach Frankreich, aber auch Bosnien und Saudi-Arabien.[218]

Für das Jahr 2002 wird mit lediglich 0,6 Mio. t Getreide die geringste Ernte seit zehn Jahren erwartet, in denen die durchschnittliche Jahresproduktion bei 1,6 Mio. t lag. In Anbetracht eines Konsums von durchschnittlich 2,5 Mio. t jährlich, wird Tunesien 2002-2003 etwa 2 Mio. t Getreide importieren müssen.[219]

Die Exporte der Landwirtschaft und der Lebensmittelindustrie sind von 438,2 Mio. Dinar 1993 auf 778,5 Mio. Dinar im Jahr 2001[220] angestiegen, wobei allein Olivenöl im Wert von 200,3 Mio. Dinar exportiert wurde. Tunesien ist der weltweit größte Exporteur von Datteln (105,6

---

[215] vgl. Banque Centrale de Tunisie: Rapport annuel 2000, Tunis 2001, 48-60

[216] vgl. Institut National de la Statistique, unter: http://www.ins.nat.tn, 10.06.2002

[217] vgl. Banque Centrale de Tunisie: Rapport annuel 2000, Tunis 2001, 48-60

[218] vgl. ebd.

[219] vgl. Barrouhi, A.: Le temps de l'austérité, in Jeune Afrique/L'Intelligent v. 20.05.2002, 82-83

[220] vgl. Institut National de la Statistique, unter: http://www.ins.nat.tn, 10.06.2002

Mio. Dinar 2001[221]) und steht an vierter Stelle der Olivenölexporte. Jedoch haben die Landwirtschaft und Lebensmittelindustrie auch die Importe erhöhen müssen. Wurden 1993 Waren im Wert von 533,8 Mio. Dinar importiert, so hat sich der Wert bis 2001 auf 1143,1 Mio. Dinar erhöht. [222] Getreide und deren Derivate, Getreideöle sowie Zucker und dessen Derivate stellten im Jahr 2000 74 % der Lebensmittelimporte Tunesiens. Bedeutendste Lieferländer sind die USA und Frankreich mit 38 % der Importe, vor Großbritannien und Spanien.[223]

Der Fischfang konzentriert sich auf die Region Sfax und zählt zu einer der bedeutendsten wirtschaftlichen Aktivitäten Tunesiens. Im Norden des Landes besteht noch ein vielversprechendes Potenzial für den Fischfang. Die Fischerei trägt mit 8 % zur landwirtschaftlichen Produktion bei. Die Verschmutzung im Golf von Gabès lässt hingegen den Fang schrumpfen.

Die Zukunft der tunesischen Landwirtschaft liegt beim Frühobst und -gemüse, Kulturen der Nachsaison als auch in lukrativen Nischen, so zum Beispiel den biologischen Kulturen, der Aquakultur, dem Dattel- und Blumenanbau und hochwertigen Produkten (Spargel, Avocado).[224]

## 2.7.2 Bergbau

Der tunesische Bergbau konzentriert sich mit 89,2 % der gesamten Minenproduktion im Jahr 2001 auf den Abbau von Phosphat, gefolgt von Meersalz, Eisenerz, Zink und Aluminiumfluorid.[225]

---

[221] vgl. Institut National de la Statistique, unter: http://www.ins.nat.tn, 10.06.2002
[222] vgl. ebd.
[223] vgl. Banque Centrale de Tunisie: Rapport annuel 2000, Tunis 2001, 48-60
[224] vgl. Lahmar, R.: L'agriculture tunisienne à l'orée du 3ème millénaire, in: Réalités v. 09.05.2002, 24-26
[225] vgl. Banque Centrale de Tunisie: Rapport annuel 2001, Tunis 2002, 60

| | 1996 | 1997 | 1998 | 1999 | 2000 | 2001 |
|---|---|---|---|---|---|---|
| Phosphat | 7 151 | 7 222 | 7 951 | 8 006 | 8 301 | 8 144 |
| Eisenerz | 239 | 266 | 222 | 222 | 183 | 204 |
| Blei | 8 | 2 | 7 | 10 | 11 | 11 |
| Zink | 58 | 5 | 57 | 89 | 75 | 73 |
| Bariumsulfat | 16 | 13 | 9 | 4 | 5 | 4 |
| Flussspat | 1 | 2 | 1 | 1 | 0 | 0 |
| Aluminiumfluorid | 30 | 30 | 40 | 39 | 43 | 44 |
| Meersalz | 557 | 437 | 466 | 455 | 620 | 654 |

*Tabelle 2-19* Bergbauproduktion in Tausend Tonnen (vgl. Banque Centrale de Tunisie: Rapport annuel 2000, Tunis 2001, 63; Rapport annuel 2001, Tunis 2002, 60)

**Phosphate**

In der Gegend von Gafsa im Südwesten des Landes besitzt Tunesien weltweit mit die bedeutendsten Phosphatvorkommen. Hauptabbaugebiete sind Kef Eddour, Kef Eschfaïr und Jallabia. Aufgrund geringer Ausbeute wurden in den letzten Jahren mehrere Minen geschlossen, so im Jahre 2000 die Mine von M'rata. Bisher wurden 12,9 Mio. Tonnen Phosphat abgebaut.[226]

Der Phosphatabbau wird hauptsächlich von der staatlichen Compagnie des Phosphates de Gafsa übernommen. Wegen rückläufiger Exporte, fallender Weltmarktpreise sowie steigender Personal- und Energiekosten, geriet das Unternehmen in den 1980er und zu Beginn der 1990er Jahre in finanzielle Schwierigkeiten. In Folge dessen, wurde es umstrukturiert, unrentable Minen geschlossen und Personal abgebaut. Seit 1994 verbesserte sich mit steigender Nachfrage auf dem Weltmarkt, steigenden Preisen und der Übernahme einiger Schulden von der Regierung die Lage des Unternehmens. Im Jahr 2001 konnte die Compagnie des Phosphates de Gafsa 8,1 Mio. Tonnen Phosphat produzieren.[227]

---

[226] vgl. Banque Centrale de Tunisie: Rapport annuel 2001, Tunis 2002, 63-64
[227] vgl. ebd. 64; Banque Centrale de Tunisie: Rapport annuel 2001,Tunis 2002, 60

Die Phosphatexporte sind in den letzten Jahren angestiegen (32,4 Mio. Dinar 1993, 48,4 Mio. Dinar 2001[228]). Obgleich sie 2000 vor allem auf die traditionellen Märkte, wie Polen, Malaysia, Portugal und Indonesien geliefert wurden, konnten sie einen Anstieg in die Türkei, die Ukraine, nach Brasilien, Neuseeland und Italien verzeichnen.

## Sonstige[229]

97 % der Zink- und 85 % der Bleiproduktion des Jahres 2001 entstammen aus der Mine Bougrine. Der Rest wird von den Bergwerken Boujabeur und Fej-Lahdoum gestellt.

Während die Produktion von Bariumsulfat und Aluminiumfluorid um jeweils 25 % und 10,3 % 2000 im Vergleich zum Vorjahr erhöht werden konnte, wurde die Förderung von Spatfluor eingestellt.

Die Produktion von Meersalz steigerte sich 2000 im Vergleich zum Vorjahr um 5,48 % und erreichte im Jahr 2001  654 000 Tonnen, von denen 62 % von den Salzwerken in Sfax hergestellt wurden. Die Salzwerke von Zarzis und Sousse lieferten den verbleibenden Teil. Die Salzwerke von Megrine haben die Produktion vor vier Jahren unterbrochen.

Die Salzexporte konnten 2000 gesteigert werden und erreichten insgesamt etwa 635 000 t, von denen der Hauptteil auf den dänischen, jugoslawischen, italienischen und türkischen Markt geliefert wurden.

## 2.7.3  Energie

Zusammen mit Ägypten ist Tunesien eines der ersten Länder Nordafrikas, welches das Monopol im Energiesektor abbaut und private Investoren diesen Bereich übernehmen. [230]

---

[228] vgl. Institut National de la Statistique, unter: http://www.ins.nat.tn, 10.06.2002
[229] vgl. Banque Centrale de Tunisie: Rapport annuel 2001, Tunis 2002, 61-71
[230] vgl. Barrouhi, A.: La ruée vers l'Afrique du Nord, in: Jeune Afrique/L'Intelligent v. 17.04.2001, 78-86

## Elektrizität

Die STEG (Société tunisienne de l'Electricité et du Gaz) stellt etwa
90 % der gesamten nationalen Elektrizitätsproduktion. Der Hauptteil
stammt aus Wärmekraftwerken. Im Jahr 2000 wurde eine Windener-
giezentrale in Sidi Daoud mit einer Leistung von 10 Megawatt in Kraft
genommen.[231]

|                    | 1996  | 1997  | 1998  | 1999  | 2000  | 2001  |
|--------------------|-------|-------|-------|-------|-------|-------|
| Produktion STEG    | 6 852 | 7 387 | 7 936 | 8 639 | 9 222 | 9 787 |
| - thermisch        | 6 785 | 7 343 | 7 864 | 8 549 | 9 135 | 9709  |
| - hydraulisch      | 67    | 44    | 72    | 90    | 64    | 54    |
| - Windkraft        | 0     | 0     | 0     | 0     | 23    | 24    |
| Selbstversorger    | 701   | 695   | 720   | 886   | 874   | 906   |
| Gesamtverbrauch    | 6 772 | 7 211 | 7 690 | 8 485 | 8 988 | 9 608 |

*Tabelle 2-20* Elektrizitätsproduktion und -verbrauch in Mio. kWh (vgl. Banque Centrale de
Tunisie: Rapport annuel 2000, Tunis 2001, 66; Rapport annuel 2001, Tunis 2002, 62)

Tunesien ist im Ländervergleich für Industriestrompreise ein sehr gün-
stiges Land.

| Land        | 500 kW | 10 000 kW | Land        | 500 kW | 10 000 kW |
|-------------|--------|-----------|-------------|--------|-----------|
| Tunesien    | 5.07   | 3.60      | Deutschland | 6.37   | 4.23      |
| Estland     | 5.24   | -         | Frankreich  | 6.50   | -         |
| Tschechien  | 5.61   | 3.92      | Spanien     | 7.01   | 5.45      |
| Griechenland| 6.20   | 4.50      | Portugal    | 7.36   | 4.75      |
| Ungarn      | 6.35   | 3.76      | Marokko     | 7.75   | 6.34      |

*Tabelle 2-21* Durchschnittspreise für Industriestrom ohne Mwst am 1. Januar 2001 in €-
Cent/kWh (vgl. EURELECTRIC am 1. Januar 2001, zit. in: Agence de Promotion de
l`Investissement Extérieur – APIE (Hrsg.): Tunisie en Comparaison – Coûts des Facteurs
de Production, Tunis Januar 2002, 4)

Im Jahr 2001 hat die städtische Elektrifizierung 95 % mit insgesamt
3 Mio. Abonnenten erreicht. Im ländlichen Bereich waren Ende 2001

---

[231] vgl. Banque Centrale de Tunisie: Rapport annuel 2000, Tunis 2001, 65

91 % der Haushalte ans Elektrizitätsnetz angeschlossen, im Vergleich zu 28 % im Jahre 1988.[232]

## Rohöl

Tunesien verfügt vor allem im Süden über mehrere bedeutende Erdölfelder, sowohl irdisch als auch im Offshore-Bereich. Die Reserven werden auf 41 Mio. Tonnen geschätzt, was bei Beibehaltung der jetzigen Produktionsraten einer Produktion von 10 Jahren nahe käme.[233]

In El Borma im Süden Tunesiens begann 1966 die Erdölproduktion. Zusammen mit dem Offshore-Ölfeld Ashtart im Golf von Gabès bildete es die bedeutendsten Vorkommen des Landes. Inzwischen geht die Produktion auf diesen Feldern zurück. Neue, hingegen kleinere Felder, vor allem Sidi Kilani, Oued Zar, Didon und Makar kompensierten mit ihrer Produktion die Rückgänge von El Borma und Ashtart. Die Erdölproduktion ging von 5-5,5 Mio. Tonnen von 1980 bis 1992 auf 3,4 Mio. Tonnen im Jahr 2001 zurück.[234]

|  | 1996 | 1997 | 1998 | 1999 | 2000 | 2001 |
|---|---|---|---|---|---|---|
| El Borma | 1 396 | 1 229 | 1 134 | 1 026 | 850 | 781 |
| Ashtart | 962 | 916 | 895 | 861 | 756 | 696 |
| Sonstige (Sidi El Kilani, Ezzaouia, Tazarka etc.) | 1 825 | 1 642 | 1 947 | 2 140 | 2 135 | 1 944 |
| Gesamt | 4 183 | 3 787 | 3 976 | 4 027 | 3 741 | 3 421 |

*Tabelle 2-22 Rohölproduktion nach Vorkommen in Tausend Tonnen (vgl. Banque Centrale de Tunisie: Rapport annuel 2000, Tunis 2001, 67; Rapport annuel 2001, Tunis 2002, 64)*

Bisher sind 40 Nutzungslizenzen ausgestellt worden, mit Hilfe derer jährlich durchschnittlich 12 Brunnen realisiert werden konnten. In Zu-

---

[232] vgl. o.V.: Doublement de la production au cours du Xe Plan, in: La Presse de Tunisie v. 05.05.2002, o.S.

[233] vgl. Agence Tunisienne de Communication Extérieure, unter: http://www.tunisie.com, 03.03.2002

[234] vgl. Banque Centrale de Tunisie: Rapport annuel 2000, Tunis 2001, 67-68; Rapport annuel 2001, Tunis 2002, 64

kunft soll die Zusammenarbeit mit arabischen Partnern, vor allem mit Libyen, Algerien und dem Irak ausgebaut werden.[235]

Erdölprodukte wie Motorenöle, Heizöl und Flüssiggas werden von der Société Tunisienne des Industries de Raffinage in der staatlichen Raffinerie in Bizerte hergestellt, deren Kapazität auf 2 Mio. Tonnen pro Jahr begrenzt ist. Obgleich der Staat den Bau einer privaten Raffinerie in Skhira zur Verarbeitung von importiertem Öl förderte, blieb dieses Projekt bisher unrealisiert.[236]

| | Preis inkl. MwSt. |
|---|---|
| Superbenzin | 0.710 TD/l |
| Superbenzin bleifrei | 0.710 TD/l |
| Normal Benzin | 0.675 TD/l |
| Leuchtpetroleum | 0.240 TD/l |
| Diesel | 0.415 TD/l |
| Schweres Heizöl für die Industrie | 151 TD/t |
| Verflüssigtes Propangas für die Industrie | 442.294 TD/t |

*Tabelle 2-23* Preise für Erdölprodukte in TD seit 08.08.2000 (vgl. Ministère de l'Industrie, zit. in: Agence de Promotion d'Investissement Extérieur – APIE (Hrsg.): Tunisie – Coûts des Facteurs de Production, Tunis Januar 2002, 21)

Zu den wichtigsten Erölgesellschaften, die neben der tunesischen Gesellschaft Etap in Tunesien tätig sind, zählen: Preussag Energie (Deutschland); Nimir Petroleum (Saudi-Arabien); Petro-Canada (Kanada), Anadarko Centurion Energy International, Marathon Oil, Phillips Petroleum, Union Texas Petroleum (USA); British Gas (Großbritannien); Agip (Italien); Kufpec (Kuwait) und Petronas (Malaysia).[237]

---

[235] vgl. Mokni, N.: Y-a-t-il une stratégie alternative?, in: Réalités v. 23.05.2002, 26-28

[236] vgl. Banque Centrale de Tunisie: Rapport annuel 2000, Tunis 2001, 67-68

[237] vgl. Barrouhi, A.: La ruée vers l'Afrique du Nord, in: Jeune Afrique/L'Intelligent v. 17.04.2001, 78-86

# Erdgas

Bis 1996 beschränkte sich die Gasproduktion in Tunesien auf geringe Mengen aus dem El Borma-Ölfeld. Hinzu kam Gas aus der transmediterranen Pipeline, die Gas aus Algerien nach Tunesien und weiter nach Italien transportierte. Im Jahre 2002 versorgt sich Tunesien, neben den Ankäufen aus Algerien, aus den Vorkommen von Miskar, El Borma, Franing, Baguel Tarfa und Oued Zar Hammouda.[238]

Nachdem British Gas 1996 600 Mio. US$ für die Inbetriebnahme des Miskar-Feldes im Golf von Gabès investierte, stieg die Gasproduktion an.[239] Im Jahre 2001 deckte das Miskar-Feld 80 % der Erdgasproduktion ab. Die Gesamtproduktion in Höhe von 2 254 Mio. m³ im Jahr 2001 deckt zu 70 % den nationalen Verbrauch an Erdgas ab. Die noch verfügbaren Gasvorräte werden 2001 auf 3 838 Mio. m³ geschätzt.[240]

| | 1996 | 1997 | 1998 | 1999 | 2000 | 2001 |
|---|---|---|---|---|---|---|
| Gesamtproduktion | 813 | 1 656 | 1 899 | 1 817 | 1 985 | 2 254 |
| - El Borma | 114 | 153 | 122 | 83 | - | - |
| - Miskar | 660 | 1 499 | 1 727 | 1 622 | 1 719 | 1 805 |
| Verfügbares Erdgas | 2 802 | 3 015 | 3 366 | 3 738 | 3 718 | 3 838 |
| Verbrauch | 2 213 | 2 336 | 2 592 | 2 719 | 2 881 | 3 209 |
| Export | 589 | 679 | 774 | 1 019 | 837 | 629 |

*Tabelle 2-24* Gasbilanz in Mio. m³ (vgl. Banque Centrale de Tunisie: Rapport annuel 2000, Tunis 2001, 68; Rapport annuel 2001, Tunis 2002, 64)

Allein 78 % des Erdgases wurden 2000 von den Elektrizitätszentralen der STEG (Société Tunisienne d'Electricité et du Gaz) konsumiert. Die Zahl der Gasanschlüsse stieg 2000 auf 121 234 an.[241]

---

[238] vgl. Banque Centrale de Tunisie: Rapport annuel 2000, Tunis 2001, 68; o.V.: La consommation de gaz naturel en hausse, in: La Presse de Tunisie v. 12.08.2002, o.S.

[239] vgl. Barrouhi, A.: La ruée vers l'Afrique du Nord, in: Jeune Afrique/ L'Intelligent v. 17.04.2001, 78-86

[240] vgl. Banque Centrale de Tunisie: Rapport annuel 2000, Tunis 2001, 68; Rapport annuel 2001, Tunis 2002, 64

[241] vgl. ebd.

## Treibstoffe

Im Jahr 2001 produzierte Tunesien 1,9 Mio. Tonnen Treibstoff und deckte damit 50 % des nationalen Konsums ab. Vor allem bleifreies Benzin wird verstärkt nachgefragt. Konnte die Nachfrage nach Benzin fast vollständig durch die tunesische Produktion abgedeckt werden, so wurden nur 27,2 % der Nachfrage nach Diesel im Jahr 2001 durch die eigene Produktion befriedigt.[242]

| | 1997 | | 1998 | | 1999 | | 2000 | | 2001 | |
|---|---|---|---|---|---|---|---|---|---|---|
| | P | K | P | K | P | K | P | K | P | K |
| Benzin super/ bleifrei | 226 | 231 | 244 | 244 | 262 | 265 | 292 | 294 | 322 | 322 |
| Benzin normal | 108 | 107 | 102 | 101 | 101 | 100 | 95 | 97 | 84 | 91 |
| Diesel | 594 | 1 446 | 560 | 1 494 | 511 | 1 560 | 537 | 1 640 | 466 | 1 711 |

*Tabelle 2-25* Produktion (P) und Konsum (K) ausgewählter Treibstoffe in Tausend Tonnen (vgl. Banque Centrale de Tunisie: Rapport annuel 2000, Tunis 2001, 69; Rapport annuel 2001, Tunis 2002, 65-66)

### 2.7.4 Baumaterialien, Keramik- und Glasindustrie

Aufgrund der steigenden Nachfrage in Folge zunehmender Bautätigkeit in Tunesien sowie steigender Exporte, vor allem von Keramikprodukten, hat sich der Sektor der Baumaterialien, Keramik- und Glasindustrie in den letzten Jahren vorteilhaft entwickelt.[243]

Die Produktion von Ziegelsteinen, Fliesen, Flaschen und Bechern stieg in den letzten Jahren aufgrund der erhöhten Binnennachfrage an.

---

[242] vgl. Banque Centrale de Tunisie: Rapport annuel 2000, Tunis 2001, 69
[243] vgl. ebd., 71-73

|  | 1996 | 1997 | 1998 | 1999 | 2000 | 2001 |
|---|---|---|---|---|---|---|
| Zement | 4 560 | 4 424 | 4 588 | 4 864 | 5 657 | 5 721 |
| Kalk | 464 | 466 | 482 | 475 | 517 | 467 |
| Rote Produkte | 3 175 | 3 280 | 3 478 | 3 670 | 3 870 | 4 260 |
| Mosaike (in Tausend m²) | 14 600 | 15 250 | 16 250 | 17 200 | 17 950 | 19 400 |
| Fayencen (in Tausend m²) | 7 992 | 8 290 | 8 800 | 9 250 | 9 800 | 10 750 |
| Flaschen und Becher | 36 | 39 | 41 | 44 | 47 | 50 |

*Tabelle 2-26* Produktion von Baumaterialien, Keramik und Glas in Mio. Tonnen (vgl. Banque Centrale de Tunisie: Rapport annuel 2000, Tunis 2001, 72; Rapport annuel 2001, Tunis 2002, 68)

## 2.7.5 Mechanische und elektrische Industrie

Vor allem die Stahl- und Automobilmontageindustrie zählen in der mechanischen und elektrischen Industrie zu den Gewinnern. Aber auch die elektrische, elektronische und haushaltselektrische Industrie, die auf die inländische als auch auf die ausländische Nachfrage reagieren, haben einen bedeutenden Anteil an diesem Sektor.

|  | 1996 | 1997 | 1998 | 1999 | 2000 | 2001 |
|---|---|---|---|---|---|---|
| Gusseisen (in 1000 t) | 145 | 152 | 123 | 180 | 195 | 192 |
| Draht (in 1000 t) | 23 | 20 | 19 | 21 | 20 | 24 |
| Metallische Strukturen (in 1000 t) | 10 | 8 | 11 | 11 | 9 | 9 |
| Autobusse (Stück) | 382 | 287 | 313 | 800 | 251 | 180 |
| Lastwagen (Stück) | 954 | 1003 | 1016 | 770 | 1127 | 1 451 |
| Fernseher (in 1000 Stück) | 89 | 107 | 90 | 104 | 91 | - |

*Tabelle 2-27* Produktion der mechanischen und elektrischen Industrie (vgl. Banque Centrale de Tunisie: Rapport annuel 2000, Tunis 2001, 73; Rapport annuel 2001, Tunis 2002, 69-70; Institut National de la Statistique, unter: http://www.ins.nat.tn, 10.06.2002)

Die Société tunisienne d'industrie automobile (STIA), als ein Vertreter der tunesischen Automobilmontageindustrie, montierte 2001 in ihrem Werk in Sousse 1451 Lastwagen und 180 Reisebusse.[244]

---

[244] vgl. Banque Centrale de Tunisie: Rapport annuel 2001, Tunis 2002, 69

Die Autoteileindustrie hat sich in den letzten Jahren auf die Herstellung von Autokabeln und Plastikteilen konzentriert. Fünf von den acht wichtigsten Autoteilelieferanten der Europäischen Union haben in Tunesien investiert oder besitzen Zulieferer in Tunesien. Durch die Produktion in Tunesien werden Autohersteller, wie Mercedes, Audi und Volkswagen mit Kabelbäumen, General Motors und Volvo mit der elektrischen Ausstattung, Renault und Peugeot mit Kupplungssystemen und Citroën mit Plastikteilen beliefert. Diesem Markt wird in Zukunft ein weiteres Wachstum vorausgesagt.

Im Zusammenhang damit erhöhte sich 2000 der Export von elektrischen Fasern und Kabeln auf 48 % der Gesamtexporte der elektrischen Industrie entspricht. Damit liegt Tunesien auf dem neunten Platz der Zulieferer der Europäischen Union für Kabelbäume und elektrische Kabel für Automobile. Auch die Produktion von elektrischen Haushaltsgeräten konnte gesteigert werden.

### 2.7.6   Chemie

In der chemischen Industrie ist Tunesien vor allem in der Verarbeitung von Phosphaten zu Phosphorsäure tätig.

|  | 1996 | 1997 | 1998 | 1999 | 2000 | 2001 |
|---|---|---|---|---|---|---|
| Phosphorsäure | 1 063 | 1 118 | 1 165 | 1 208 | 1 125 | 1 144 |
| Diammoniumphosphat | 927 | 765 | 920 | 1 048 | 1 113 | 1 125 |
| Superphosphat | 19 | 17 | 13 | 14 | 12 | 8 |
| Hyperphosphat (Granulat) | 35 | 33 | 36 | 40 | 35 | 34 |
| Düngemittel | 20 | 20 | 12 | 7 | 18 | 11 |
| Natriumtrippolyphosphat | 64 | 68 | 80 | 73 | 100 | 104 |

*Tabelle 2-28* Herstellung von ausgewählten Phosphorprodukten in Tausend Tonnen (vgl. Banque Centrale de Tunisie: Rapport annuel 2000, Tunis 2001, 74; Rapport annuel 2001, Tunis 2002, 70)

Bedeutende Exportpartner Tunesiens für Phosphorprodukte sind Indien, China, Indonesien, Australien, Iran, Bangladesch, Brasilien und seit kurzem auch die Türkei und Jemen.[245]

---

[245] vgl. Banque Centrale de Tunisie: Rapport annuel 2000, Tunis 2001, 74-75

## 2.7.7 Textilien, Leder und Schuhe

Im Textilsektor ist Tunesien hauptsächlich für den Export tätig und produziert Baumwoll- und Wollfäden, Stoffe, Konfektionskleidung, Strickwaren, Teppiche, Schuhe und Schuhaccessoires.

| | 1996 | 1997 | 1998 | 1999 | 2000 |
|---|---|---|---|---|---|
| Baumwollgarn | 25.9 | 24.6 | 24.6 | 24.6 | 24.6 |
| Wollfäden | 7.9 | 8.0 | 8.1 | 8.2 | 8.4 |
| Stoffe (in Mio. Meter) | 141.6 | 141.7 | 146.0 | 151.4 | 150.8 |
| Finissage (in Mio. Meter) | 33.3 | 33.3 | 33.3 | 46.3 | 60.0 |
| Kleidungsstücke (in Mio. Teile) | 179.7 | 189.7 | 201.8 | 201.4 | 209.4 |
| Strickwaren | 21.5 | 22.3 | 24.5 | 27.5 | 30.0 |
| Teppiche | 2.6 | 2.6 | 2.7 | 2.9 | 2.9 |
| Schuhe (in Mio. Paare) | 31.0 | 34.1 | 37.5 | 38.8 | 43.2 |
| Schuhaccessoires | 3.0 | 3.6 | 3.7 | 4.5 | 5.4 |

*Tabelle 2-29 Herstellung der wichtigsten Artikel der Textil-, Leder- und Schuhbranche in Mio. Tonnen (vgl. Banque Centrale de Tunisie: Rapport annuel 2000, Tunis 2001, 76)*

Aufgrund der hohen ausländischen Nachfrage im tunesischen Textilsektor, unterzogen sich zahlreiche Unternehmen dem Mise-à-Niveau-Programm, bereits bestehende Produktionseinheiten wurden modernisiert und neue errichtet.

Vor allem die Nachfrage nach Konfektionskleidung stieg in den letzten Jahren mit einem zunehmenden Bedarf an hochwertigen Produkten stark an. Trotz steigender Nachfrage in diesem Bereich, stagniert die Herstellung von Fäden und Garnen.

Im Jahr 2001 exportierte die Textil-, Bekleidungs- und Lederindustrie Waren im Wert von 4 615,2 Mio. Dinar, bei einem Import im Wert von 3 354,3 Mio. Dinar.[246] Wichtigste Exportländer sind Italien, Frankreich und Deutschland.

Der Textilsektor trägt beinahe zur Hälfte der Güterexporte Tunesiens bei. Im Vergleich zum Jahr 2001 stagnierten in den ersten Monaten 2002 die Exporte. Zahlreiche Textilunternehmen befinden sich in einer

---

[246] vgl. Institut National de la Statistique, unter: http://www.ins.nat.tn, 10.06.2002

Krise und haben im Geschäftsjahr 2002 mit nicht ausgelasteten Auftragsbüchern zu kämpfen.[247] Insbesondere die tunesischen Absätze auf dem deutschen, belgischen und niederländischen Markt sind rückläufig, im Gegenzug stiegen in diesen Ländern die preislich günstigeren Textilimporte aus China an. Um einer weiteren Verschlechterung dieses Sektors entgegenzuwirken, setzen die in Tunesien angesiedelten Unternehmen zukünftig auf qualitativ hochwertigere Produkte.[248]

## 2.7.8 Transport

### Seetransport

Tunesien verfügt über acht Handelshäfen (Tunis-La Goulette, Radès, Bizerte, Menzel Bourguiba, Sfax, Zarzis, Gabès und Sousse), 22 kleinere Häfen und einen Ölterminal in Skhira. Allein in den Handelshäfen sind im Jahr 2001 6 756 Schiffe registriert worden, davon 48,6 % in den Häfen von Tunis-La Goulette-Radès.[249]

| Häfen | 1997 | 1998 | 1999 | 2000 | 2001 |
|---|---|---|---|---|---|
| Tunis-Goulette-Radès | 2 723 | 2 696 | 2 911 | 3 139 | 3 283 |
| Sfax | 1 487 | 1 329 | 1 155 | 1 096 | 1 411 |
| Bizerte | 641 | 602 | 632 | 575 | 569 |
| Gabès | 564 | 547 | 611 | 646 | 686 |
| Sousse | 394 | 462 | 457 | 454 | 524 |
| Zarzis | 218 | 338 | 294 | 274 | 283 |
| Gesamt | 6 027 | 5 974 | 6060 | 6 184 | 6 756 |

**Tabelle 2-30** *Anzahl eingelaufener Schiffe (vgl. Banque Centrale de Tunisie: Rapport annuel 2000, Tunis 2001, 79; Rapport annuel 2001, Tunis 2002, 74)*

Der Hafen von La Goulette ist der größte Passagierhafen Tunesiens. Von den insgesamt 449 000 Passagieren 2001 entfielen 447 000 auf La

---

[247] vgl. Barrouhi, A.: Le temps de l'austérité, in: Jeune Afrique/L'Intelligent, v. 20.05.2002, 82-83

[248] vgl. o.V.: Le textile-habillement à la croisée de chemin, in: Réalités v. 04.07.2002, o.S.

[249] vgl. Banque Centrale de Tunisie: Rapport annuel 2001, Tunis 2002, 74

Goulette. Die Strecke Tunis-Marseille bildet die bedeutendste Verbindung, die 190 000 Passagiere im Jahr 2000 transportierte, gefolgt von Genua und Palermo-Neapel. Die tunesische Fährgesellschaft CTN (Compagnie Tunisienne de Navigation) transportiert nahezu 60 % der Passagiere und Personenkraftwagen.[250]

| | 1997 | 1998 | 1999 | 2000 | 2001 |
|---|---|---|---|---|---|
| Einreisende Passagiere | 170 | 173 | 208 | 221 | 233 |
| Ausreisende Passagiere | 141 | 137 | 172 | 191 | 214 |

*Tabelle 2-31 Passagiere im Hafen Tunis-Goulette in Tausend (vgl. Banque Centrale de Tunisie: Rapport annuel 2000, Tunis 2001, 81; Rapport annuel 2001, Tunis 2002, 77)*

| Zielhafen | Anzahl | Zielhafen | Anzahl |
|---|---|---|---|
| Marseille | 7 | Rotterdam, Antwerpen, Bremen, Rouen | 1 |
| Genua | 5 | Istanbul | 1 |
| Barcelona | 3 | La Spézia | 1 |
| Livorno | 2 | Malta | 1 |

*Tabelle 2-32 Linienverbindungen/Woche für den Warentransport ab Radès (vgl. Ministerium für Internationale Zusammenarbeit und Ausländische Investitionen (Hrsg.): Tunesien-Land der Erfolgschancen, Tunis 2002, o.S.)*

Im Juli 2002 wurde die erste Autofähre für den Transport von 900 Passagieren und 68 Fahrzeugen zwischen Sfax und den Kerkennah-Insel in Betrieb genommen.[251]

## Lufttransport

Tunesien zählt sieben internationale Flughäfen: Tunis-Carthage, Monastir-Skanès, Djerba-Zarzis, Tabarka-7 novembre, Tozeur-Nefta, Sfax-Thyna und Gafsa-Ksar. Linienflugverbindungen bestehen vor allem nach Europa und arabische Länder. Der Charterflugverkehr beschränkt sich hauptsächlich auf Länder West- und Mitteleuropas. Der Flughafen

---

[250] vgl. Banque Centrale de Tunisie: Rapport annuel 2000, Tunis 2001, 78-81
[251] vgl. o.V.: Réalisation du premier car-ferry «Loud», in: La Presse de Tunisie v. 15.05.2002, o.S.

Monastir-Skanès ist im Charterflugverkehr von besonderer Bedeutung und fertigt gleichzeitig die meisten Passagiere, hauptsächlich europäische Touristen, ab.

| Flughafen | 1999 | | 2000 | | 2001 | |
|---|---|---|---|---|---|---|
| | Flug-zeuge | Passa-giere | Flug-zeuge | Passa-giere | Flug-zeuge | Passa-giere |
| Tunis-Carthage | 37.0 | 3 373.0 | 36.9 | 3 353.9 | 36.8 | 3 351.0 |
| Monastir-Skanès | 27.4 | 3 614.0 | 29.7 | 3 917.5 | 29.3 | 3 927.9 |
| Djerba-Zarzis | 19.9 | 2 158.3 | 19.5 | 2 141.7 | 20.1 | 2 204.4 |
| Sfax-Thyna | 2.4 | 57.5 | 2.4 | 53.6 | 3.1 | 59.0 |
| Tozeur-Nefta | 2.0 | 106.0 | 1.8 | 107.3 | 1.5 | 98.5 |
| Tabarka-7 novembre | 0.7 | 60.4 | 0.6 | 47.4 | 0.5 | 43.6 |
| Gafsa-Ksar | 0.2 | 4.9 | 0.2 | 4.9 | 0.3 | 6.0 |
| Gesamt | 89.6 | 9374.1 | 91.1 | 9 626.3 | 91.6 | 9 690.4 |

*Tabelle 2-33* Anzahl der abgefertigten Flugzeuge (F) und Passagiere (P) in Tausend (vgl. Banque Centrale de Tunisie: Rapport annuel 2000, Tunis 2001, 81; Rapport annuel 2001, Tunis 2002, 78)

Die nationale Fluggesellschaft Tunisair, die das Jahr 2001 mit einem geschätzten Defizit von 30 Mio. TD beendete[252], erneuerte in den letzten Jahren ihre Flotte: 4 Boeing 727 wurden durch 3 Boeing 737-600, 2 Airbus A300-600 und einen Airbus A320 ersetzt und zählt heute 30 Flugzeuge. Für den Transport der Pilger und der im Ausland lebenden Tunesier werden in Spitzenzeiten weitere Maschinen angemietet.[253]

Die zur Förderung des tunesischen Tourismussektors gegründete Fluggesellschaft Carthago Airlines nahm Mitte Mai 2002 den Passagierverkehr und verbindet Tunesien per Charterflug mit dem europäischen Markt, insbesondere den skandinavischen Ländern. Ihre derzeitige

---

[252] vgl. Barrouhi, A.: La crise s'éloigne, in: Jeune Afrique/L'Intelligent v. 18.03.2002, 66-71

[253] vgl. Banque Centrale de Tunisie: Rapport annuel 2000, Tunis 2001, 81-83

Flotte, die in den kommenden vier Jahren jeweils um ein Flugzeug erweitert werden soll, besteht aus zwei Boeing 737.[254]

| Zielland | Flüge/ Woche | Zielland | Flüge/ Woche | Zielland | Flüge/ Woche |
|---|---|---|---|---|---|
| Frankreich | 81 | Belgien | 11 | Spanien | 5 |
| Deutschland | 78 | Marokko | 10 | Österreich | 4 |
| Großbritannien | 27 | Niederlande | 9 | Türkei | 4 |
| Italien | 21 | Algerien | 6 | Saudi-Arabien | 2 |
| Schweiz | 14 | Libanon | 5 | Ägypten | 2 |

*Tabelle 2-34* Durchschnittliche Linien- und Charterfluganzahlen von tunesischen Flughäfen (vgl. Minsterium für Internationale Zusammenarbeit und Ausländische Investitionen (Hrsg.): Tunesien-Land der Erfolgschancen, Tunis 2002, o.S.)

Trotz ca. 80 ausländischer Chartergesellschaften, die Touristen nach Tunesien fliegen, transportierte Tunisair im Jahr 2000 1,6 Mio. Passagiere im Charterflugbereich und dies zum Grossteil von und nach Frankreich, Italien, Deutschland und zunehmend auch Spanien, Belgien und Ungarn.[255]

Darüber ist die tunesische Fluggesellschaft Tuninter vor allem für Inlandsflüge, hier insbesondere für die Strecke Tunis-Djerba, zuständig.

Als private tunesische Fluggesellschaft bedient Nouvelair im Wesentlichen den deutschen, französischen und britischen Markt mit Charterflügen.

Tunisavia, Gesellschaft für Transporte, Dienstleistungen und Luftarbeiten, agiert im Bereich der Erdölrecherche und Landwirtschaft. Ihre Hubschrauber nehmen Luftaufnahmen und führen chemische Düngungen und Pilzbekämpfungen von landwirtschaftlich genutzten Flächen vor. Ebenso steht diese Gesellschaft für die Rallye Paris-Dakar zur Verfügung und übernimmt Aufgaben für Erdölunternehmen.

---

[254] vgl. o.V.: Premier vol de Carthago Airlines et inauguration d'une unité touristique, in: La Presse de Tunisie v. 18.05.2002, o.S.

[255] vgl. Banque Centrale de Tunisie: Rapport annuel 2000, Tunis 2001, 81-83

Den Luftfrachtverkehr übernimmt im allgemeinen die Tunisair vom Flughafen Tunis-Carthage aus, aber auch die private Gesellschaft Mediterranean Air Service.[256]

## Schienentransport

Tunesien verfügt über ein 2190 km langes Schienennetz, das von der Société nationale des chemins de fer tunisiens betrieben wird. Die Hauptlinie bildet die Nord-Süd-Verbindung Tunis-Sfax-Gabès, auf der allein mehr als die Hälfte der gesamten 36,9 Mio. Reisenden im Jahr 2001 verkehrten. Weitere Eisenbahnverbindungen bestehen in den Osten nach Jendouba, Le Kef, Kassérine und Tozeur. Bei den Kurzstreckenverbindungen sind vor allem die Vororte von Tunis von Bedeutung, die mit der Hauptstadt verbunden werden. Aber auch die Métro du Sahel, eine Bahnverbindung zwischen Sousse, Monastir und Mahdia, transportiert jährlich über 5 Mio. Fahrgäste.[257]

| | 1997 | 1998 | 1999 | 2000 | 2001 |
|---|---|---|---|---|---|
| SNCFT | 31.3 | 32.4 | 34.4 | 35.3 | 36.9 |
| - Langstrecken | 4.9 | 5.1 | 5.3 | 5.4 | 5.5 |
| - Kurzstrecken | 26.4 | 27.3 | 29.1 | 29.9 | 31.4 |
| SMLT | 114.4 | 113.1 | 112.2 | 116.4 | 118.1 |
| - Metrolinien | 95.1 | 95.4 | 93.9 | 98.1 | 99.7 |
| - Linie Tunis-Goulette-Marsa | 19.3 | 17.7 | 18.2 | 18.3 | 18.4 |

*Tabelle 2-35* Fahrgastaufkommen im Schienentransport in Mio. Fahrgästen (vgl. Banque Centrale de Tunisie (Hrsg.): Rapport annuel 2000, Tunis 2001, 84; Rapport annuel 2001, Tunis 2002, 80)

Die den städtischen Schienenverkehr im Großraum Tunis absichernde Société du Métro-Léger de Tunis (SMLT) transportiert jährlich mehr als 115 Mio. Fahrgäste, wobei sich deren Netz in die innerstädtischen Metrolinien und die Bahnverbindung Tunis-Goulette-Marsa aufteilt. Letztere verbindet Tunis mit seinen nord-östlichen Vororten.

---

[256] vgl. Banque Centrale de Tunisie: Rapport annuel 2000, Tunis 2001, 81-83
[257] vgl. ebd., 84-85

Eine Erweiterung des Streckennetzes der Metro nach El Mourouj und die Wohnviertel Ennasr, El Ghazela und El Menzah ist in Planung. Ebenso soll eine Schnellverbindung zwischen dem Stadtzentrum von Tunis und Manouba, Ettadhamen und Ezzouhou sowie angrenzende Vororte eingerichtet werden. Die Realisierung dieser Projekte ist zwischen 2002 und 2016 vorgesehen.[258]

Der Warentransport per Schiene betrifft vor allem Phosphate, Eisenerze, Baumaterialien und Getreide. Im Jahr 2001 wurden allein 4 Mio. t Phosphor per Schiene nach Gabès transportiert.

**Straßentransport**

Das Straßennetz Tunesiens ist relativ gut ausgebaut. Auf einer Länge von 20 000 km breiten sich Haupt- und Nebenstrassen aus, die sich in einem guten Zustand befinden. Eine vierspurige Autobahn führt von Tunis nach M'saken bei Sousse. Seit Ende Juni 2002 ist die neu erbaute Autobahn Tunis-Bizerte in Betrieb. Der Bau einer Autobahn von Tunis nach Medjez El Bab-Oued Zarga wurde im Frühjahr 2002 aufgenommen, die Errichtung der Autobahn M'saken-Sfax wird 2003 aufgenommen.[259]

Mehr als ein Drittel der insgesamt in Tunesien zugelassenen Fahrzeuge befinden sich im Großraum Tunis, 35 % der tunesischen Haushalte verfügen über mindestens ein Auto.[260]

Der öffentliche Personenverkehr transportierte im Jahr 2001 etwa 685 Mio. Personen, davon mehr als die Hälfte durch die Société Nationale des Transports (SNT). Außerdem sichern 12 regionale Unternehmen den städtischen, überstädtischen und regionalen Verkehr mit Stadt- und Reisebussen ab. Die Société Nationale de Transport Interur-

---

[258] vgl. Agence Tunisienne de Communication Extérieure, unter: http://www.tunisie.com, 03.03.2002

[259] vgl. o.V.: Autoroute Tunis-Bizerte: pas de péage pour une période déterminée, in: La Presse de Tunisie v. 18.05.2002, o.S.; o.V.: Autoroute M'saken-Sfax: Démarrage des travaux en 2003, in: La Presse de Tunisie v. 22.09.2002, o.S.

[260] vgl. o.V.: Scénarios pour décongestionner la capitale, in: La Presse de Tunisie v. 11.05.2002, o.S.

bain (SNTRI) verbindet Tunis mit den einzelnen Regionen des Landes. Die private Société Transport Urbain de Tunisie (TUT) übernimmt mit 30 Fahrzeugen den Personentransport auf fünf Strecken in Tunis.[261]

Dem innerstädtischen Transport per Taxi kommt als Entlastung für die öffentlichen Verkehrsmittel eine bedeutende Rolle zu. Nahezu 18 000 Taxis zählt Tunesien. Hinzu kommen über 6 100 Sammeltaxis „Louages" zur Verbindung der Städte untereinander.[262]

Bis Ende 2003 werden im gesamten Land 21 Brücken mit einer Tragweite von 1 954 m errichtet werden, darunter eine Brücke zur Verbindung von Radès und La Goulette im Großraum Tunis.[263]

### 2.7.9　Telekommunikation und Informatik

Innerhalb von zehn Jahren haben sich die Investitionen Tunesiens in den Kommunikationssektor verachtfacht. Waren es während des sechsten Entwicklungsplanes (1983-1987) noch jährlich 32 Mio. TD, so stiegen die Investitionen bis zum neunten Entwicklungsplan (1997-2001) auf jährlich 250 Mio. TD an. Folglich konnte der Sektor eine jährliche Wachstumsrate von 15 % verzeichnen.[264]

### Telefon

Im Vergleich zu seinen Nachbarländern baute Tunesien sein Telefonnetz in den letzten Jahren gut aus. Seit 1987 versiebtfachte sich die Zahl der Abonnenten. Auf 100 Einwohner entfallen 15,4 Telefonanschlüsse, Mobiltelefone inbegriffen, die von der staatlichen Telefongesellschaft Tunisie Télécom gestellt werden. Im Jahr 2002 sollen weitere

---

[261] vgl. o.V.: Rencontre avec ... Taoufik Idriss: Président-Directeur Général de la T.U.T., in: La Presse de Tunisie v. 26.09.2002, o.S.

[262] vgl. Banque Centrale de Tunisie: Rapport annuel 2001, Tunis 2002, 81

[263] vgl. Allani, F.: Programme en béton contre les crues, in: La Presse de Tunisie v. 20.03.2002, o.S.

[264] vgl. Sandouly, P.; Cohen, J.; Kéfi, R.: Tunisie-Maroc, Le @-match, in: ECONOMIA v. Mai 2002, 72-74

200 000 Festnetzanschlüsse freigegeben werden. Privatisierungen sind auch in diesem Sektor anvisiert.[265]

In den 6 400 „Publitels" oder „Taxiphones", den tunesischen öffentlichen Telefonbüros, stehen 23 000 Telefonanschlüsse zur Verfügung.[266]

Tunisie Télécom, die 1998 mit einer Kapazität von 50 000 Mobilfunklinien anfing[267], verfügt derzeit über 400 000 Abonnenten für das Mobilfunknetz, will seine Netzkapazität bis Ende 2002 jedoch auf 1 Mio. Anschlüsse ausbauen. Das Potential für den Mobilfunk wird für 2005 auf 3 Mio. Abonnenten geschätzt.[268]

Der zweite Mobilfunkanbieter neben der staatlichen Tunisie Télécom, die ägyptische Orascom, erwarb 2002 für eine Gesamtsumme von 454 Mio. US$ die Lizenz zur Errichtung eines Mobilfunknetzes in Tunesien, das 500 000 Abonnenten zur Verfügung stehen soll. Damit ist diese Mobilfunklizenz die bisher teuerste der Welt pro Einwohner. Im September 2002 sollten die Installationsarbeiten um Tunis und Hammamet beginnen und im November 2002 die ersten Linien vertrieben werden.[269] Orascom Telcom Holding S.A. unterzeichnete im Oktober 2002 einen Vertrag mit der kuweitischen Gesellschaft Wataniya Telecom zur gemeinsamen Entwicklung und Nutzung der Orascom Télécom Tunisie.[270]

---

[265] vgl. Gharbi, Ch.: Des améliorations attendues, in: La Presse de Tunisie v. 28.04.2002, o.S.
[266] vgl. Sandouly, P.; Cohen, J.; Kéfi, R.: Tunisie-Maroc, Le @-match, in: ECONOMIA v. Mai 2002, 72-74
[267] vgl. ebd.
[268] vgl. Barrouhi, A.: Très chère Tunisie, in : ECONOMIA v. April 2002, 14
[269] vgl. ebd. und Bahloul, N.: Les travaux démarrent en septembre, in: La Presse de Tunisie, 19.05.2002, o.S.
[270] vgl. o.V.: Le contrat définitif reste assujetti à l'approbation des pouvoirs publics, in: La Presse de Tunisie v. 19.10.2002, o.S.

| Land | Erteilungsdatum | Bevölkerung (in Mio.) | Preis für Mobil-funklizenz (in Mio. Dollar) | Preis für Mobil-funklizenz (in Dollar/Einw.) |
|------|-----------------|----------------------|---------------------------------------------|----------------------------------------------|
| Marokko | Juli 2000 | 28.7 | 1 100 | 38 |
| Algerien | Juli 2001 | 30.4 | 734 | 24 |
| Tunesien | März 2002 | 9.6 | 454 | 47 |

*Tabelle 2-36* Lizenzpreise für Mobilfunk (vgl.: ECONOMIA v. April 2002,14)

Im Verhältnis zu Ländern mit einem fortgeschrittenen privatisierten Telefonmarkt, sind die Tarife für Telefonverbindungen in Tunesien noch relativ hoch.

| | Normaltarif | Verbilligter Tarif (Mo-Sa 20-7 Uhr, So) |
|---|-------------|------------------------------------------|
| Ortsgespräche | 0.010 | 0.010 |
| Gespräche bis 50 km Entfernung | 0.080 | 0.060 |
| Gespräche zwischen 50 und 100 km Entfernung | 0.120 | 0.090 |
| Gespräche über 100 km Entfernung | 0.150 | 0.105 |
| Maghreb-Länder | 0.540 | 0.486 |
| Länder Nord- und Westeuropas, Nahostländer | 0.900 | 0.810 |
| Nordamerika, Lateinamerika, Länder Osteuropas, Afrika, Asien, andere Länder | 1.080 | 0.972 |

*Tabelle 2-37* Telefontarife für Verbindungen mit Standardtelefonen in TD/min (vgl. Arrêté du ministre des communications du 25 décembre 1997, fixant les tarifs des services télé-phoniques, zit. in: Agence de Promotion de l'Investissement Extérieur – APIE (Hrsg.): Tunisie-Côuts des Facteurs de Production, Tunis Januar 2002, 23)

**Internet**

Das Internet erfreut sich auch in Tunesien immer größerer Beliebtheit. Im Jahr 1991 war Tunesien das erste arabische und afrikanische Land, das Zugang zum Internet hatte. Die Zahl der Internetnutzer stieg von 30 000 Anfang 1999 auf 466 000 Anfang 2002. Die Zahl der Internetcafés, sogenannten „Publinets", liegt inzwischen bei 224[271], die sich auf das gesamte Land verteilen. Für den öffentlichen Sektor existieren derzeit sieben Internetanbieter, für den privaten Gebrauch fünf. Sinkende Zugangstarife sollen einem größt möglichen Bevölkerungsanteil die Nutzung der modernen Technik ermöglichen.[272]

| | Familienvertrag | Gesellschaftsvertrag |
|---|---|---|
| Juni 1996 | 200 | 200 |
| November 1996 | 150 | 150 |
| Juni 1997 | 125 | 125 |
| Dezember 1997 | 50 | 50 |
| Juni 1998 | 30 | 50 |
| Mai 1999 | 21 | 46 |
| Januar 2001 | 10 | 20 |

*Tabelle 2-38 Tarife für einen Internetzugang in TD/Monat (vgl. Ministerium für Internationale Zusammenarbeit und Ausländische Investitionen (Hrsg.): Tunesien-Land der Erfolgschancen, Tunis 2001, o.S.; Agence de Promotion de l'Investissement Extérieur-APIE (Hrsg.): Tunisie-Coûts des Facteurs de Production, Tunis Januar 2002, 36)*

Die tunesische Regierung fördert die Anbindung der schulischen, universitären und öffentlichen Einrichtungen ans Internet.[273]

## Informatik

In Tunesien sind derzeit 835 Unternehmen mit insgesamt 6 500 Arbeitsplätzen im Bereich der Informations- und Telekommunikationstechnik tätig. Jährlich werden etwa 210 Mio. Euro öffentlicher Gelder in diesen Sektor investiert.[274]

---

[271] vgl. o.V.: L'internet tunisien par les chiffres, in: La Presse de Tunisie v. 13.05.2002, o.S.

[272] vgl. Agence Tunisienne d'Internet, unter: http://www.ati.tn, 14.05.2002

[273] vgl. ebd.

[274] vgl. Sandouly, P.; Cohen, J.; Kéfi, R.: Tunisie-Maroc, Le @-match, in: ECONOMIA v. Mai 2002, 72-74

Allein der Technologiepark von Ariana (Großraum Tunis) – die tunesische Version des Silicon Valley – breitet sich auf 25 ha aus, beherbergt etwa 20 Unternehmen mit 500 Angestellten und emportierte im Jahr 2001 Waren und Dienstleistungen im Wert von 50 Mio. TD.[275] Vor Ort ausgebildete Ingenieure und Techniker sind seit 1997 in Ariana tätig und aufgrund der relativ geringen Lohnkosten von internationalem Interesse. Das amerikanische Magazin Wired klassiert diesen Technologiepark zu den 47 besten der Welt im Jahr 2001.[276]

Existierten 1997 erst 128 000 Computer in Tunesien, so stieg deren Zahl bis zum Jahr 2000 auf 208 000, was einem Verhältnis von 2,15 Computern pro 100 Einwohnern entspricht. Mit der Einführung des „Familiencomputers" im November 2000 können einkommensschwache Familien zu günstigen Krediten einen Computer zum Preis von 1000 TD erwerben. Im Jahr 2001 wurden durch dieses Programm 130 000 PCs verkauft.[277]

## 2.7.10  Tourismus

Im Jahr 2001 besuchten 5,387 Mio. ausländische Touristen das Land Tunesien.[278]

Der Anteil des Tourismus am Bruttoinlandsprodukt betrug im selben Jahr 7,1 % und sichert etwa 82 2000 Personen einen direkten Arbeitsplatz und indirekt sogar 200 000 Personen. Der Tourismus, der in den 1960er Jahren in Tunesien Fuß fasste, bildet die wichtigste Deviseneinnahmequelle (2,3 Mrd. TD, 2001) des Landes sowie einen der bedeutendsten Investitionssektoren. Im Jahr 2001 wurden 330,9 Mio. TD investiert, insbesondere in den Bau neuer Hotelanlangen, die Modernisierung von Hotels und den Umweltschutz.

---

[275] vgl. Barrouhi, A.: Matière grise à l'Ariana, in: Jeune Afrique/L'Intelligent v. 18.03.2002, 76

[276] vgl. Sandouly, P.; Cohen, J.; Kéfi, R.: Tunisie-Maroc, Le @-match, in: ECONOMIA v. Mai 2002, 72-74

[277] vgl. ebd.

[278] vgl. Institut National de la Statistique, unter: http://www.ins.nat.tn, 10.06.2002

| | 1998 | 1999 | 2000 | 2001 |
|---|---|---|---|---|
| Realwachstum (%) | 4.9 | 7.8 | 3.5 | 2.5 |
| Investitionen (Mio. TD) | 307.0 | 331.0 | 324.0 | 360.0 |
| Bettenkapazität (in 1000) | 184.6 | 188.6 | 197.5 | 205.6 |
| Einreise von Ausländern (in 1000) | 4 718 | 4 832 | 5 057 | 5 387 |
| Übernachtungen ausländischer Nicht-Residenten (in 1000) | 28 788 | 33 151 | 33 168 | 33 005 |
| Übernachtungen von Residenten (in 1000) | 2 104 | 2 169 | 2 256 | 2 328 |
| Relative Auslastungsrate (%) | 52.5 | 56.5 | 55.8 | 53.2 |
| Durchschnittliche Aufenthaltsdauer (Tage) | 6.1 | 6.9 | 6.6 | 6.1 |
| Bruttodeviseneinnahmen (Mio. TD) | 1 713 | 1 954 | 2 095 | 2 343 |
| Ausgaben/Tourist (TD) | 363 | 404 | 414 | 435 |
| Direkte Arbeitsplätze (in 1000) | 73.8 | 76.8 | 79 | 82 |

*Tabelle 2-39 Tourismusindikatoren (vgl. Banque Centrale de Tunisie (Hrsg.): Rapport annuel 2000, Tunis 2001, 87; Rapport annuel 2001, Tunis 2002, 84; Institut National de la Statistique, unter: http://www.ins.nat.tn, 10.06.2002)*

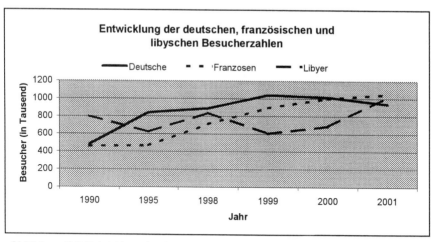

*Abbildung 2-3 Entwicklung der deutschen, französischen und libyschen Besucherzahlen in Tausend (vgl. Institut National de la Statistique, unter: http://www.ins.nat.tn, 10.06.2002)*

Waren es traditionell die Deutschen, die die Besuchslisten Tunesiens anführten, so wandelte sich dieses Bild im Jahr 2001: Die Franzosen bildeten mit 1,05 Mio. Besuchern die stärkste Touristengruppe, gefolgt von 1,02 Mio. Libyern. Die Deutschen nehmen mit nur 935 000 Besuchern den dritten Platz ein.

| | 1990 | 1995 | 1998 | 1999 | 2000 | 2001 |
|---|---|---|---|---|---|---|
| Algerier | 435.2 | 988.6 | 684.2 | 616.4 | 611.6 | 623.1 |
| Deutsche | 479.4 | 837.1 | 883.9 | 1 036.3 | 1 011.3 | 934.7 |
| Österreicher | 38.6 | 65.0 | 106.2 | 138.3 | 110.2 | 114.8 |
| Belgier | 74.4 | 74.2 | 114.9 | 132.4 | 139.8 | 150.7 |
| Briten | 191.4 | 239.6 | 263.8 | 261.9 | 299.4 | 314.7 |
| Dänen | 27.1 | 26.0 | 23.3 | 20.6 | 19.6 | 16.5 |
| Franzosen | 458.1 | 465.1 | 709.0 | 893.7 | 997.9 | 1 047.4 |
| Niederländer | 96.7 | 70.5 | 68.1 | 69.1 | 67.6 | 62.4 |
| Italiener | 189.5 | 245.9 | 328.3 | 354.6 | 393.9 | 398.3 |
| Libyer | 795.8 | 618.7 | 834.5 | 603.1 | 685.2 | 1 016.6 |
| Marokkaner | 143.9 | 26.7 | 45.1 | 37.8 | 37.7 | 35.5 |
| Mittlerer Osten | 45.7 | 33.1 | 45.5 | 32.3 | 27.7 | 30.0 |
| Schweden | 32.7 | 15.5 | 13.1 | 16.2 | 24.5 | 28.4 |
| Schweizer | 48.2 | 74.5 | 84.2 | 110.2 | 118.4 | 114.2 |
| US-Amerikaner | 8.9 | 11.5 | 12.5 | 13.6 | 16.4 | 14.1 |
| Sonstige | 138.2 | 327.8 | 500.9 | 495.2 | 540.1 | 485.9 |
| Gesamt | 3 203.8 | 4 119.8 | 4 717.5 | 4 831.7 | 5 057.2 | 5 387.3 |

*Tabelle 2-40* Einreisen von Nicht-Residenten nach Nationalität (vgl. Institut National de la Statistique, unter: http://www.ins.nat.tn, 10.06.2002)

Wichtigste Touristengebiete sind Nabeul-Hammamet, Djerba-Zarzis und Sousse-Kairouan, auf die insgesamt zwei Drittel der Beherbergungskapazität entfällt. Das verbleibende Drittel wird durch die Zonen Monastir-Skanès, Tunis-Zaghouan, Gafsa-Tozeur, Mahdia-Sfax, Tabarka-Aïn Draham, Bizerte-Béjà sowie Sbeïtla-Kasserine abgedeckt.

Von Europa aus werden nach Tunesien vor allem Pauschalreisen angeboten. Bisher galt Tunesien als preisgünstiges Reiseland und seine Besucher zählten zu den geringer verdienenden Touristen, die durchschnittlich nur 400 Dinar pro Person in Tunesien ausgeben.

| Gebiete | Übernachtungen (in 1000) | | | Auslastungsquote (%) | | |
|---|---|---|---|---|---|---|
| | 1999 | 2000 | 2001 | 1999 | 2000 | 2001 |
| Djerba-Zarzis | 8 631 | 8 518 | 8 627 | 63.2 | 62.8 | 63.7 |
| Sousse-Kairouan | 8 333 | 8 588 | 8 830 | 61.3 | 61.1 | 63.3 |
| Nabeul-Hammamet | 8 137 | 8 312 | 8 268 | 56.3 | 56.0 | 56.0 |
| Monastir-Skanès | 4 162 | 4 186 | 4 085 | 65.9 | 64.8 | 66.5 |
| Tunis-Zaghouan | 2 268 | 2 185 | 2 488 | 37.7 | 35.9 | 38.5 |
| Mahdia-Sfax | 1 821 | 1 709 | 1 674 | 59.1 | 55.8 | 54.4 |
| Gafsa-Tozeur | 1 189 | 1 205 | 1 152 | 36.6 | 38.1 | 34.9 |
| Tabarka-Aïn Draham | 513 | 456 | 445 | 41.2 | 38.2 | 35.7 |
| Bizerte Béjà | 240 | 238 | 254 | 33.3 | 27.8 | 32.2 |
| Sbeïtla-Kasserine | 26 | 27 | 28 | 17.5 | 17.2 | 14.6 |
| Gesamt | 35 320 | 35 424 | 35 852 | 56.5 | 55.8 | 53.2 |

*Tabelle 2-41 Gesamtübernachtungen und Auslastungsquote nach Gebieten (vgl. Banque Centrale de Tunisie (Hrsg.): Rapport annuel 2000, Tunis 2001, 88; o.V.: Nuitées: le statu quo, in: Profession Tourisme v. 10.01.2002, 16)*

Um sein Bild als Billigreiseland aufzupolieren, investiert Tunesien verstärkt in den Bau von 5-Sterne-Hotels und die Entwicklung des Luxustourismus.

Das größte derzeit im Bau befindliche Tourismusprojekt Tunesiens ist die Errichtung der „Medina" in Yasmine-Hammamet. Auf einer Fläche von 55 000 m² wird eine typisch arabische Stadt nachgebaut. Die 2004 öffnende Medina wird das Domizil zahlreicher Händler, Restaurants, aber auch eines Verlages und eines Kinos sein. Rund um die Uhr werden sich Touristen aus aller Welt, aber auch Einheimische unterhalten lassen können.[279]

Um die von April bis September dauernde Hochsaison zu verlängern, bietet Tunesien ein zunehmend breiteres Angebot an wetterunabhängigen Freizeitaktivitäten an: Golf, Thalassotherapie, Animationszentren, Geschäftstourismus, Casino, Jagd, Fischfang, Thermal- und Kulturtourismus etc.

---

[279] vgl. o.V.: Yasmine Hammamet – Tourisme: «La Médina» fin prête en 2004, in: La Presse de Tunisie v. 06.10.2002, o.S.

Ein Problembereich bleibt der interne Tourismus. Lediglich 6 % der gesamten Übernachtungen in tunesischen Hotels entfallen auf Tunesier. Zwar werden in der Nebensaison für Tunesier in Hotels Sonderkonditionen mit Preisnachlässen von bis zu 30 % geboten, um die niedrigen ausländischen Besucherzahlen auszugleichen, jedoch muss das Angebot für den internen Tourismus erweitert werden und ein angemessenes Preis-Leistungs-Verhältnis gefunden werden.

Besonders vom Tourismus abhängige Sektoren sind der Luftverkehr, aber auch das Handwerk, der Handel, die Baubranche, die Landwirtschaft und Nahrungsmittelindustrie. Abgesehen vom Luftverkehr, der mit den sinkenden Besucherzahlen aus Europa zu kämpfen hat, konnten die Aktivitäten im Jahr 2001 erweitert werden.

In Folge der Anschläge des 11. September 2001 und der Weltkonjunktur, sind allein von Januar bis Ende April 2002 die Tourismuseinnahmen im Vergleich zum Vorjahr um 110 Mio. Dinar zurückgegangen und beliefen sich auf 437 Mio. Dinar.[280] Aufgrund des Terroranschlags auf eine Synagoge auf Djerba vom 11. April 2002, dem u.a. 14 deutsche Touristen zum Opfer fielen, musste Tunesien sinkende Tourismuseinnahmen im Jahr 2002 verkraften.


## 2.8 Arbeitsmarkt

Die Zahl der aktiven Bevölkerung in Tunesien beläuft sich derzeit auf etwa 3,3 Mio. Menschen. Frauen stellen 24 % der beschäftigten Bevölkerung. 22 % der Beschäftigten sind in der Landwirtschaft und in der Fischerei tätig, 33,9 % in der Industrie und 44,1 % im Handel und im Dienstleistungssektor. Im öffentlichen Sektor ist etwa ein Viertel der arbeitenden Bevölkerung beschäftigt. Die reellen Zahlen scheinen hingegen von eben genannten Zahlen zu differieren, da allein in der Landwirtschaft viele Familienmitglieder, die nicht von den Statistiken erfasst sind, beschäftigt werden und in der Saison weitere Tageskräfte engagiert werden.

---

[280] vgl. Barrouhi, A.: Le temps de l'austérité, in: Jeune Afrique/L'Intelligent v. 20.05.2002, 82-83

| | 1966 | 1975 | 1984 | 1989 | 1994 | 1997 | 2001 |
|---|---|---|---|---|---|---|---|
| Aktive Bevölkerung (in 1000) | 1 093.7 | 1 621.8 | 2 137.2 | 2 360.6 | 2 772.4 | 2 978.3 | 3 292.7 |
| Gesamtbeschäftigung (%) | 45.6 | 50.2 | 50.5 | 48.1 | 48.4 | 48.6 | 47.9 |
| - Männer | 85.5 | 81.1 | 78.6 | 75.4 | 73.8 | 73.4 | 71.9 |
| - Frauen | 5.6 | 18.9 | 21.8 | 20.3 | 22.9 | 23.7 | 24.0 |
| Arbeitslosenquote | - | 12.9 | 13.1 | - | 15.6 | 15.7 | 15.0 |

*Tabelle 2-42 Beschäftigungszahlen (vgl. Institut National de la Statistique, unter: http://www.ins.nat.tn, 10.06.2002; République Tunisienne, Programme des Nations Unies pour le Développement (Hrsg.): Rapport National sur le Développement Humain 1999, o.O. 2000, o.S.)*

Die hohe Arbeitslosigkeit, die sich offiziell auf 15 % beläuft, bildet eine der Hauptsorgen der tunesischen Regierung. Die tatsächliche Arbeitslosenrate liegt vermutlich höher. Vor allem unter Hochschulabsolventen wird die Arbeitslosenquote auf mehr als 20 % geschätzt.

| | 1994 | 1997 | 1999 | 2000 | 2001 |
|---|---|---|---|---|---|
| Landwirtschaft und Fischerei | 21.9 | 22.0 | 22.7 | 22.1 | 22.0 |
| Industrie, Bergbau, Energie, Baubranche | 35.0 | 34.0 | 33.8 | 33.2 | 33.9 |
| Handel und Dienstleistungen | 43.1 | 44.0 | 43.5 | 44.7 | 44.1 |

*Tabelle 2-43 Struktur der Arbeitsplätze nach Sektoren in % (vgl. Institut National de la Statistique, unter: http://www.ins.nat.tn, 10.06.2002)*

Je nach Region variiert die Arbeitslosigkeit. Besonders hoch ist sie mit über 20 % in den Regionen Jendouba und Le Kef im Nord-Westen und mit über 25 % in Gafsa im Süd-Westen Tunesiens.[281]

Um besonders Jugendliche und Hochschulabsolventen in den Arbeitsmarkt zu integrieren, wurden zahlreiche staatliche Programme mit einem Investitionsvolumen von 169,5 Mio. Dinar im Jahr 2000 gestartet. Die mit Hilfe dieser staatlichen Programme geschaffenen Arbeitsplätze sind jedoch für die zusätzliche Nachfrage noch unzureichend.[282]

---

[281] vgl. The Economist Intelligence Unit (Hrsg.): Tunisia-Country Profile 2001, London 2001, 25

[282] vgl. Banque Centrale de Tunisie: Rapport annuel 2000, Tunis 2001, 104

| | 1996 | 1997 | 1998 | 1999 | 2000 | 2001 |
|---|---|---|---|---|---|---|
| Fischerei | 1 000 | 550 | 900 | 600 | 600 | 600 |
| Bergbau und Energie | -430 | 150 | -50 | -600 | 100 | 550 |
| Bauwesen | 4 500 | 3 500 | 2 300 | 3 000 | 3 600 | 5 000 |
| Verarbeitende Industrie | 13 000 | 16 000 | 18 200 | 18 400 | 20 400 | 21 500 |
| Transport und Telekommunikation | 3 250 | 3 700 | 4 250 | 7 100 | 6 000 | 7 100 |
| Tourismus | 3 200 | 3 600 | 2 600 | 2 900 | 3 700 | 3 000 |
| Sonstige Dienstleistungen | 23 780 | 22 600 | 25 800 | 24 200 | 24 000 | 27 500 |
| Verwaltung | 7 000 | 7 900 | 7 000 | 7 400 | 8 600 | 6 800 |
| Gesamt | 55 300 | 58 000 | 61 000 | 63 000 | 67 000 | 72 050 |

*Tabelle 2-44 Schaffung von Arbeitsplätzen in der Fischerei und im nicht-landwirtschaftlichen Bereich (vgl. Banque Centrale de Tunisie (Hrsg.): Rapport annuel 2000, Tunis 2001, 106; Rapport annuel 2001, Tunis 2002, 106)*

Die gesetzlich garantierten Mindestlöhne werden jedes Jahr um geringe Prozentpunkte angehoben und liegen derzeit monatlich bei 170,905 Dinar für eine 40-Stunden-Woche. Im Vergleich zu Westeuropa schneidet Tunesien damit bei den Lohnkosten als Land mit relativ preisgünstiger Arbeitskraft ab.

Derzeit gelangen nach beruflicher Ausbildung jährlich ca. 800 Techniker auf den tunesischen Arbeitsmarkt, deren Zahl sich bis 2004 auf 6000 erhöhen soll. Jedes Jahr schließen 25 000 Studenten erfolgreich ihr Studium ab, davon etwa 1000 Ingenieure. Bis zum Jahr 2004 soll die jährliche Zahl an Ingenieur-Absolventen auf 1500 ansteigen.[283]

Abgesehen von den 226 000 Studenten, die an den tunesischen Universitäten eingeschrieben sind, studieren 15 000 tunesische Jugendliche an Hochschulen und Universitäten im Ausland, vor allem in den USA, Kanada, Frankreich und Deutschland.[284]

---

[283] vgl. Ministère du Développement Economique (Hrsg.): Note d'orientation du Xe Plan (2002-2006), o.O. o.J., o.S.
[284] vgl. ebd.

| | November 1997 | August 1998 | August 1999 | Mai 2000 | Juli 2001 |
|---|---|---|---|---|---|
| Mindestlohn (SMIG) 48-Stunden-Woche | 170.352 | 172.848 | 180.960 | 186.992 | 195.520 |
| Mindestlohn (SMIG) 40-Stunden-Woche | 149.237 | 151.664 | 158.771 | 163.798 | 170.905 |
| Mindestlohn in der Land- wirtschaft (SMAG)/Tag | 5.209 | 5.309 | 5.609 | 5.809 | 6.059 |

*Tabelle 2-45 Entwicklung der Mindestlöhne in TD (vgl. Banque Centrale de Tunisie (Hrsg.): Rapport annuel 2000, Tunis 2001, 107; Dekret Nr. 2001-1746 vom 1. August 2001)*

## 2.9 Inflation

Die Inflationsrate in Tunesien hält sich in überschaubaren Grenzen. Die Differenz in der Inflationsrate im Vergleich zu den bedeutendsten Wirtschaftspartnern, vor allem in der Europäischen Union, wurde in den letzten Jahren verringert.

Trotz steigender Nachfrage im Inland, steigender Lohnkosten, schlechterer Ernten und folglich höherer Lebensmittelpreise, wurde die Inflationsrate im Jahr 2001 bei 1,9 % gehalten.

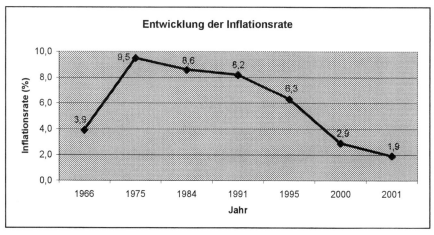

*Abbildung 2-4 Entwicklung der Inflationsrate in % (vgl. République Tunisienne, Programme des Nations Unies pour le Développement (Hrsg.): Rapport National sur le Développement Humain 1999, o.O. 2000, o.S.; Institut National de la Statistique, unter: http://www.ins.nat.tn, 10.06.2002)*

## 2.10 Staatshaushalt/Budget

Im Jahr 2001 belief sich das Haushaltsdefizit auf 920,1 Mio. Dinar. Die tunesische Regierung hat sich zum Ziel gesetzt, dieses Defizit in den kommenden Jahren unter Kontrolle zu halten und zu verringern. Als Ergebnis von Ausgabenkürzungen konnte das Defizit von 5,9 % im Jahr 1991 bis zum Jahr 2001 auf 2,4 % des BIP gesenkt werden.

Der tunesische Staatshaushalt wird zukünftig bedeutend vom Tarifabbau im Rahmen des Europa-Mittelmeer-Abkommens und der verstärkten Privatisierung von Staatsunternehmen beeinflusst werden.

|                    | 1991    | 1995    | 2000     | 2001     |
|--------------------|---------|---------|----------|----------|
| Staatseinnahmen    | 4 616.4 | 6 405.9 | 9 936.0  | 10 821.7 |
| Staatsausgaben     | 4 650.6 | 6 611.7 | 10 603.6 | 10 659.9 |
| Haushaltsdefizit   | -755.7  | -744.3  | -651.7   | -920.1   |
| - in % des BIP     | 5.9     | 4.4     | 2.4      | 2.4      |

*Tabelle 2-46* Staatshaushalt in Mio. TD (vgl. Institut National de la Statistique, unter: http://www.ins.nat.tn, 10.06.2002)

Aufgrund steigender Einkommen und mittel- als auch langfristiger Geldanlagemöglichkeiten, erhöht sich die Sparrate von Jahr zu Jahr und belief sich im Jahr 2001 auf 24,6 % des Bruttoinlandprodukts.

| 1986 | 1991 | 1996 | 1997 | 1998 | 1999 | 2000 | 2001 |
|------|------|------|------|------|------|------|------|
| 15.6 | 22.0 | 23.7 | 24.4 | 24.5 | 25.6 | 25.5 | 24.6 |

*Tabelle 2-47* Sparquote in % vom BIP (vgl. Agence Tunisienne de Communication Extérieure, unter: http://www.tunisie.com, 03.05.2002)

## 2.11 Bankensektor und Finanzmarkt

Mit dem Ziel, die Investitionen anzukurbeln, den Finanzmarkt an die neuen Finanzbedürfnisse anzupassen und eine bessere Kapitalmobilität zu ermöglichen, werden seit 1988 Finanzreformen durchgeführt. Tunesiens Finanzpolitik soll sich in Zukunft zunehmend am Marktmechanismus orientieren.

Die Liberalisierung des Finanzmarktes brachte wesentliche Reformen mit sich: Konvertibilität des Dinars für laufende Operationen, freier Transfer der Nettosumme oder der Auflösung des investierten Kapitals in Devisen und der Gewinne, Privatisierung der Wertpapierbörse, Fusion von Handels- und Entwicklungsbanken, Liberalisierung der Zinssätze, Schaffung eines interbankären Devisenmarktes, Angebot neuer an die Bedürfnisse der Unternehmen angepasste Finanzprodukte.

## Bankensektor

Tunesien verfügt heute über ein relativ gut entwickeltes Bankensystem. Der Bankensektor setzt sich aus 14 Handelsbanken, 8 Entwicklungsbanken, 2 Geschäftsbanken, 8 Offshore-Banken sowie 9 Leasinggesellschaften, 2 Factoring-Gesellschaften und 4 Repräsentanzbüros ausländischer Banken zusammen. Das gesamte Land zählt 850 Filialen.[285]

Die 1958 gegründete Zentralbank Banque Centrale de Tunisie (BCT) reguliert den Finanzsektor und erfüllt alle gewöhnlichen Funktionen einer Zentralbank. Sie beobachtet das Bankensystem und hat das alleinige Recht, Geld zu emittieren.

Die Afrikanische Entwicklungsbank und die Afreximbank werden in Zukunft Büros in Tunis einrichten.[286]

Das tunesische Bankensystem gilt jedoch noch als unwirtschaftlich und vom Staat dominiert. Durch zahlreiche Fusionen soll die hohe Anzahl an spezialisierten Banken gesenkt werden und eine kleinere Zahl an starken multifunktionalen Banken an deren Stelle treten. Laut eines Abkommens mit der Welthandelsorganisation und der Europäischen Union wird der Bankensektor seit 2001 für ausländische Konkurrenz geöffnet.[287]

---

[285] vgl. Agence Tunisienne de Communication Extérieure, unter: http://www.tunisie.com, 03.03.2002

[286] vgl. Barrouhi, A: Siège «alternatif» pour la Bad, in: ECONOMIA v. 18.04. 2002, 13

[287] vgl. The Economist Intelligence Unit (Hrsg.): Tunisia – Country Profile 2001, London 2001, 32-34

Bereits seit 1997 wird ein Modernisierungsprogramm für den Banken-sektor durchgeführt. Im Bereich der Sicherheit wurde beispielsweise eine interbankäre Transportgesellschaft gegründet. Im gesamten Land wird noch vor Ende 2002 der papierlose Zahlungsverkehr möglich sein. Mit 400 000 Magnetstreifenkarten und mehr als 400 Geldautomaten gehört Tunesien zu einem der entwickeltsten Länder des afrikanischen Kontinents. Die meisten tunesischen Banken verfügen bereits über eine Internetseite, auf der unterschiedlichste Operationen durchführbar sind.[288]

Mit der Entwicklung des Telebankings in den kommenden fünf Jahren werden auch ausländische Banken einen Teil des tunesischen Marktes übernehmen. Ab 2004 könnten sich im Rahmen der Abkommen mit der Welthandelsorganisation ausländische Banken in Tunesien niederlas-sen.[289]

**Finanzmarkt**

Die Börse von Tunis besteht seit 1969, galt bis 1989 jedoch lediglich als Stelle, die Transaktionen registriert hat und kaum mit der Mobilisie-rung von Spareinlagen zu tun hatte. Im Rahmen der Finanzmarktrefor-men seit 1994, wurde die Börse von Tunis privatisiert und die Verwal-tung der Börse an die Wertpapierbörse von Tunis übertragen.[290]

Ein Finanzmarktausschuss reglementiert als autonomes Organ den Sektor und kontrolliert die Geschäfte im Interesse der Investoren. In den 1990er Jahren stieg die Zahl der zugelassenen Investmentfonds an. So gab es zu Beginn 2001 28 Investierungsgesellschaften mit wech-selndem Grundkapital, die als Alternative zu Bankeinlagen gelten, 87 Investmentfonds sowie 26 Risikokapitalfonds.[291]

Fast 15 Jahre nach der Einführung der Börsenreformen besitzt die Bör-se heute ein großes Wachstumspotential und konnte eine Reihe positi-

---

[288] vgl. Kéfi, R: L'écart avec le Nord diminue lentement, Tunisie-En pointe sur la monétique, in: Jeune Afrique/L'Intelligent v. 13.05.2002, 74-76
[289] vgl. ebd.
[290] vgl. Publi-Performances: Entreprendre en Tunisie, o.O. o.J., 200-207
[291] vgl. ebd.

ver Resultate erreichen: im Jahr 2002 sind bisher 45 Unternehmen an der Börse notiert. Das Aktienangebot erhöhte sich aufgrund der Privatisierung zahlreicher staatlicher Unternehmen. Ausländische Investoren trugen zum Anstieg des direkten Aktienkaufs bei, derzeit liegen 20,7 % der Börsenkapitalisierung in Händen ausländischer Investoren. Der Erwerb von Unternehmensaktien durch Ausländer unterliegt für bis zu 49,99 % keiner Genehmigung.[292]

## 2.12 Zahlungsbilanz

Das laufende Defizit der Zahlungsbilanz konnte von 9,4 % des BIP im Jahr 1993 auf 4,3 % im Jahr 2001 gesenkt werden.[293] Die steigende Binnennachfrage schlägt sich trotz steigender Exporte Tunesiens im laufenden Defizit nieder, das weiterhin relativ hoch ausfällt.

Seit über 20 Jahren verzeichnet Tunesien Defizite im Außenhandel. Die Exporte deckten 2001 nur zu 69,6 % die Importe ab. Zwar konnten die Exporte von Produkten der verarbeitenden Industrie gesteigert werden, jedoch gingen die Rohöl- und Phosphatexporte zurück. Die bedeutendsten Industriezweige, wie Textilien, Leder, mechanische und elektrische Industrie, arbeiten zu einem Großteil in Lohnveredelung und verarbeiten importierte Roh- und Halbwaren zu Enderzeugnissen, die im Anschluss reexportiert werden. Eine Exportsteigerung steht damit unzertrennlich in Zusammenhang mit einer Importsteigerung. Neben anderen Faktoren, werden aufgrund steigender Einkommen auch mehr Konsumgüter importiert.[294]

Die laufenden Zahlungen unterlagen in den letzten Jahren einer ungünstigen Konjunktur, sowohl im nationalen als auch im internationalen Rahmen.

---

[292] vgl. ebd.; Ministerium für Internationale Zusammenarbeit und Ausländische Investitionen (Hrsg.): Tunesien – Land der Erfolgschancen, Tunis 2002, o.S.

[293] vgl. Ministerium für Internationale Zusammenarbeit und Ausländische Investitionen (Hrsg.): Tunesien – Land der Erfolgschancen, Tunis 2002, o.S.

[294] vgl. The Economist Intelligence Unit (Hrsg.): Tunisie – Country Profile 2001, London 2001, 36

Die für die Landwirtschaft schlechten klimatischen Bedingungen wirkten sich negativ auf die Nahrungsmittelbilanz, die im Jahr 2001 ein bedeutendes Defizit verzeichnete.

Die starke industrielle Aktivität Tunesiens hat die Importe von Ausrüstungsgütern, Rohstoffen und Halbfertigwaren ansteigen lassen. Die steigenden Exporte konnten die Zahlungen für Importe jedoch nicht decken.

Traditionell gleicht der Dienstleistungsbereich Tunesiens einen Großteil des Defizits aus, v.a. aufgrund seiner Tourismuseinnahmen. Der Dienstleistungssektor, Bereiche wie technische Dienstleistungen und Informatik inbegriffen, bleibt damit für Tunesien die wichtigste Deviseneinnahmequelle.

## 2.13 Auslandsverschuldung

Die Auslandsverschuldungsrate konnte in den letzten Jahren gesenkt werden. Lag sie 1990 noch bei 52,6 %, so sank sie bis 2001 auf 52,2 % des BSP. Die aktuelle Auslandsverschuldung Tunesiens beläuft sich auf 15 010 Mio. Dinar. Tunesien hielt bisher seine Verpflichtungen ein und war nie gezwungen, eine Verschuldungsverlängerung zu beantragen. Der Auslandsschuldendienst liegt derzeit bei etwa 14,9 % der laufenden Einnahmen.[295]

| | 1990 | 1993 | 1996 | 1999 | 2001 |
|---|---|---|---|---|---|
| Auslandsverschuldung (Mio. TD) | 5 810 | 7 794 | 9 620 | 12 795 | 15 010 |
| Auslandsverschuldung in % des verfügbaren Bruttosozialprodukts | 52.6 | 54.0 | 51.0 | 51.8 | 52.2 |
| Auslandsschuldendienst in % der laufenden Einnahmen | 20.0 | 19.9 | 18.1 | 15.6 | 14.9 |

*Tabelle 2-48* Auslandsverschuldung (vgl.: Institut National de la Statistique, unter: http://www.ins.nat.tn, 10.06.2002)

---

[295] vgl. Institut National de la Statistique, unter: http://www.ins.nat.tn, 10.06.2002

## 2.14 Wechselkursregime[296]

Die Ein- und Ausfuhr von tunesischen Dinar ist verboten. Der Um- oder Rücktausch bei Privatpersonen in Tunesien ist untersagt. Reisende dürfen ohne Mengenbeschränkung Geldscheine, Schecks und andere Zahlungsmittel in ausländischer Währung nach Tunesien einführen. Bargeldbeträge müssen jedoch bei Einreise beim Zoll deklariert werden, wenn sie auf ein Devisenkonto oder auf ein konvertibles Dinarkonto eingezahlt werden sollen oder wenn der Reisende einen Betrag in einem Gegenwert von mehr als 1000 Dinar wieder ausführen will. Bis zu einem Gegenwert von unter 1000 Dinar können bei Banken eingetauschte Dinar gegen Vorlage des Umtauschbeleges wieder zurückgetauscht werden.

Der Rücktransfer von Gewinnbeteiligungen, Nettoerlösen aus dem Verkauf oder aus der Auflösung von investiertem Kapital in Devisen, einschließlich des Wertzuwachses, ist für ausländische Investoren garantiert, soweit die Investition durch den Import von Devisen erfolgte und die rechtlichen Investitionsbestimmungen beachtet worden sind. Bei Investitionsvorhaben, die sich nicht nach dem Investitionsgesetzbuch richten, muss jedoch vor Beginn der Investition die Erlaubnis der tunesischen Zentralbank eingeholt werden.

Der Transfer der Gewinne, Dividenden, Tantiemen, Gewinnausschüttungen in das Ausland erfolgt mit Einschaltung einer zugelassenen tunesischen Bank. Hierfür sind der Bank verschiedene Dokumente vorzulegen, wie u.a. ein Protokoll der Hauptversammlung, eine Liste aller Gesellschafter oder Aktionäre oder Anteilseigner und ihres Wohnsitzes, die von einem Wirtschaftsprüfer geprüfte Bilanz sowie die Steuererklärung für das betreffende Geschäftsjahr.

Non-Résidents und Résidents mit ausländischer Staatsangehörigkeit können problemlos ein Devisenkonto oder ein Konto für konvertible Dinar eröffnen und unterhalten. Auf dieses Konto können nur Devisen eingezahlt oder überwiesen werden. Überweisungen können sowohl in Dinar als auch in Devisen in das Ausland getätigt werden. Sollen

---

[296] vgl. Les Guides MarCom: Guidexport Tunisie, o.O., o.J., 142-154

Überweisungen von einem reinen Dinarkonto auf das Konto für konvertible Dinar erfolgen, muss die tunesische Zentralbank eingeschaltet werden.

Ausländer, die Non-Résidents sind und ein Gehalt in Dinar erhalten, können ein Inlandkonto INR eröffnen. Arbeitnehmer von Exportbetrieben, die Non-Résidents sind, erhalten ihr Gehalt üblicherweise auf ein Konto INRE (compte intérieur non-résident exportation). Handelt es sich bei dem Exportbetrieb um einen als Résident geltenden, wird die Vergütung in Dinar gezahlt. 50 % des Nettoeinkommens können bis spätestens drei Monate nach Beendigung des Arbeitsvertrages in das Ausland transferiert werden.

Grundsätzlich ist jeder Zahlungsverkehr zwischen Résidents und Non-Résidents von einer Erlaubnis der tunesischen Zentralbank abhängig. Der Dinar ist jedoch für laufende Geschäfte im kaufmännischen Geschäftsverkehr, unter Einschaltung einer tunesischen Bank, konvertierbar.[297]

## 2.15 Wirtschaftliche Szenarien

In den kommenden Jahren wird Tunesien vor allem der Herausforderungen des Zollabbaus im Zuge der Umsetzung des Freihandelsabkommens mit der Europäischen Union standhalten müssen. Zahlreiche neue Unternehmen und damit Konkurrenten, die momentan auf dem internationalen Markt noch erfahrener sind als die tunesischen Unternehmen und darüber hinaus zum Grossteil qualitativ bessere Produkte bieten als ihre tunesischen Kollegen, werden den tunesischen Markt erobern.

Darüber hinaus ist die Regierung gefragt, eine Vielzahl neuer Arbeitsplätze zu schaffen, um der steigenden Nachfrage, insbesondere von Seiten der Hochschulabsolventen, gerecht zu werden.

---

[297] vgl. Deutsch-Tunesische Industrie- und Handelskammer, unter: http://www.ahktunis.org, 10.06.2002

Es ist zu erwarten, dass die geplanten Wirtschaftswachstumsraten zumindest für das Jahr 2002 nicht erreicht werden. Zum einen wird die seit vier Jahren anhaltende Trockenheit die landwirtschaftliche Produktion beeinträchtigen und zum anderen leidet der Tourismussektor unter den Folgen der Anschläge des 11. September 2001 in den USA und unter dem Anschlag auf die Synagoge La Ghriba auf Djerba vom 11. April 2002. Allein in der Landwirtschaft wird geschätzt, dass aufgrund der fallenden Produktion 50 % der Arbeitstage in diesem Sektor kurzfristig wegfallen werden.[298] Die wirtschaftliche Bedeutung der Landwirtschaft und des Tourismus ist zu groß, als dass eine Krise in diesen Bereichen für die restliche Wirtschaft ohne Folgen bliebe.

War im Jahre 1990 Algerien noch die stärkste Wirtschaftskraft in Nordafrika mit einem Pro-Kopf-Einkommen von 2 400 US$, gegen 1430 US$ in Tunesien, so hat sich dieses Bild zehn Jahre später bereits gewandelt: das Pro-Kopf-Einkommen des Algeriers fiel um ein Drittel und das des Tunesiers stieg um 50 %, wodurch sich die Tunesier das höchste Pro-Kopf-Einkommen in Nordafrika (abgesehen von Libyen) erwirtschaftet haben. Geschätzt wird, dass es für Tunesien bis zum Jahr 2010 auf ca. 3 500 US$ steigen wird und das Land damit die Region Nordafrika anführen wird.[299]

---

[298] vgl. Barrouhi, A.: Le temps d'austérité, in: Jeune Afrique/L'Intelligent v. 20.05.2002, 82-83

[299] vgl. Gharbi, S.: Disparités nord-africaines, in: Jeune Afrique/L'Intelligent v. 20.05.2002, 83

# 3   Marktbearbeitung

Das folgende Kapitel setzt sich mit dem Außenhandel Tunesiens und der Bearbeitung des tunesischen Marktes auseinander. Nach einer konkreten Betrachtung des weltweiten und im Speziellen des deutsch-tunesischen Außenhandels, wird für mögliche unternehmerische Tätigkeiten in Tunesien über die Geschäftsabwicklung, das Zoll- und Außenhandelsregime und das gültige tunesische Recht informiert.

Im Anschluss daran wird der tunesische Markt u.a. anhand veröffentlichter Studien eingeschätzt und einer eigenen Bewertung unterzogen. Chancen, Risiken und Potentiale des tunesischen Marktes werden aufgezeigt.

## 3.1   Wirtschaftsbeziehungen und Außenhandel

Der vorliegende Abschnitt beschäftigt sich mit dem Außenhandel Tunesiens. Überblicksartig wird der weltweite Außenhandel dargestellt, um im Anschluss auf den deutsch-tunesischen Handelsaustausch einzugehen.

Für potentielle Tunesien-Investoren werden außerdem notwendige Informationen zur Geschäftsabwicklung, zum Zoll- und Außenhandelsregime als auch zum geltenden Rechtssystem in Tunesien erteilt.

### 3.1.1   Außenhandel weltweit

Tunesien ist ein stark vom Export abhängiges Land und verfolgt den Weg der Wirtschaftsöffnung nach außen. Erste Handelsabkommen wurden bereits in den 1960er Jahren abgeschlossen, als das Land beobachtendes Mitglied der GATT war. 1990 trat Tunesien dem Abkommen der GATT und 1995 seinem Nachfolger, der Welthandelsorganisation, bei.[300]

---

[300] vgl. Publi-Performances: Entreprendre en Tunisie, o.O., o.J., 38-40

Seit 1976 ist Tunesien durch multilaterale Abkommen mit dem europäischen Markt verbunden. Im Jahr 1995 wurde die bisherige wirtschaftliche Zusammenarbeit durch eine wirtschaftliche, politische und soziale Partnerschaft im Hinblick auf die Integration Tunesiens in die europäisch-mediterrane Freihandelszone ersetzt.[301]

Regionale Abkommen sind vor allem mit den Ländern des Maghreb im Rahmen der Union des Arabischen Maghreb zustande gekommen. Tunesiens Hauptimport- als auch –exportländer befinden sich traditionell jedoch auf dem europäischen Kontinent, angeführt von Frankreich, Italien und Deutschland, auf die allein im Jahr 2001 63,9 % der Exporte entfielen.[302]

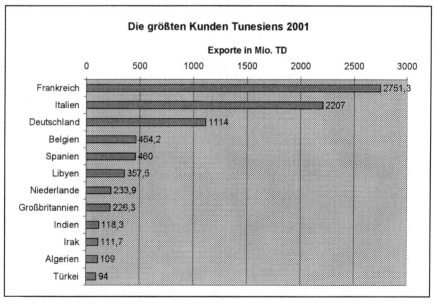

**Abbildung 3-1** *Die größten Kunden Tunesiens 2001 (vgl.: Institut National de la Statistique, unter: http://www.ins.nat.tn, 10.06.2002)*

---

[301] vgl. Europäische Union, unter: http://www.europa.eu.int, 05.04.2002
[302] vgl. Publi-Performances: Entreprendre en Tunisie, o.O., o.J., 38-40

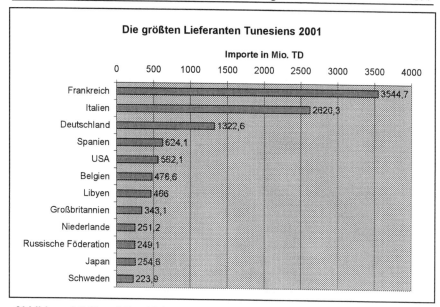

**Abbildung 3-2** *Die größten Lieferanten Tunesiens 2001 (vgl.: Institut National de la Statistique, unter: http://www.ins.nat.tn, 10.06.2002)*

Tunesien weist im weltweiten Außenhandel seit Jahren hohe Defizite auf. Die Importe übersteigen regelmäßig die Exporte, so dass der Saldo zwischen Ein- und Ausfuhren im Jahr 2001 die 4 Mrd. Dinar-Grenze überschritt. Die Deckungsrate konnte seit 1990 jedoch langsam verbessert werden und belief sich 2001 auf 69,6 %.

| | 1990 | 1995 | 1999 | 2000 | 2001 |
|---|---|---|---|---|---|
| **Exporte** | 3 087.4 | 5 172.9 | 6 966.9 | 8 004.8 | 9 503.7 |
| **Importe** | 4 826.4 | 7 464.1 | 10 070.5 | 11 738.0 | 13 658.3 |
| **Saldo** | -1 739.0 | -2 291.2 | -3 103.6 | -3 733.2 | -4 154.6 |
| **Deckungsrate (%)** | 64.0 | 69.3 | 69.2 | 68.2 | 69.6 |
| **Wachstumsrate Exporte (%)** | 11.0 | 10.1 | 6.9 | 14.9 | 18.7 |
| **Wachstumsrate Importe (%)** | 15.9 | 12.3 | 6.0 | 16.6 | 16.4 |

**Tabelle 3-1** *Handelsbilanz in Mio. TD (vgl.: Institut National de la Statistique, unter: http://www.ins.nat.tn, 10.06.2002)*

| Sektor | 1995 | 1999 | 2000 | 2001 |
|---|---|---|---|---|
| Landwirtschaft, Nahrungsmittel | 365.5 | 552.2 | 453.7 | 453.8 |
| Energie | 436.9 | 498.0 | 967.5 | 877.7 |
| Bergbau, Phosphate | 525.2 | 712.6 | 716.9 | 765.0 |
| Sonstige Zwischenprodukte | 817.6 | 1 203.1 | 1 423.9 | 1 699.8 |
| Ausrüstungsgüter | 265.0 | 365.3 | 486.1 | 669.6 |
| Sonstige Konsumgüter | 2 762.7 | 3 635.7 | 3 956.7 | 5 037.8 |
| Gesamt | 5 172.9 | 6 966.9 | 8 004.8 | 9 503.7 |

*Tabelle 3-2* Struktur der Exporte weltweit nach Produktgruppen in Mio. TD (vgl. Institut National de la Statistique, unter: http://www.ins.nat.tn, 10.06.2002)

| Sektor | 1995 | 1999 | 2000 | 2001 |
|---|---|---|---|---|
| Landwirtschaft, Nahrungsmittel | 679.7 | 532.0 | 668.1 | 741.2 |
| Energie | 511.3 | 641.8 | 1 198.1 | 1273.4 |
| Bergbau, Phosphate | 179.1 | 186.9 | 237.5 | 236.6 |
| Sonstige Zwischenprodukte | 3 433.4 | 4 386.6 | 4 778.5 | 5 846.1 |
| Ausrüstungsgüter | 1 711.0 | 3 066.0 | 3 451.2 | 3 757.1 |
| Sonstige Konsumgüter | 949.6 | 1 257.2 | 1 404.6 | 1 803.9 |
| Gesamt | 7 464.1 | 10 070.5 | 11 738.0 | 13 658.3 |

*Tabelle 3-3* Struktur der Importe weltweit nach Produktgruppen in Mio. TD (vgl. Institut National de la Statistique, unter: http://www.ins.nat.tn, 10.06.2002)

| | 1995 | 1996 | 1997 | 1998 | 1999 | 2000 | 2001 |
|---|---|---|---|---|---|---|---|
| Afrika | 437.4 | 385.5 | 430.4 | 409.2 | 484.7 | 520.9 | 670.5 |
| - Algerien | 175.2 | 93.6 | 41.8 | 30.7 | 50.0 | 84.3 | 109.0 |
| - Libyen | 181.8 | 190.7 | 284.3 | 251.5 | 286.5 | 288.9 | 357.5 |
| - Marokko | 25.3 | 36.5 | 36.5 | 45.7 | 43.6 | 34.8 | 58.7 |
| - sonstige afrikanische Länder | 55.1 | 64.7 | 67.8 | 81.3 | 104.6 | 112.9 | 145.3 |
| Amerika | 110.9 | 119.4 | 102.2 | 95.0 | 88.6 | 158.3 | 155.8 |
| - Brasilien | 14.9 | 18.2 | 23.9 | 26.6 | 5.1 | 39.9 | 26.6 |
| - USA | 65.3 | 42.8 | 41.4 | 32.3 | 52.3 | 57.6 | 91.3 |
| - sonstige amerikanische Länder | 30.7 | 58.4 | 36.9 | 36.1 | 31.2 | 60.8 | 37.9 |
| Asien | 261.2 | 286.2 | 366.7 | 386.7 | 389.1 | 434.6 | 484.9 |
| - China | 29.4 | 18.1 | 27.6 | 38.0 | 35.3 | .5 | 22.6 |
| - Indien | 92.2 | 116.2 | 169.1 | 181.4 | 179.0 | 149.1 | 118.3 |

| | | | | | | | |
|---|---|---|---|---|---|---|---|
| - Japan | 15.3 | 16.8 | 9.9 | 12.4 | 14.3 | 20.1 | 15.7 |
| - sonstige asiatische Länder | 124.3 | 135.1 | 160.1 | 71.5 | 160.5 | 264.9 | 328.3 |
| Europa | 4 201.6 | 4 420.2 | 4 985.6 | 5 395.5 | 5 771.1 | 6 595.0 | 7 789.5 |
| - Deutschland | 813.5 | 839.6 | 893.4 | 1 006.1 | 974.5 | 1 001.8 | 1 114.0 |
| - Belgien | 337.4 | 385.0 | 375.6 | 392.5 | 401.6 | 406.1 | 464.2 |
| - Frankreich | 1 451.6 | 1 380.0 | 1 564.4 | 1 760.1 | 1 835.0 | 2 145.7 | 2 751.3 |
| - Italien | 988.3 | 1 113.1 | 1 312.3 | 1 392.7 | 1 575.1 | 1 842.2 | 2 207.0 |
| - Niederlande | 147.5 | 167.0 | 173.4 | 216.1 | 211.1 | 280.7 | 233.9 |
| - Polen | 16.0 | 15.1 | 18.6 | 16.5 | 19.3 | 14.7 | 17.4 |
| - Großbritannien | 77.1 | 103.6 | 178.8 | 137.0 | 121.4 | 175.7 | 226.3 |
| - Schweden | 10.2 | 9.3 | 8.5 | 15.6 | 22.4 | 28.3 | 18.9 |
| - Schweiz | 45.5 | 26.5 | 56.7 | 75.3 | 25.3 | 70.8 | 50.8 |
| - Spanien | 209.3 | 194.1 | 221.2 | 226.5 | 389.3 | 434.4 | 460.0 |
| - sonstige europäische Länder | 105.2 | 186.9 | 182.7 | 157.3 | 196.1 | 194.6 | 245.7 |
| Andere Herkunft | 161.4 | 160.7 | 263.0 | 231.9 | 233.1 | 296.0 | 403.0 |
| Gesamt | 5 172.5 | 5 372.0 | 6 147.9 | 6 518.3 | 6 966.9 | 8 004.8 | 9 503.7 |

*Tabelle 3-4* Exporte Tunesiens nach Ländern in Mio. TD (vgl. Institut National de la Statistique, unter: http://www.ins.nat.tn, 10.06.2002)

| | 1995 | 1996 | 1997 | 1998 | 1999 | 2000 | 2001 |
|---|---|---|---|---|---|---|---|
| Afrika | 510.2 | 501.5 | 521.5 | 438.6 | 514.6 | 773.5 | 844.9 |
| - Algerien | 169.9 | 123.8 | 84.5 | 57.0 | 63.1 | 119.9 | 119.1 |
| - Libyen | 192.6 | 228.5 | 268.6 | 198.3 | 281.4 | 437.7 | 466.0 |
| - Marokko | 56.4 | 57.1 | 53.7 | 58.0 | 51.1 | 87.1 | 93.1 |
| - sonstige afrikanische Länder | 91.3 | 92.1 | 114.5 | 125.3 | 119.0 | 128.8 | 166.7 |
| Amerika | 555.7 | 527.1 | 688.7 | 549.1 | 665.5 | 761.3 | 894.8 |
| - Brasilien | 41.4 | 57.5 | 70.0 | 54.9 | 67.4 | 59.7 | 103.1 |
| - USA | 377.8 | 312.2 | 377.7 | 328.0 | 433.7 | 540.8 | 562.1 |
| - sonstige amerikanische Länder | 136.5 | 157.4 | 241.0 | 166.2 | 164.4 | 160.8 | 229.6 |
| Asien | 441.5 | 517.9 | 642.9 | 690.2 | 829.7 | 1 001.0 | 1 102.9 |
| - China | 51.6 | 59.4 | 74.0 | 87.2 | 103.4 | 138.2 | 187.8 |
| - Indien | 12.4 | 22.6 | 38.9 | 37.3 | 46.4 | 54.3 | 64.0 |
| - Japan | 133.1 | 159.3 | 215.0 | 197.5 | 251.1 | 239.3 | 254.6 |
| - sonstige asiatische Länder | 244.4 | 276.6 | 315.0 | 368.2 | 428.8 | 569.2 | 596.5 |

| Europa | 5 905.5 | 5 889.2 | 6 857.3 | 7 729.0 | 7 959.5 | 9 006.9 | 10 668.5 |
|---|---|---|---|---|---|---|---|
| - Deutschland | 938.4 | 951.0 | 1 187.7 | 1 143.4 | 1 122.0 | 1 126.3 | 1 322.6 |
| - Belgien | 334.6 | 338.9 | 351.7 | 356.1 | 382.6 | 402.5 | 478.6 |
| - Frankreich | 1 912.2 | 1 831.2 | 2 091.5 | 2 569.4 | 2 694.1 | 3 088.1 | 3 544.7 |
| - Italien | 1 141.8 | 1 413.6 | 1 698.2 | 1 887.2 | 1 856.4 | 2 243.4 | 2 620.3 |
| - Niederlande | 194.7 | 175.0 | 178.5 | 238.1 | 218.4 | 244.7 | 251.2 |
| - Polen | 30.6 | 37.1 | 22.5 | 22.0 | 14.8 | 17.7 | 20.6 |
| - Großbritannien | 150.4 | 140.7 | 230.2 | 201.2 | 210.2 | 283.6 | 343.1 |
| - Schweden | 78.1 | 82.1 | 87.0 | 105.0 | 98.6 | 161.9 | 223.9 |
| - Schweiz | 108.0 | 100.9 | 103.5 | 132.4 | 92.0 | 109.2 | 150.0 |
| - Spanien | 311.1 | 295.5 | 366.0 | 406.8 | 417.2 | 468.4 | 624.1 |
| - sonstige europäische Länder | 705.6 | 523.2 | 541.1 | 667.4 | 853.2 | 861.1 | 1 089.4 |
| Andere Herkunft | 51.4 | 63.1 | 83.1 | 82.6 | 101.2 | 144.5 | 147.2 |
| Gesamt | 7 464.3 | 7 498.8 | 8 793.5 | 9 489.5 | 10 070.5 | 11 738.0 | 13 658.3 |

*Tabelle 3-5* Importe Tunesiens nach Ländern in Mio. TD (vgl.: Institut National de la Statistique, unter: http://www.ins.nat.tn, 10.06.2002)

## Markt der Europäischen Union

Am 24. April 1976 wurde das Kooperationsabkommen zwischen Tunesien und der Europäischen Gemeinschaft unterzeichnet, das auf den freien Zugang tunesischer Industriegüter auf den europäischen Markt mit einer Zoll- und Steuerbefreiung und eine bevorzugte Behandlung der landwirtschaftlichen Güter beschränkt war.[303]

Die Europäische Union ist heute der wichtigste Export- als auch Importmarkt Tunesiens. Im Jahr 2001 kamen 78,1 % der Importe aus europäischen Ländern, 82 % der tunesischen Exporte gingen nach Europa. Als erstes Land südlich des Mittelmeeres unterzeichnete Tunesien 1995 das Europa-Mittelmeer-Abkommen, welches seit dem 1. März 1998 in Kraft ist. Beide Vertragspartner haben sich zum Ziel gesetzt, bis zum Jahr 2010 eine vollständige Freihandelszone aufzubauen und damit zur Schaffung der weltweit größten Freihandelszone mit 600 bis 800 Mio. Konsumenten beizutragen. Abgesehen von den Ländern der

---

[303] vgl. Europäische Union, unter: http://www.europa.eu.int, 04.04.2002

Europäischen Union, fallen Tunesien, Malta, Marokko, Algerien, Jordanien, Syrien, Zypern, der Libanon, die Türkei, die besetzten Gebiete, Ägypten und Israel in diese Zone.[304]

Für industriell gefertigte Produkte werden innerhalb des Europa-Mittelmeer-Abkommens die Steuern und Gebühren vollständig aufgehoben werden. Landwirtschaftliche Produkte werden einfacher auf den europäischen Markt treten können. Im Rahmen des Abbaus der Zollgebühren für Industriegüter seit 1996, werden die Zollgebühren für etwa 40 % der aus der EU importierten Produkte, vor allem Ausstattungsgüter, Einzelteile und Halbwaren, aufgehoben. Für die restlichen Waren werden die Zollgebühren Schritt für Schritt gesenkt.[305]

Von den in die EU getätigten Exporte Tunesiens sind etwa 80 % Industriegüter, wobei hier vor allem der Textil- und Bekleidungssektor seine Spuren hinterlässt.

**Maghrebinischer und arabischer Markt**

Tunesien ist Mitglied der 1989 durch den Vertrag von Marrakesch gegründeten Union des Arabischen Maghreb, die Tunesien, Marokko, Libyen, Algerien und Mauretanien umfasst. Ihr vorläufiges Ziel besteht in dem Aufbau einer maghrebinischen Freihandelszone. Mit den Mitgliedsländern wurden Handelskonventionen abgeschlossen, in denen sich die Länder gegenseitige Zollvorteile gewähren.[306]

Obgleich die Verkaufszahlen mit Algerien rückläufig sind (1995 175,2 Mio. TD, 2001 109 Mio. TD), konnte der Handel mit Libyen ausgebaut werden. Exportierte Tunesien 1995 noch Waren im Wert von 181,8 Mio. TD nach Libyen, so waren es 2001 bereits Waren im Wert von 357,5 Mio. TD. 2001 importierte Tunesien 4,96 % seiner Waren aus Marokko, Algerien und Libyen; 5,53 % der tunesischen Gesamtexporte entfielen auf diese Maghreb-Länder.

---

[304] vgl. Publi-Performances: Entreprendre en Tunisie, o.O., o.J., 38-40
[305] vgl. Europa-Mittelmeer-Abkommen, unter: http://www.europa.eu.int, 10.02.2002
[306] vgl. Publi-Performances: Entreprendre en Tunisie, o.O., o.J., 38-40

Tunesien unterzeichnete 1981 das Abkommen zur Erleichterung und Entwicklung des Warenverkehrs zwischen den arabischen Ländern. Ebenso ist es Unterzeichner der Islamischen Konferenz und eines Abkommens, das unter der Schirmherrschaft der Liga der Arabischen Staaten eine arabische Freihandelszone aufbauen soll.[307]

Mit folgenden arabischen Ländern hat Tunesien bilaterale Handelsabkommen mit einer vollkommenen oder teilweisen Abgabenbefreiung abgeschlossen: Ägypten, Jordanien, Irak, Saudi-Arabien, Vereinigte Arabische Emirate, Syrien, Bahrein, Katar, Oman, Libanon, Jemen, Palästina, Kuwait, Sudan und Somalia.[308]

**Der afrikanische Markt**

Tunesien ist Mitglied der Afrikanischen Einheit und Unterzeichner des Vertrages von Abuja über die Gründung einer afrikanischen Wirtschaftsgemeinschaft. Mit folgenden Ländern hat Tunesien Handels- oder Präferenzabkommen abgeschlossen: Guinea, Senegal, Elfenbeinküste, Burkina Faso, Niger, Nigeria, Benin, Zaire, Togo, Mali, Liberia, Simbabwe, Gabon, Kamerun, Äthiopien, Mosambik und Namibia.[309]

Bisher ist der afrikanische Markt, abgesehen vom Markt des Maghreb, für Tunesien relativ unbedeutend. Lediglich 1,53 % des tunesischen Exports erreichten im Jahr 2001 die afrikanischen Länder (ohne Marokko, Algerien und Libyen), nur 1,23 % der Gesamtexporte stammten aus diesen Ländern.[310]

**Sonstige Märkte**

Tunesien schloss mit folgenden Ländern Handelsabkommen ab, im Rahmen derer alle Teilnehmerländer gleiche Zölle zahlen: Norwegen, Schweiz, Bulgarien, Ungarn, Polen, Rumänien, Tschechische Republik,

---

[307] vgl. Publi-Performances: Entreprendre en Tunisie, o.O., o.J., 38-40
[308] vgl. ebd.
[309] vgl. ebd.
[310] vgl. Institut National de la Statistique, unter: http://www.ins.nat.tn, 15.06.2002

Ukraine, Türkei, Malta, Argentinien, Brasilien, Kuba, Kanada, China, Südkorea, Nordkorea, Iran, Indien, Japan, Indonesien, Pakistan, Thailand, Malaysia und Vietnam.[311]

Aufgrund eines Präferenzabkommens mit den USA, Kanada, Japan, der Schweiz und Australien erhält Tunesien u.a. für industrielle, landwirtschaftliche und handwerkliche Waren Zolltarifvergünstigungen.[312]

Im Jahr 2001 exportierte Tunesien 15,7 % seiner Waren in diese Ländergruppen und bezog 10,99 % seiner Gesamtimporte u.a. aus Nord- und Südamerika und den asiatischen Ländern.[313]

### 3.1.2  Außenhandel mit Deutschland

Die deutsch-tunesischen Wirtschaftsbeziehungen sind gut und problemlos. Tunesien ist 2001 Deutschlands zweitwichtigster Handelspartner in der Maghreb-Region (27,3 % des Handelsvolumens Deutschlands mit dem Maghreb), hinter Libyen. Deutschland bildet für Tunesien den drittwichtigsten Handelspartner, nach Frankreich und Italien.

|  | Algerien | | Libyen | | Marokko | | Mauretanien | | Tunesien | |
|---|---|---|---|---|---|---|---|---|---|---|
|  | E | A | E | A | E | A | E | A | E | A |
| 1999 | 644,1 | 606,9 | 1835,9 | 463,6 | 529,7 | 557,2 | 21,9 | 33,6 | 940,2 | 934,3 |
| 2000 | 1743,6 | 606,9 | 2920,2 | 398,6 | 529,7 | 714,0 | 21,8 | 29,4 | 969,6 | 1026,7 |
| 2001 | 944,8 | 791,1 | 2143,0 | 547,9 | 536,7 | 694,2 | 37,0 | 38,1 | 1002,9 | 1144,6 |

*Tabelle 3-6* Deutschlands Warenverkehr (E=Einfuhr, A=Ausfuhr) mit den Ländern des Maghreb in Mio. € (vgl. Statistisches Bundesamt, unter: http://www.statistik-bund.de, 10.06.2002)

Der fast ausgeglichene deutsch-tunesische Warenaustausch belief sich 2001 auf 2,15 Mrd. € und konnte im Vergleich zum Vorjahr leicht gesteigert werden. Deutschland exportierte Waren im Wert von 1 Mrd. € nach Tunesien. Die tunesischen Exporte nach Deutschland beliefen sich

---

[311] vgl. Institut National de la Statistique, unter: http://www.ins.nat.tn, 15.06.2002
[312] vgl. ebd.
[313] vgl. ebd.

auf 877 Mio. €. Vor allem in den Bereichen Textilien und elektrotechnische Erzeugnisse sind Unternehmenskooperationen in Tunesien zustande gekommen, wobei Tunesien Zulieferungen aus Deutschland erhält und Endprodukte an Deutschland ausliefert.

| | 1996 | 1997 | 1998 | 1999 | 2000 | 2001 |
|---|---|---|---|---|---|---|
| **Exporte Tunesiens** | 1 465 694 | 1 644 953 | 1 797 177 | 1 833 942 | 1 896 120 | 1 961 596 |
| **Importe Tunesiens** | 1 407 055 | 1 749 973 | 2 075 847 | 1 807 986 | 2 008 111 | 2 238 723 |

*Tabelle 3-7* Entwicklung des deutsch-tunesischen Außenhandels 1996-2001 in 1000 DM (vgl. Statistisches Bundesamt, unter: http://www.statistik-bund.de, 10.06.2002)

Im Jahr 2001 lag der Anteil der von Deutschland importierten Endprodukte aus Tunesien am deutschen Gesamtimport aus Tunesien bei 94,5 %, wobei auf die Sektoren Bekleidung und Elektronik der Hauptanteil entfiel. Deutschland hingegen exportiert nach Tunesien zu 95 % End- und Zwischenprodukte. Zu ersteren zählen vor allem Güter aus der Elektronik, der Automobilbranche und der Luftfahrt.[314]

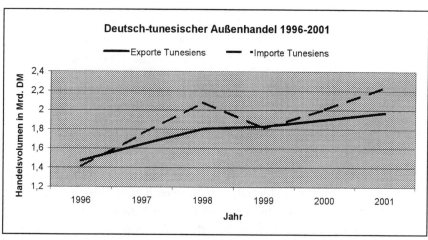

*Abbildung 3-3* Deutsch-Tunesischer Außenhandel 1996-2001 in Mrd. DM (vgl. Statistisches Bundesamt, unter: http://www.statistik-bund.de, 10.06.2002)

---

[314] vgl. Statistisches Bundesamt, unter: http://www.statistik-bund.de, 25.04.2002

| | 1996 | 2001 |
|---|---|---|
| **Exporte Tunesiens** | 1 465 694 | 1 961 596 |
| - Nahrungsmittel | 16 304 | 27 982 |
| - Rohstoffe | 39 882 | 51 387 |
| - Halbwaren | 13 070 | 18 156 |
| - Vorerzeugnisse | 19 024 | 9 799 |
| - Enderzeugnisse | 1 361 035 | 1 834 329 |
| **Importe Tunesiens** | 1 407 055 | 2 238 723 |
| - Nahrungsmittel | 29 572 | 41 180 |
| - Rohstoffe | 7 694 | 28 953 |
| - Halbwaren | 44 319 | 61 964 |
| - Vorerzeugnisse | 650 171 | 601 051 |
| - Enderzeugnisse | 674 524 | 1 504 252 |

*Tabelle 3-8 Struktur des deutsch-tunesischen Außenhandels 1996-2001 in 1000 DM (vgl. Statistisches Bundesamt, unter: http://www.statistik-bund.de, 10.06.2002)*

Abgesehen vom Warenaustausch, ist der Tourismus von besonderer Bedeutung für Tunesien. Im Jahr 2001 reisten 934 900 deutsche Touristen nach Tunesien und bilden mit 17,35 % der gesamten Touristen in Tunesien die drittgrößte Gruppe ausländischer Besucher, nach den Franzosen und Libyern.[315]

Mit etwa 180 Unternehmen mit deutscher Kapitalbeteiligung, deren gesamte Produktion exportiert wird, gilt Tunesien als bedeutender Investitionsstandort für kleinere und mittelständische Unternehmen in Nordafrika. Die Offshore Unternehmen genießen in Tunesien Steuerfreiheit, die Investitionen sind durch einen bilateralen Investitionsförder- und Schutzvertrag abgesichert. Die Bundesregierung übernimmt Kapitalanlagegarantien für Investitionen in Tunesien. Zwischen beiden Ländern besteht ein Doppelbesteuerungsabkommen.

Als ein Mittel zum Ausbau der Handelbeziehungen zwischen beiden Nationen wurde bereits 1979 die Deutsch-Tunesische Industrie- und Handelskammer in Tunis gegründet.[316]

---

[315] vgl. Institut National de la Statistique, unter: http://www.ins.nat.tn, 10.06.2002
[316] vgl. Deutsch-Tunesische Industrie- und Handelskammer, unter: http://www.ahktunis.org, 26.04.2002

### 3.1.3    Informationen zur Geschäftsabwicklung[317]

Eine genaue Information über die Geschäftsabwicklung im Ausland kann potentiellen Investoren viel Zeit und Mühe sowie manche Probleme ersparen. Daher wird im vorliegenden Abschnitt eine Auswahl an Informationen erteilt, die für Vorhaben in Tunesien von Hilfe sein können.

**Aufenthalts- und Beschäftigungsbestimmungen**: Angehörige der EU-Staaten benötigen für die Einreise nach Tunesien einen Reisepass, es sei denn sie reisen im Rahmen einer Pauschalreise ein; hierfür genügt ein gültiger Personalausweis. Dauert der Aufenthalt länger als vier Monate, wird ein Visum erforderlich, das für eine Dauer von maximal sechs Monaten ausgestellt wird. Wer sich für längere Zeit in Tunesien niederlassen will, muss eine Aufenthaltserlaubnis (carte de séjour) beantragen. Diese wird in der Regel zunächst für ein Jahr ausgestellt und kann für Investoren jeweils für einen Zeitraum von bis zu fünf Jahren verlängert werden.

Wer als Ausländer einer beruflichen Tätigkeit nachgehen will, benötigt einen vom Ministerium für Berufliche Bildung und Beschäftigung genehmigten Arbeitsvertrag bzw. eine Bestätigung des Ministeriums, vom Erfordernis eines Arbeitsvertrages freigestellt zu sein („attestation de non soumission au contrat de travail") sowie einen Vermerk in der Aufenthaltserlaubnis, berechtigt zu sein, einer bezahlten Beschäftigung nachzugehen („autorisé à occuper un emploi salarié en Tunisie"). Reine Exportbetriebe und Betriebe in den Freihandelszonen können bis zu vier leitende Angestellte bzw. Ausbildungsleiter sowie den Geschäftsführer einstellen, ohne dass eine Genehmigung erforderlich ist. Allerdings ist die Anmeldung unter Vorlage eines Dossiers beim Ministerium für Berufliche Bildung und Beschäftigung erforderlich.

Für die Ausübung einer Tätigkeit im Handel wird eine vorherige Erlaubnis des Handelsministeriums benötigt, die „carte de commerçant".

---

[317] vgl. Wirtschaftskammer Österreich (Hrsg.): Länderblatt Tunesien, Wien 2002, 8-15; Deutsch-Tunesische Industrie- und Handelskammer, unter: http://www.ahktunis.org, 26.04.2002

Grundsätzlich ist jedoch die tunesische Staatsangehörigkeit Voraussetzung für eine Tätigkeit als Handelsvertreter, Repräsentant, Geschäftsführer oder Kommissionär. Bei juristischen Personen gilt ein Joint Venture dann als tunesisch, wenn die Gesellschaft nach tunesischem Recht errichtet worden ist, sie ihren Sitz in Tunesien hat und das Kapital bzw. die Aktien mehrheitlich in tunesischer Hand sind. Zusätzlich müssen die Aufsichtsorgane mehrheitlich mit Tunesiern besetzt sein.

Das Gesetzesdekret vom 30.8.1961 zählt die Fälle auf, in denen es einem Ausländer gestattet ist, einer Handelsaktivität nachzugehen.

Zur Ausübung eines Handwerks ist eine Erlaubnis des Ministeriums für Tourismus und Handwerk erforderlich.

Bei der Einfuhr von Hausrat sowie eines Kraftfahrzeuges gelten für ausländische Investoren und Führungspersonal von reinen Exportbetrieben Zoll- und Steuerfreiheit.

**Gesellschaftsformen**: Dem ausländischen Unternehmer stehen für die Durchführung seines Investitionsvorhabens verschiedene Unternehmensformen zur Verfügung. Die Wahl der Rechtsform hängt von Art und Umfang des Investitionsprojektes, von gesellschaftsrechtlichen und steuerrechtlichen Kriterien ab.

Das tunesische Gesellschaftsrecht folgt weitgehend dem Vorbild des französischen Rechts. Im November 2000 ist mit dem „code des sociétés commerciales" das Recht der Handelsgesellschaften weitgehend neu geregelt worden.

**Angebotsstellung**: Angebote sollten in Euro zu CFR-Konditionen ausgestellt werden. Bei einem CIF-Versand muss bei der Verzollung eines Warenwerts von mehr als 3 000 Dinar eine tunesische Versicherung abgeschlossen werden. Reicht der tunesische Importeur Lizenzanträge ein, so müssen diesen Pro-forma-Rechnungen in 6facher Ausführung beigefügt werden, auf denen die Preisangaben per Einheit sowie der Globalwert versehen sind, Preise zu CFR und FOB-Bedingungen angegeben werden, eine Ursprungs- und Preisklausel enthalten sein sowie die Pro-forma-Rechnungen gezeichnet sein.

**Zahlungsbedingungen**: Wird zum ersten Mal geliefert, sollte ein unwiderrufliches und bestätigtes Akkreditiv verlangt werden. Geschäfte mit Großfirmen und im öffentlichen Sektor werden in der Regel mit einem Zahlungsziel von 90 bis 120 Tagen abgeschlossen. Erst nach langjähriger guter Erfahrung mit Kunden sollten Wechsel mit einer Laufzeit von 30, 60 oder 90 Tagen bzw. Kassa gegen Dokumente gewährt werden. Schon vor dem Abschluss eines Vertrages sollte die Zahlungsweise festgelegt werden, da der Importeur diese in einem eventuellen Lizenzantrag angeben muss. Verzugszinsen und Strafzahlungen können nicht verrechnet werden, da die tunesische Zentralbank für derartige Transfers keine Transfergenehmigung erteilt. Vorauszahlungen sind laut Gesetz verboten.

**Distribution**: Abhängig von der Branche oder Firmenstrategie, muss zwischen der Distribution über einen Alleinimporteur, lokale Importeure oder Vertretern entschieden werden. Ein Alleinimporteur sollte genutzt werden, wenn er auf dem tunesischen Markt eine Monopolstellung innehat, wie zum Beispiel die Pharmacie Centrale de Tunisie für pharmazeutische Produkte oder die STIL für Molkereiprodukte. Abgesehen vom Kfz-Sektor, sind Alleinkonzessionsverträge und exklusive kommerzielle Repräsentationen gesetzlich verboten.

**Öffentliche Ausschreibungen**: Bedarf und Ankäufe staatlicher Organisationen und Firmen müssen gesetzlich öffentlich ausgeschrieben werden. Auch große Privatunternehmen greifen oft auf öffentliche Ausschreibungen zurück. Im Gegensatz zu international offenen Ausschreibungen, kann auf nationale Ausschreibungen nur von örtlichen Lieferanten reagiert werden. Übliche Sprache für öffentliche Ausschreibungen ist Französisch. Die im Lastenheft aufgeführten Ausschreibungsbedingungen und Fristen sollten genauestens beachtet werden, um nicht vorzeitig auszuscheiden.

**Bonitätsauskünfte**: über Auslandshandelskammern können kommerzielle Auskünfte eingeholt werden.

**Werbung**: Werbung kann in den französischen und arabischen Tageszeitungen, im Fernsehen sowie im Radio geschaltet werden. Anzeigenschaltungen sind in Mitteilungsblättern tunesischer und gemischter

Handelskammern und der UTICA (Union Tunisienne de l'Industrie, du Commerce et de l'Artisanat) möglich.

| Medium | Preis in TD (Richtwerte ohne MwSt.) |
|---|---|
| **Tageszeitungen** | |
| - La Presse | 1 400 – 1 600 (1 Seite) |
| - Le Renouveau | 1 000 – 1 800 (1 Seite) |
| - Le Temps | 1 600 – 2 000 (1 Seite, Farbe) |
| - Assabah | 1 800 – 2 500 (1 Seite, Farbe) |
| **Fernsehen** | 200 – 2 400 (30 Sekunden Werbespot) |

*Tabelle 3-9 Kosten für Werbung in Zeitungen und Fernsehen (vgl. Wirtschaftskammer Österreich (Hrsg.): Länderblatt Tunesien, Wien 2002, 9 )*

### 3.1.4 Informationen zum Zoll- und Außenhandelsregime[318]

**Import- und Exportbestimmungen**: Einfuhrbeschränkungen bestehen nur für einige Produkte; die Einfuhr der meisten Produkte ist frei. Verboten ist etwa die Einfuhr von lebenden Schweinen, radioaktivem Material, Aschen und metallhaltigen Rückständen. Erlaubnispflichtig ist u.a. die Einfuhr von Gemüse (mit Ausnahme von tiefgekühltem Gemüse), Bäckereiprodukten, Fleisch, Tieren, Teppichen, Edelmetallen, Fischereibooten, Sport- und Tourenwagen. Das Dekret Nr. 94-1742 vom 29. August 1994 enthält die Liste der Produkte, deren Einfuhr erlaubnispflichtig ist. Der Antrag ist über eine tunesische Bank unter Vorlage der Handelsrechnung bei dem Handelsministerium zu stellen. Wird die Erlaubnis erteilt, ist sie 12 Monate gültig.

Grundsätzlich herrscht Exportfreiheit. Die meisten Produkte können gegen Vorlage der Handelsrechnung in fünffacher Ausfertigung und einer Detailerklärung frei ausgeführt werden. Das Gesetz N° 94-41 vom 8. März 1994 schließt lediglich einige Produkte von der Ausfuhrfreiheit aus. Grundsätzlich verboten ist u.a. die Ausfuhr von Antiquitä-

---

[318] vgl. Wirtschaftskammer Österreich (Hrsg.): Länderblatt Tunesien, Wien 2002, 11-15; Deutsch-Tunesische Industrie- und Handelskammer, unter: http://www.ahktunis.org, 25.04.2002

ten. Für eine Reihe von Waren wird eine Ausfuhrgenehmigung des Handelsministeriums erforderlich, die sechs Monate gültig ist.

**Zölle**: Grundlage für die Berechnung der Höhe des Zolls ist die Zolltarifnummer.

Tunesien folgt dem Harmonisierten System zur Bezeichnung und Kodierung von Waren. Das Harmonisierte System ordnet die Produkte in 21 Abschnitte, diese wiederum unterteilt in 97 Kapitel. Die Zolltarifnummer besteht aus 11 Ziffern. Die ersten sechs entsprechen dem Harmonisierten System: dabei zeigen die ersten beiden das Kapitel an, in das die Produkte einzuordnen sind, die nächsten beiden die Position innerhalb des Kapitels, die folgenden beiden Ziffern die Unterposition im Tarif. Die letzen fünf Ziffern betreffen den nationalen tunesischen Zolltarif. Dabei dient die letzte Ziffer als Kontrollschlüssel für die Kodifizierung im EDV-System.

**Mehrwertsteuer**: Der normale Mehrwertsteuersatz in Tunesien beträgt 18 %. Daneben existieren höhere und geringere Steuersätze für ausgewählte Produkte und Dienstleistungen.

| MwSt. | Anwendungsgebiet |
|---|---|
| 0 % | Wartungs- und Reparaturarbeiten an Schiffen für den maritimen Transport |
| 6 % | Liste sensibler Güter sozialen, medizinischen und erzieherischen Charakters |
| 29 % | Begrenzte Liste von Luxusgütern |
| 10 % | Ausrüstungsgüter ohne lokal gefertigte Entsprechungen und einige Dienstleistungen, wie Tourismus und Transport |
| 10 % | Dienstleistungen im Bildungsbereich |
| 10 % | Elektrizität für den privaten Gebrauch sowie Elektrizität für Wasserpumpen zur landwirtschaftlichen Bewässerung |
| 18 % | Ausrüstungsgüter mit lokal gefertigten Entsprechungen, Rohstoffe und Halbfertigwaren, Non-Food-Konsumgüter |
| 10 % | Internetabonnements |

*Tabelle 3-10* Mehrwertsteuersätze (vgl. Dekret Nr. 2000-330 v. 07.02.2000-JORT Nr. 14 v. 18.02.2000; Finanzgesetz 2000-JORT Nr. 105 v. 31.12.1999; Dekret Nr. 2001-401 v. 06.02.2001-JORT N. 13 v. 13.02.2001; Nouvelles mesures présidentielles-Programme du Chef d'Etat du 7 Novembre 2000, zit. in: Agence de Promotion d'Investissement Extérieur – APIE (Hrsg.): Tunisie – Coûts des Facteurs de Production, o.O. Januar 2002, 41)

Im Ländervergleich weist Tunesien mit 18 % einen relativ hohen durchschnittlichen Mehrwertsteuersatz auf.

| Land | Mehrwertsteuersatz | Land | Mehrwertsteuersatz |
|---|---|---|---|
| Portugal | 12.00 % | Großbritannien | 17.50 % |
| Südafrika | 14.00 % | Tunesien | 18.00 % |
| Deutschland | 16.00 % | Italien | 20.00 % |
| Spanien | 16.00 % | Marokko | 20.00 % |
| Türkei | 17.00 % | Frankreich | 20.60 % |

*Tabelle 3-11 Mehrwertsteuer in ausgewählten Ländern 2001 (vgl. Worldwide Corporate Tax Guide and Directory, Ernst & Young – 2001, zit. in: Agence de Promotion de l'Investissement Extérieur-APIE (Hrsg.): Tunisie en Comparaison-Coûts des Facteurs de Production, o.O. Januar 2002, 12)*

**Geschenke**: Für Geschenksendungen mit einem Wert von bis zu 200 Dinar werden 20 % Zoll des CIF-Wertes berechnet. Tabak, Tabakwaren und Alkoholika gelten nicht als Geschenke.

**Begleitpapiere**: Für den Versand von Waren müssen folgende Begleitpapiere vorliegen:

- Handelsrechnung in 6facher Ausführung mit Namen und Ort des Empfängers, Markierungsdaten, Anzahl und Art der Pack-stücke, Brutto- und Nettogewicht, genaue Warenbezeichnung, Lieferbedingungen, firmenmäßige Fertigung, CIF- und FOB-Wert, Zolltarifposition etc.,

- Ursprungs- und Preisklausel,

- Ursprungszeugnisse, auf Anforderung des Zolls. Oft ist die Warenverkehrsbescheinigung EUR 1 ausreichend,

- Von der Zollbehörde ausgestellte Warenverkehrsbescheinigung EUR 1 in einfacher Ausführung,

- Versicherungszertifikate,

- Packliste, wenn in der Rechnung die in einzelnen Packstücken enthaltenen Waren nicht genau angegeben sind.

**Postversand**: Pakete können bis zu einem Gewicht von 20 kg versandt werden. Der Wert von 218 Euro darf nicht überschritten werden. Die Postsendung muss mit der Handelsrechnung, einer internationalen Paketkarte und einer Zollinhaltserklärung in französischer Sprache versehen werden. Bei einem höheren Wert ist die Warenverkehrsbescheinigung EUR 1 notwendig.

**Verpackung und Markierung**: Nach Tunesien eingeführte Produkte müssen mit einer Aufschrift in arabischer Sprache versehen werden. Die Aufschrift muss direkt auf die Verpackung aufgedruckt sein und darf nicht nur in Form eines Stickers aufgeklebt werden. Auf der Verpackung sind der Name des deutschen Herstellers, dessen Adresse, der tunesische Importeur, das Brutto- und Nettogewicht der Ware sowie das Verfallsdatum anzugeben.

### 3.1.5   Rechtsinformationen[319]

**Devisenrecht**

Das Devisenrecht wird geprägt von der Unterscheidung zwischen Devisenausländern (Non-Résident) und Deviseninländern (Résident). Rechtsgrundlage für die Devisenregelung sind insbesondere der Code des Changes et du Commerce Extérieur, Gesetz Nr. 76-18 vom 21.1.1976 sowie eine Reihe weiterer Gesetze, Verordnungen, Rundschreiben und Bekanntmachungen.

Als Inländer (Résidents) gelten:

- Natürliche Personen ausländischer Staatsangehörigkeit, wenn sie ihren gewöhnlichen Aufenthalt während mehr als zwei Jahren in Tunesien haben,

- Grundsätzlich juristische Personen tunesischer oder ausländischer Nationalität mit Sitz in Tunesien in Bezug auf ihre Unternehmen in Tunesien,

---

[319] vgl. Deutsch-Tunesische Industrie- und Handelskammer, unter: http://www. ahktunis.org, 25.05.2002

- Natürliche Personen tunesischer Staatsangehörigkeit, die in Tunesien leben,

- Tunesische Staatsbeamte auf Auslandsposten.

Eine juristische Person gilt dann als tunesisch, wenn sie nach tunesischem Recht gegründet ist und ihren Sitz in Tunesien hat, ihr Kapital mindestens zu 50 % in tunesischer Hand ist, die Aufsichtsorgane mehrheitlich Tunesier sind, und der Vorstand oder die Geschäftsführung von Tunesiern wahrgenommen wird.

Als Non-Résidents gelten:

- Ausländer, die im Ausland leben,

- Juristische Personen tunesischer oder ausländischer Nationalität, in Bezug auf ihre Unternehmen im Ausland,

- Tunesier, die länger als zwei Jahre ihren Lebensmittelpunkt im Ausland haben. Diese erhalten wieder den Status des Résident, wenn sie endgültig nach Tunesien zurückkehren,

- Ausländische Staatsbeamte auf Posten in Tunesien,

- Reine Exportbetriebe, die im Rahmen des Investitionsgesetzbuches gegründet worden sind oder ihren Sitz in den beiden Freihandelszonen haben sowie

- Internationale Handelsgesellschaften, deren Kapital zu mindestens 66 % von Non-Résidents gehalten wird und in Form von Devisen über eine tunesische Bank eingeführt worden ist, wenn sie für den Status des Non-Résident votieren.

**Investitionsrecht**

Das Investitionsförderungsgesetz (Code d'incitations aux Investissements, Gesetz Nr. 93-120 vom 27. Dezember 1993, JORT Nr. 99 vom 28.12.1993) ist mit den hierzu erlassenen Ausführungsverordnungen die wesentliche Grundlage für Investitionen in Tunesien.

Zu den Hauptzielen des Gesetzes zählen die Förderung einheimischer Investitionsprojekte und ausländischer Direktinvestitionen, insbesondere in der industriellen Produktion und die Steigerung der Exporttätigkeit. Das Investitionsförderungsgesetz regelt alle Tätigkeitsbereiche mit Ausnahme des Abbaus von Bodenschätzen, des Energiesektors, des Finanzsektors und des lokalen Handels. Für diese Bereiche gelten spezielle Vorschriften.

Folgende Branchen stehen grundsätzlich nicht für private Investitionen offen: Elektrizität, Wasserversorgung, Post, Tabakindustrie, Sprengstoff- und Streichholzproduktion, außer wenn es sich um eine reine Exporttätigkeit handelt.

Für die meisten Investitionen und Firmengründungen in industriellen Produktionsbereichen sowie für industrienahe Dienstleistungen ist keine vorherige Erlaubnis erforderlich. Es genügt die einfache Anmeldung auf einem Formblatt bei der zuständigen Stelle, die nach Prüfung des Vorhabens eine Anmeldebestätigung erteilt. Ansprechpartner für die meisten industrienahen Investitionen ist das Amt für Industrieförderung (Agence de Promotion de l'Industrie – API), für landwirtschaftliche Vorhaben das Amt zur Förderung landwirtschaftlicher Investitionen (Agence de Promotion des Investissements Agricoles- APIA), für Investitionen in der Tourismusbranche das Staatliche Tourismusbüro (Office National du Tourisme Tunisien – ONTT), für internationalen Handel die Exportförderungsbehörde (Centre de Promotion des Exportations – CEPEX).

In industriellen Produktionsbereichen bedürfen Investitionen in der Regel keiner tunesischen Beteiligung, sondern können zu 100 % in ausländischer Hand sein.

Eine ausländische Beteiligung an bereits existierenden Unternehmen in Tunesien ist frei, soweit die ausländische Beteiligung unter 50 % liegt. Eine darüber hinausgehende Beteiligung bedarf der Zulassung durch die Investitionskommission.

**Vertreterrecht**

Die „carte de représentant", die für eine Vertretertätigkeit nötig ist, wird nur tunesischen Staatsbürgern gewährt.

## Wechsel- und Scheckrecht

Forderungen verjähren nach drei Jahren. Nicht protestierte Wechsel verlieren automatisch die Wechselstrenge. Sicherungsinstitute existieren in Tunesien nicht.

## Eigentumsvorbehalt

Da der Eigentumsvorbehalt im tunesischen Recht unbekannt ist, ist er nicht anwendbar.

## Konkursrecht

Ein Konkurs kann von Gläubigern vor Gericht beantragt werden.

## 3.2 Markteinschätzung

Aus den Betrachtungen der vorangegangenen Kapiteln soll nun der tunesische Markt für Unternehmen jeglicher Branchen bewertet werden. Chancen und Risiken für eine unternehmerische Tätigkeit in Tunesien sollen aufgezeigt werden.

Entscheidende Faktoren für die Markteinschätzung Tunesiens bilden folgende Potentiale, Probleme und Aktivitäten:

## Potentiale

- Die vorhandene politische und soziale Stabilität als auch die Sicherheit in Tunesien bilden eine grundlegende Voraussetzung für wirtschaftliche Tätigkeiten. In den letzten Jahren konnte Tunesien eine kontinuierlich günstige wirtschaftliche Entwicklung verzeichnen.

- Der großzügige gesetzliche Rahmen bietet erhebliche Steuervorteile für reine Exportbetriebe. Zahlreiche Investitionsanreize wurden geschaffen.

- Der tunesische Staat führt eine erfolgreiche wirtschaftliche Öffnungs- und Liberalisierungspolitik durch. Ein Privatisierungsprogramm befindet sich derzeit in der Umsetzung.

- Tunesien ist bisher für ausländische Unternehmer vor allem als Land für Lohnveredelung attraktiv. Es ist nicht die tunesische Bevölkerung als potentieller Kunde, die ausländische Unternehmer ins Land zieht, sondern die relativ günstigen Lohnkosten.

- Aufgrund des Europa-Mittelmeer-Abkommens zwischen Tunesien und der EU modernisiert der tunesische Staat seine Industrie, baut die Infrastruktur aus und reformiert den Bankensektor. Darüber hinaus erleichtert das Abkommen ausländischen Unternehmen den Handel mit und in Tunesien.

- In Zukunft werden die Umwelttechnologien (erneuerbare Energien, Trinkwasseraufbereitung, Meerwasserentsalzung, Abfallaufbereitung und -beseitigung) als Wachstumsmärkte an Bedeutung gewinnen. Auch kleinere Projekte im Tourismus, wie Trinkwasser- oder Abwasseranlagen für Hotels bilden ein Wachstumspotential.

- Ein relativ gut entwickeltes Sozialsystem, erhebliche Investitionen in den Bildungssektor und die Gleichberechtigung von Mann und Frau in allen Bereichen haben in Tunesien eine breite Mittelschicht entstehen lassen.

**Probleme**

- Das Land ist arm an Bodenschätzen.

- Der tunesische Arbeitsmarkt bietet zahlreiche geringqualifizierte Arbeitskräfte, deren Produktivität als niedrig bewertet wird. Sehr gut qualifizierte Kräfte sind auf dem tunesischen Markt Mangelware. Die Arbeitslosenquote bleibt mit über 15 % der aktiven Bevölkerung sehr hoch, besonders unter Jugendlichen.

- Trotz zahlreicher administrativer Vereinfachungen ist die tunesische Verwaltung derzeit noch starr und überreguliert.

- Insgesamt sind die Produktionskosten in Tunesien im Verhältnis zu anderen Schwellen- und Entwicklungsländern hoch.

- Ausländischen Investoren wird trotz der schrittweisen Umsetzung des Freihandelsabkommens zwischen Tunesien und der Europäischen Union weiterhin der Zugang zum lokalen tunesischen Markt erschwert.

- Die Wirtschaft hängt einerseits noch sehr von der Landwirtschaft und damit den klimatischen Bedingungen ab und andererseits von äußeren Faktoren wie Tourismus und den Entwicklungen auf dem europäischen Markt.

**Aktivitäten**

- Ausländische Investoren bzw. Unternehmen sind weiterhin hauptsächlich an der relativ preisgünstigen Arbeitskraft in der Produktion interessiert, dies besonders in der Textil-, aber auch Elektrik- und Elektronikbranche. Zunehmend gewinnt Tunesien als Standort für Informationstechnik an Attraktivität.

- Im Rahmen des Privatisierungsprogramms flossen erhebliche ausländische Investitionen in die Privatisierung staatlicher Unternehmen. Abgesehen davon arbeiten ausländische Unternehmen in Tunesien zum Großteil ausschließlich für den Export.

### 3.3  Bewertung des tunesischen Marktes

Im folgenden wird der tunesische Markt unter bestimmten Aspekten im Vergleich zu anderen arabischen Ländern, aber auch Industrie-, Schwellen- und Entwicklungsländern bewertet.

Sowohl von der Oesterreichischen Kontrollbank und der deutschen Hermes Kreditversicherung als auch von der französischen Coface wird Tunesien im günstigen Mittelfeld des Länder-Rating eingegliedert. Im Vergleich der nordafrikanischen Ländern schneidet Tunesien am besten ab.

| Länder | Oesterreichische Kontrollbank* | Hermes Kreditver- sicherung* | Coface** |
|--------|-------------------------------|------------------------------|----------|
| Marokko | 4 | 4 | A4 |
| Algerien | 5 | 5 | B |
| Tunesien | 3 | 3 | A4 |
| Libyen | 7 | 7 | C |
| Ägypten | 4 | 4 | B |

\* Die OeKB und die Hermes Kreditversicherung bewerten Tunesien auf ihrer Rating-Skala von 1 (exzellent) bis 7 (hohes Risiko) gleichermaßen im günstigen Mittelfeld mit 3 und begründen dies insbesondere mit der politischen und wirtschaftlichen Stabilität im Land.

\*\* Coface stuft Tunesien auf einer A1, A2, A3, A4, B, C, D umfassenden Skala – in etwa vergleichbar mit OeKB und Hermes – mit A4 ein (vgl. z.B. Deutschland A2, Pakistan D).

*Tabelle 3-12* *Länder-Rating zur Beurteilung des country risk – Nordafrika im Vergleich (vgl. Oesterreichische Kontrollbank, unter: http://www.oekb.at, 07.06.2002; Hermes Kreditversicherung, unter: http://www.hermes.de, 07.06.2002; Coface, unter: http://www.coface.fr, 07.06.2002)*

## Wirtschaftsliberalisierung

Laut der amerikanischen Stiftung „The Heritage Foundation" zählt Tunesien zu den global liberalisierten Wirtschaftsgruppen.

| Land | | Land | | Land | | Land | |
|------|------|------|------|------|------|------|------|
| USA | 1.80 | Jordanien | 2.70 | Mexiko | 2.90 | Türkei | 3.35 |
| Deutschland | 2.10 | Frankreich | 2.70 | Saudi-Arabien | 3.00 | Ägypten | 3.55 |
| VAE | 2.15 | Kuwait | 2.75 | Marokko | 3.05 | Iran | 4.55 |
| Portugal | 2.30 | Griechen- land | 2.80 | Algerien | 3.10 | Libyen | 4.75 |
| Italien | 2.35 | Tunesien | 2.85 | Mauretanien | 3.30 | Irak | 5.00 |

*Tabelle 3-13* *Index der Wirtschaftsfreiheit, 0=freie Wirtschaft, 5=geschützte Wirtschaft (vgl. The Heritage Foundation in Washington: 2002 Index of Economic Freedom, Washington 2002, 22-26)*

Abgesehen von einigen empfindlichen Produkten, unterliegen die tunesischen Produkte der internationalen Konkurrenz, deren Preise durch den Marktmechanismus reguliert werden.

Im Vergleich zu den verbleibenden Ländern Nordafrikas kann Tunesien mit einem Index von 2,85 die beste Bewertung verzeichnen.

## Korruption

Auf der Länderliste von Transparency International nimmt Tunesien Rang 36 von insgesamt 102 Ländern und zählt mit einem Korruptionsindex von 4.8 zu den gemäßigt korrupten Ländern.

| Land | Index | Land | Index | Land | Index |
|------|-------|------|-------|------|-------|
| Finnland | 9.7 | Italien | 5.2 | Ägypten | 3.4 |
| USA | 7.7 | Tunesien | 4.8 | Türkei | 3.2 |
| Deutsch-land | 7.3 | Südafrika | 4.8 | Indien | 2.7 |
| Frankreich | 6.3 | Jordanien | 4.5 | Kenia | 1.9 |
| Portugal | 6.3 | Polen | 4.0 | Nigeria | 1.6 |

*Tabelle 3-14* *Einstufung Tunesiens nach Korruptionsgrad 2002, 10=wenig korrupt, 0=stark korrupt (vgl. Transparency International, unter: http://www.transparency.org, 24.11.2002)*

Die tunesische Gesetzgebung fördert die Transparenz. Staatliche Geschäfte und Privatisierungen werden durch Ausschreibungen bekannt gegeben. Die Transparenzvorschriften bei Handelsgeschäften sind in dem seit 1991 gültigen Gesetz über den Wettbewerb und die Preise festgeschrieben.

Das Buchhaltungssystem in Tunesien orientiert sich an dem der OECD-Länder. Die technischen Zertifizierungsnormen ISO werden im öffentlichen als auch im privaten Sektor angewandt.[320]

## Wettbewerbsfähigkeit

Im Bezug auf die Wettbewerbsfähigkeit erscheint Tunesien im Bericht 2000-2001 des Weltwirtschaftsforums von Davos in Zusammenarbeit mit der Harvard University auf Platz eins der afrikanischen Länder bezüglich der Wettbewerbsfähigkeit. Ebenso steht es an erster Stelle bei Punkten wie Wirtschaftsöffnung, Leistungsfähigkeit der Verwaltung,

---

[320] vgl. Ministerium für Internationale Zusammenarbeit und Ausländische Investitionen: Tunesien-Land der Erfolgschancen, Tunis 2002, o.S.

Vertrauen ins Finanzsystem und Wirksamkeit des Rechtssystems für die Beilegung von geschäftlichen Streitfällen.

| Tunesien | Mauritius | Ägypten | Marokko | Südafrika |
|----------|-----------|---------|---------|-----------|
| 1 | 0.8 | 0.4 | 0.4 | 0.3 |

*Tabelle 3-15* Wettbewerbsfähigkeit in Afrika, 1=stark wettbewerbsfähig, 0=wettbewerbs-schwach (vgl. Harvard University: Report on competitiveness in Africa 2000-2001, zit. in: Ministerium für Internationale Zusammenarbeit und Ausländische Investitionen (Hrsg.): Tunesien-Land der Erfolgschancen, o.O. 2002)

Als gut werden die Kosten im Luftverkehr und dessen Qualität, die Kosten der Hafendienstleistungen sowie die Straßeninfrastruktur und der Zugang zum Internet bewertet.

Im Bereich der Exporttätigkeit ist Tunesien der weltweit größte Exporteur von Datteln und der drittwichtigste Exporteur von Oliven. Aufgrund seiner großen Phosphatvorkommen, platziert sich Tunesien derzeit an weltweit zweiter Stelle der Phosphatexporteure. Auch als Zulieferer für die europäischen Märkte nimmt Tunesien einen bedeutenden Platz ein.

| Wettbewerbsfähigkeit Tunesiens | |
|--------------------------------|--------------------------------|
| 1. Tourismusziel im südlichen Mittelmeer | 4. Lieferant der EU für Bekleidungswaren |
| 1. Lieferant für Hosen für die EU | 4. Weltexporteur von Olivenöl |
| 1. Dattelexporteur weltweit | 9. Lieferant der EU für Kabelbäume |
| 2. Weltexporteur für Phosphatsäure | |

*Tabelle 3-16* Wettbewerbsfähigkeit Tunesiens nach Sektoren (vgl. Ministerium für Internationale Zusammenarbeit und Ausländische Investitionen (Hrsg.): Tunesien-Land der Erfolgschancen, 2002, o.S.

Im Rahmen der Arbeit der Autorin wurde eine Einschätzung Tunesiens auf Grundlage der Informationen der Deutsch-Tunesischen Industrie- und Handelskammer vorgenommen.[321] Abgesehen von politischen und volkswirtschaftlichen Kriterien, wurden auch Aspekte der Betriebswirtschaft und Marktbearbeitung in die Bewertung aufgenommen.

---

[321] Grundlage bilden die Checklisten aus: Strunz, H.; Dorsch, M.: Algerien – Krise und Hoffnung, Frankfurt/M. 2002, 317-336 (siehe Anhang)

| Checklisten | Maximale Bewertung | Bewertung Tunesien | In % des Maximalwertes | Rating Tunesien | Rating Algerien[322] |
|---|---|---|---|---|---|
| Politisches Länderrisiko | 410 | 288 | 70 % | 3 | 3 |
| Marktattraktivität | 310 | 191 | 62 % | 3 | 3 |
| Exportprobleme I (Unternehmensinterne Risiken) | 520 | 349 | 67 % | 3 | 4 |
| Exportprobleme II (Unternehmensexterne Risiken) | 270 | 181 | 67 % | 3 | 3 |
| Investitionsrisiken | 275 | 168 | 61 % | 3 | 3 |
| Standortattraktivität | 420 | 285 | 68 % | 3 | 4 |
| Markt- und Standortsicherheit | 210 | 152 | 72 % | 2 | 3 |
| Absicherungsnotwendigkeiten | 160 | 110 | 69 % | 3 | 3 |
| Branchen-Rating Hydrokarbonsektor | 385 | 244 | 63 % | 3 | 2 |
| Branchen-Rating Industrie | 390 | 256 | 66 % | 3 | 2 |
| **Gesamt** | **3345** | **2224** | **66 %** | **3** | **3** |

Rating der prozentuellen Bewertung anhand einer Skala von 1 (sehr günstig) bis 7 (sehr ungünstig): 1 (100 % – 85 %), 2 (84 % – 71 %), 3 (70 % – 57 %), 4 (56 % – 43 %), 5 (42 % – 29 %), 6 (28 % – 15 %), 7 (unter 15 %)

Tunesien erhält im Ergebnis der Einschätzung die Gesamtnote drei, die auch in allen Einzelbewertungen, mit Ausnahme der mit der Note zwei bewerteten Markt- und Standortsicherheit, erreicht wurde. Damit liegt Tunesien auf einer Skala von eins bis sieben im günstigen Mittelfeld.

Die von der Autorin initiierte Bewertung deckt sich damit mit den oben genannten Ratings, in denen Tunesien jeweils im guten Mittelfeld erscheint.

---

[322] vgl. Strunz, H.; Dorsch, M.: Algerien – Krise und Hoffnung, Frankfurt/M. 2002, 240

## 4  Kultur

Genaue Kenntnisse über die politischen, ökonomischen und gesell-
schaftlichen Bedingungen eines Landes sind eine wesentliche Voraussetzung, um unternehmerische Entscheidungen zu treffen. Doch was
nützen alle wirtschaftlichen und juristischen Kenntnisse über das Zielland, wenn der Schlüssel zur Kultur – der Schlüssel zu den Menschen –
fehlt? Die Handlungs- und Verhaltensweisen der Menschen auf privater
und geschäftlicher Ebene stehen in untrennbarem Zusammenhang mit
ihrer Kultur und dem Kulturkreis, in dem sie aufgewachsen und von
dem sie geprägt worden sind.

In Geschäftskreisen kann der kulturelle Hintergrund nicht ausgeschal-
ten werden. Beim Aufeinandertreffen unterschiedlicher Nationalitäten
und Kulturen sind Konflikte und Missverständnisse zumindest beim
ersten Kontakt mit der fremden Kultur die Regel. Eine erfolgreiche unternehmerische Tätigkeit im Ausland und fremden Kulturraum verlangt
demzufolge auch eine interkulturelle Kompetenz.

Das folgende Kapitel setzt sich daher mit der tunesischen Kultur auseinander, die, obwohl sie stark durch ihren islamisch-arabischen Hintergrund geprägt ist, nicht mit der Kultur anderer arabischer Länder
gleichzusetzen ist.

Ziel ist es, Gewohnheiten sowie Sitten und Brauche des Geschäfts- und
Alltagslebens Tunesiens, die von denen der deutschen Kultur besonders
stark differieren, herauszustellen und den kulturellen Hintergrund zu
beleuchten.

Nachfolgende Untersuchungspunkte beruhen im Wesentlichen auf Be-
obachtungen und Erfahrungen der Autorin.

### 4.1  Kulturelle Orientierung im Geschäftsleben

#### Geschäftssprache

Für Verhandlungen in Tunesien ist Französisch als Geschäftssprache
unverzichtbar. Deutsch und Englisch werden in Geschäftskreisen eher
selten benutzt. Formulare und Broschüren sollten für die tunesischen

Partner in französischer Sprache vorliegen, wenn nicht sogar zunehmend in Arabisch.

Im Kontakt mit Tunesiern erweist es sich als hilfreich, sich einige arabische Floskeln anzueignen. Tunesier freuen sich über den Willen der Ausländer, sich ihrer Kultur anzunähern und werden dieses Interesse mit einer aufgelockerteren Atmosphäre belohnen.

## Zeitverständnis/Pünktlichkeit

Jedem, der sich bereits in arabischen Ländern aufgehalten hat, wird die Lebenslust der einheimischen Bevölkerung aufgefallen sein. Und Lebenslust im arabischen Sinne wird nicht unbedingt mit Arbeit in Verbindung gebracht.

Die Arbeit ist notwendig, um das Überleben abzusichern, steht aber nicht im Mittelpunkt des Lebens. Daher wird ein Tunesier seine Freizeit kaum mit dem Ableisten von Überstunden verbringen, sondern lieber den Weg in ein Café suchen.

Verspätungen sind in Tunesien Normalität. Dies hängt einerseits mit der arabischen Kultur zusammen, die sich gern viel Zeit für alle angenehmen Dinge des Lebens reserviert, aber auch mit der unterentwickelten Infrastruktur in den Städten. Das öffentliche Verkehrsnetz funktioniert im Vergleich zu Deutschland nach anderen Regeln. Feste Abfahrtszeiten für innerstädtische Busse und Bahnen existieren nicht, so dass Verspätungen nie auszuschließen sind. Termine können sich demnach auch mal um eine oder zwei Stunden verzögern.

Die Deutschen sind jedoch für ihre Disziplin und Pünktlichkeit bekannt. Auch wenn der tunesische Geschäftspartner nicht pünktlich erscheint, wird vom deutschen Partner Pünktlichkeit erwartet.

## Arbeitszeiten

In der Regel arbeiten tunesische Unternehmen von montags bis samstags. In einigen Unternehmen und auch in der Verwaltung wird am Freitag aufgrund des Freitagsgebets nicht bzw. nur halbtags gearbeitet.

Im Monat des Ramadan beenden die Frauen oft mittags ihre Arbeit, um die aufwendigen und zeitintensiven Speisen für den Fastenbruch zum Sonnenuntergang vorzubereiten.

Aufgrund der hohen Temperaturen in den Sommermonaten arbeiten sämtliche Unternehmen, die Verwaltung inbegriffen, im Juli und August nur vormittags (séance unique).

Für streng Gläubige ist es durchaus üblich, die Arbeit während der Gebetszeiten zu unterbrechen, um sich für einige Minuten dem Gebet zu widmen.

Geschäftsreisen nach Tunesien sollten aufgrund religiöser Feste, vor allem während des Fastenmonats Ramadan, dem Ende des Fastenmonats Aïd Al-Fitr und dem Opferfest Aïd Al-Adha (10. Tag des Pilgermonats) vermieden werden, da in dieser Zeit das Geschäftsleben entweder komplett lahm liegt oder nur schleppend funktioniert. Gleiches gilt für die heißen Sommermonate Juli und August.

## Begrüßung

In Geschäftskreisen ist der Händedruck weit verbreitet. Jedoch sollte einem Tunesier nie die linke Hand gereicht werden, da sie nach dem Islam die unreine Hand ist. Streng gläubige Moslems vermeiden den Händedruck mit einer Frau.

Geschäftsleute sollten mit ihrem gesamten Titel in französischer Sprache angesprochen werden, da die Ausbildung als Statussymbol gilt und auf die Bedeutung im Unternehmen hinweist.

Zwischen Freunden gestaltet sich die Begrüßung sehr herzlich. Die übliche Floskel „Ça va, le bes?" mit deren Antwort „Ça va, le bes, hamdulillah" wird zwischen Männern oft von einer Umarmung und einem Klopfen auf die Schulter begleitet. Frauen bevorzugen die französische Art der Begrüßung und küssen erst die rechte, dann die linke Wange. Die Begrüßung zwischen Männern und Frauen ähnelt der zwischen Frauen. Eine größere Distanz ist oft bei streng Gläubigen der Fall.

## Kleidung

Obwohl Tunesien ein relativ modernes und offenes arabisch-islamisches Land ist, sollten die vielerorts leicht bekleideten europäischen Touristen im lockeren Freizeitdress nicht zum Vorbild für eine angemessene Kleidung genommen werden.

Der Geschäftsmann sollte sich konservativ kleiden. Ein Kostüm mit Krawatte gilt als angemessen, auch im heißen Sommer. Frauen sollten ihre Schultern bedecken und Röcke tragen, die nicht viel mehr als die Knie zeigen. Jeans sollten sowohl von Männern als auch von Frauen gemieden werden. Der Kleidungsstil in der tunesischen Geschäftswelt orientiert sich stark an der französischen Mode, die generell als elegant gilt.

## Umgangsformen

Tunesier zeichnen sich durch ihre Freundlichkeit und ein stetiges Lächeln aus. Zu jeder Begrüßung gehört ein Smalltalk mit Fragen nach dem eigenen Wohlbefinden und dem der Familie. Die räumliche Distanz zum Gesprächspartner ist geringer als in Mitteleuropa und auch eine Umarmung oder ein Schulterklopfen während des Gesprächs ist nicht ungewöhnlich.

> Und so ihr gegrüßt werdet mit einem Gruß, so grüßet mit schönerem wieder oder gebet ihn zurück.[323]

Kritik wird nur zwischen den Zeilen zum Ausdruck gebracht und erreicht nicht selten nur über Umwege den Adressaten. Gleiches gilt für Ablehnungen. Ein Angebot, das als Reaktion ein „Inschallah" (so Gott es will) erhält, gilt weder als Zu- noch als Absage.

## Geschenke

Geschenke werden nicht erwartet. Jedoch ist die Freude von Seiten der Tunesier über deutsche Produkte, die in Tunesien einen sehr guten Ruf

---

[323] Koran, 4. Sure, Leipzig 1989

als Produkte guter Qualität genießen, hoch. Geeignet sind Süßigkeiten (deutsche Schokolade und Pralinen) ohne Alkoholanteil oder auch Kaffee. Ebenso freuen sich Tunesier über technische Waren deutscher Herkunft.

## Geschäftsessen

Geschäftsessen sind ein gängiges Mittel, um Geschäftsanbahnungen zu diskutieren und seinen Gegenüber kennen zu lernen. In der Regel wird zum Mittag, gegen 13 Uhr, oder zum Abendessen, nicht vor 20 Uhr, in Restaurants höherer Kategorie eingeladen. Die Tischmanieren entsprechen in diesen Etablissements den europäischen.

Bei einer engeren Beziehung zwischen den Geschäftspartnern ist eine Einladung in die Familie des Gastgebers vorstellbar, ist sie doch Zeichen von Gastfreundschaft und Herzlichkeit der tunesischen Kultur. Beim Verzehr typisch tunesischer Speisen fallen auch die Tischmanieren traditionell tunesisch aus. Nicht selten ersetzt ein Stück Baguette zusammen mit der zuvor gründlich gewaschenen rechten Hand (nie die linke benutzen!) das von Europäern gewohnte Besteck.

In Restaurants ist es Arabern in der Regel untersagt, Alkohol zu bestellen und zu konsumieren, dies gilt im besonderen Masse freitags. Deutsche Gäste sollten sich daher auch zurückhaltend verhalten.

Im privaten Kreis in einer modernen und westlich orientierten tunesischen Familie ist es durchaus möglich, eine Flasche Wein oder Bier auf dem Tisch vorzufinden. Tunesier meiden den Alkoholverzehr in der Öffentlichkeit, sind im eigenen Heim dem Alkohol hingegen nicht immer abgeneigt.

Das laut Koran als unrein geltende Schweinefleisch wird weder im Restaurant, noch im privaten Kreis serviert werden.

## Einladungen

Einladungen werden von Tunesiern sehr gerne ausgesprochen. Bei engerem Kontakt sind auch Einladungen in private Häuser üblich. Es heißt, dass sobald ein Gast in einer tunesischen Familie gespeist hat, dieser als Freund zur Familie gehört.

## Gesprächsthemen

Wenn nicht direkt von Tunesiern angesprochen, sollten Themen wie Politik, Religion und Sexualität vermieden werden.

Vor allem in der Öffentlichkeit ist darauf zu achten, jegliche Kritik am bestehenden politischen Regime zu unterlassen.

## Verhandlungsführung

Tunesier gelten als geschickte Geschäftsleute, die sich ins Zeug legen, um aus ihrem Gegenüber das meiste herauszuholen. Daher sollten sich die Verhandlungsparteien schon vorher über maximale Zugeständnisse klar werden. In Tunesien ist fast alles Verhandlungssache, nicht nur auf dem Basar, sondern auch bei größeren Geschäften.

Tunesier nehmen sich für Verhandlungen gern viel Zeit und denken vor einer endgültigen Entscheidung lieber noch einmal genauer nach. Die menschliche Komponente ist dabei sehr wichtig. Nach zwei oder drei Geschäften bauen sich bereits freundschaftliche Beziehungen auf.

Als deutscher Geschäftsreisender sollte in Verhandlungen mit Tunesiern Geduld gezeigt werden; stets freundlich lächeln und bei Verzögerungen die Ruhe bewahren. Es mag sich als vorteilhaft erweisen, einen einheimischen Partner als Berater an seiner Seite zu haben, der mit den Gepflogenheiten vertraut ist und die Seriosität der Angebote abschätzen kann.

## 4.2  Kulturelle Orientierung im Alltag

Der folgende Abschnitt setzt sich mit der Alltagskultur der Tunesier auseinander. Anhand einiger Episoden aus dem tunesischen Leben werden Gewohnheiten und Besonderheiten der tunesischen Kultur dargestellt. Da im Rahmen dieser Arbeit nur wenige Situationen der tunesischen Alltagskultur ausgewählt werden können, erhebt dieser Abschnitt keinen Anspruch auf Vollständigkeit.

## Moslems, Juden und Christen

Der Islam ist in Tunesien Staatsreligion. Die Mehrheit der tunesischen Bevölkerung besteht aus sunnitischen Moslems. Darüber hinaus gibt es eine kleine jüdische Minderheit, die vor allem in Tunis und auf der Insel Djerba vertreten ist sowie wenige Christen, zumeist in Tunesien lebende Europäer.

Seit der Unabhängigkeit wurde das tunesische Recht laizisiert und damit der Schritt in die Moderne gewagt. Das Gesetz zum Rechtsstand der Person von 1956 ist das erste Gesetz in der gesamten arabischen Welt, das die Gleichberechtigung von Mann und Frau festlegte, die Polygamie verbat und die gerichtliche Scheidung einführte.

Auch wenn Tunesien ein für arabische Verhältnisse sehr modernes und ausgesprochen aufgeschlossenes Land ist, so ist seine islamisch-arabisch geprägte Kultur nicht zu übersehen. Moscheen unterschiedlicher Größe, Form und Farbe schmücken das gesamte Land, selbst in kleinsten Dörfern finden Moslems einen heiligen Ort.

| Schahada | Salat | Zakat | Saum | Hadsch |
|---|---|---|---|---|
| Bekenntnis zur Einheit Gottes und zur Prophetenschrift Mohammeds: „Ich bezeuge, es gibt keine Gottheit außer Gott; ich bezeuge, Mohammed ist der Gesandte Gottes." | Täglich fünfmal zu bestimmten Zeiten zu verrichtendes Gebet | Almosensteuer als Wohltätigkeit für die Notleidenden | Fasten im Monat Ramadan (9. Monat des islamischen Kalenders) | Wallfahrt nach Mekka, die jeder Gläubige, der es sich gesundheitlich und finanziell leisten kann, wenigstens einmal im Leben unternehmen soll |

*Tabelle 4-1 Die fünf Säulen des Islam (vgl. Antes, P.: Der Islam als politischer Faktor, Hannover 1997, 31-41)*

Fünfmal pro Tag ertönt der Gebetsaufruf vom Muezzin und versammelt zahlreiche Moslems, vor allem Tunesier fortgeschrittenen Alters, in den

Moscheen. Abgesehen von der Funktion als Gebetsstätte, dienen Moscheen nicht selten als Ort, um alte Bekannte zu treffen und ungestört im Koran zu lesen.

> Allahu akbar, Allahu akbar
> Ashhadu an la Ilah ila Allah
> Ashhadu an Mohammed rasul Allah
> Haya ala as-sala
> Haya ala as-sala[324]

Erscheint einem der Einfluss der Religion in großen Städten wie Tunis oder Sousse relativ schwach, so wandelt sich dieses Bild auf Dörfern und kleineren Städten weit ab vom Massentourismus. Dort lebt die tunesische Bevölkerung zum Großteil gemäß der Vorschriften des Korans, die Frauen führen ein weitaus zurückgezogeneres Leben als in den Metropolen des Landes.

Juden leben bereits seit 588 vor unserer Zeit in Tunesien, als Nebukadnezar El Qods (Jerusalem) einnahm. Eine zweite Gruppe von Juden kam nach Tunesien als der römische Kaiser Titus Jerusalem zerstörte. Ebenso flohen Juden aus Spanien und Italien und fanden in Tunesien Unterschlupf, wo sie von den Hafsiden tolerant aufgenommen wurden. Vor der Unabhängigkeit Tunesiens lebten in Tunis, Djerba, Gabès, Zarzis und Medenine noch mehr als 170 000 Juden. Heute sind es nur noch etwa 3 000, davon mehr als 700 auf der Insel Djerba, die noch über 15 Synagogen verfügt. Die Synagoge von Al-Ghriba auf Djerba zieht jährlich mehrere Tausend Juden anlässlich ihrer Pilgerreise am 33. Tag nach dem Pessach-Fest auf die Insel.

Derzeit leben noch etwa 14 000 Katholiken in Tunesien. Viele von den 280 000 Katholiken, die noch 1954 in Tunesien lebten, vor allem Franzosen, verließen nach der Unabhängigkeit das Land.

In Tunesien leben die Menschen unterschiedlicher Religionen äußerst friedlich miteinander. Abgesehen von dem terroristischen Anschlag auf die Al-Ghriba Synagoge auf Djerba, am 11. April 2002, kann vor allem

---

[324] Teil des Gebetsaufrufs

das Zusammenleben von Moslems und Juden als vorbildlich und beispielhaft charakterisiert werden.

## Savoir-Vivre: Feiern und religiöse Feste

Das Vergnügen ist unbedingter Bestandteil der tunesischen Kultur. Tunesier lieben es, vor allem in den Sommermonaten die Abende und Nächte in Restaurants, bei Freunden oder Bekannten zu verbringen. Es wird gut gegessen, gesungen, getanzt, erzählt und viel gelacht.

Familienfeste sind in der Regel Feste für die gesamte Nachbarschaft oder das ganze Dorf. Rückt der Sommer näher, steigt auch die Zahl der Hochzeitsfeste, die in Tunesien sehr ausgedehnt über mehrere Tage zelebriert werden. Anlass zu sorgfältig geplanten Festen geben ebenso Beschneidungen, die Beendung der Wallfahrt nach Mekka, der Schul- oder Studienabschluss und Geburtstage.

Über die Familienfeste hinaus, stehen jedes Jahr von neuem die religiösen Feste auf dem Plan, die gewissenhaft vorbereitet werden. Die wohl interessanteste Jahreszeit ist der Monat des Ramadan, während dessen die Moslems von Sonnenaufgang bis Sonnenuntergang fasten. Am Tage ist das wirtschaftliche Leben gelähmt, alles geht nur schleppend voran. Dafür ist die Nacht umso lebendiger: Restaurants und Cafés öffnen ihre Pforten und laden zum Verweilen und natürlich zu Gaumenfreuden ein, die nur in der Nacht gestattet sind; in den prächtig geschmückten Moscheen wird gebetet. Kulturell erwacht die Stadt mit Vorstellungen in Theatern und Konzerten. Das Ende des Ramadan gipfelt in einem ausgelassenen Fest zum Fastenbruch, dem Aïd Al-Fitr.

Im 12. Monat des islamischen Kalenders am Ende der Pilgerreise nach Mekka wird das Opferfest begangen, an dem jede gläubige Familie, soweit sie es sich leisten kann, ein Schaf schlachtet. Bereits einige Tage vor dem Opferfest sind die Strassen von Schafen belebt, die auf ihr Schicksal warten. Am Tag des eigentlichen Festes läuft nicht selten das Blut geschlachteter Tiere die Strassen hinunter, während die gesamte Familie bereits mit der Verarbeitung des Schafes zu leckeren Speisen beschäftigt ist.

Ein weniger groß angelegtes Fest ist der Geburtstag des Propheten Mohamed – Mouled – am 12. Tag des dritten Monats nach dem islamischen Kalender, an dem die für dieses Fest typische Assida verzehrt wird, eine Art Pudding, der mit Nüssen und anderen Süßigkeiten verziert wird. In der Nacht zum Mouled werden Gebete abgehalten (vor allem in Kairouan), aus dem Koran zitiert und Familienmitglieder und Freunde getroffen.

## Frauenpower

Was wären die tunesischen Männer ohne ihre tatkräftigen Frauen? Während die Männer sich zu ihrer Runde im Café treffen, erledigen die Frauen den täglichen Einkauf auf dem Markt, bringen ihre Kinder zur Schule, bereiten das Essen vor, waschen und putzen.

Doch anders als in den meisten arabischen Ländern, wird die Frau in Tunesien auch außerhalb des Haushaltes tätig. Heute ist es normal, dass die jungen Frauen arbeiten und zum Familieneinkommen beitragen. Einerseits ist es schwierig, lediglich mit dem Einkommen des Mannes eine Familie zu ernähren und sich ein wenig Luxus zu leisten, aber andererseits emanzipieren sich die tunesischen Frauen immer mehr und gehen mit Freude an die Arbeit.

Selbstbewusst und auch für europäische Verhältnisse sehr adrett gekleidet, ist die Frau heute aus der tunesischen Berufswelt nicht mehr wegzudenken.

Wie stark sich in den letzten Jahrzehnten die Rolle der tunesischen Frau gewandelt hat, wird klar, wenn ältere und traditionell gekleidete Frauen und junge, reizend angezogene Damen aufeinandertreffen. Erstere mit den Traditionen des Islam verbunden, Letztere mehr an Mode und Musik interessiert als an religiösen Verpflichtungen.

Zu verdanken haben die Frauen einen Großteil ihrer Rechte dem ehemaligen Präsidenten Habib Bourguiba, der 1956 das moderne Personenstandrecht einführte, aber auch sein Nachfolger Ben Ali führt diese frauenfreundliche Politik fort.

## Couscous, Harissa, Minztee und Chicha

Die tunesische Küche ist reich an Köstlichkeiten. Aus der Vielfalt der Gewürze, dem stetig frischen Obst und Gemüse sowie Geflügel und Hammelfleisch, zaubern geschickte Hände schmackhafte Speisen. Die tunesische Küche gilt als sehr gesund, aber auch als sehr pikant.

Wer in Tunesien verweilt, wird an dem Stolz eines jeden Tunesiers, dem Nationalgericht Couscous, nicht vorbeikommen. Der Couscous, eine Art Hartweizengrieß, wird gedämpft, dazu eine stark gewürzte und pikante Tomatensauce mit allerlei frischem Gemüse, Hammelfleisch, Huhn oder Innereien zubereitet. Anschließend wird der Couscous mit der Sauce vermischt und mit Gemüse und Fleisch garniert. Guten Appetit!

Für europäische Gaumen ist vor allem die tunesische Harissa, eine Paste aus Peperoni, Olivenöl und anderen Gewürzen, gewöhnungsbedürftig, ist sie doch für unsere Verhältnisse außerordentlich scharf. Wer in Tunesien satt werden will, muss sich an diese Schärfe schnell gewöhnen, denn kaum eine tunesische Speise kommt ohne Harissa aus. Besonders im Winter bietet sich der Verzehr von Harissa an, schließlich wärmt sie den Körper von innen und lässt einen für eine Weile die feucht-kalte Umgebung vergessen.

Zum Abschluss eines tunesischen Essens darf der Minztee nicht fehlen. In kleinen Gläsern wird er stark konzentriert und gesüßt ausgeschenkt.

Wem der Tee nicht ausreicht, kann den Abend mit einer Wasserpfeife „Chicha" ausklingen lassen, die in verschiedenen Geschmacksrichtungen erhältlich ist. In Cafés ist dieses Vergnügen jedoch in der Regel nur der männlichen Bevölkerung vorbehalten.

## Zurück in vergangenen Zeiten: Badekultur Hammams

Im Prinzip ist es wie eine Sauna, der Hammam. In mehreren unterschiedlich stark beheizten Räumen waschen sich Männer und Frauen getrennt und reinigen ihre Körper mit Seife und sehr viel Wasser.

O ihr, die ihr glaubt, wenn ihr hintretet zum Gebet, so waschet euer Gesicht und eure Hände bis zu den Ellbogen und wischet eure Häupter und eure Füße bis zu den Knöcheln ab. Und so ihr durch den Samen befleckt seid, so reinigt euch. Und so ihr krank oder auf einer Reise seid oder einer von euch kommt vom Abtritt oder ihr habt die Frauen berührt und findet nicht Wasser, so nehmet guten Sand und wischet euch das Gesicht und die Hände damit.[325]

Im kühlsten Raum entkleidet man sich bis auf den Slip und geht anschließend an die Arbeit in einem der wärmeren Räume, denn Hammam bedeutet nicht nur Erholung: mehrere Eimer sind mit Wasser zu füllen, um sich anschließend damit reinigen zu können. Gegenseitig oder mit Hilfe einer Waschfrau bzw. eines Waschmannes wird die Haut mit einem kratzigen Waschhandschuh abgerubbelt. Der gesamte Körper wird so von abgestorbenen Hautzellen befreit. Das kräftige Rubbeln kann zwar etwas schmerzlich sein, aber das frische Gefühl und die samtig weiche Haut danach entschädigen für die Momente des Leidens. Am Ende der Waschprozedur lässt man sich im kühlsten Raum nieder, um sich von der Hitze auszuruhen.

Auch wenn der erste Besuch eines Hammams mit einiger Überwindung verbunden ist, so wird der zweite Besuch sicher nicht lange auf sich warten lassen.

### Abenteuer Personenverkehr

Das Leben ohne Auto kann in Tunesien schnell zu einem Abenteuer werden. In der Hauptstadt Tunis ist das Angebot des öffentlichen Personennahverkehrs vielfältig: Metro, für deutsche Verhältnisse wäre „Straßenbahn" die exaktere Bezeichnung, die gelben Stadtbusse, grüne und etwas komfortablere Stadtbusse, die TUT – kleine private Busse, aber auch unzählige gelbe Taxis schmücken das Straßenbild im immer lebendigen Tunis.

---

[325] Koran, 5. Sure, Leipzig 1989

Die Suche nach einem Streckenplan für das Bus- oder Metronetz sowie nach Abfahrtszeiten bleibt erfolglos. Ein öffentliches Verkehrsmittel zu finden, in dem ausreichend Platz und Sauerstoff für alle Passagiere ist, bleibt eine Ausnahme.

In die nördlichen Vororte von Tunis führt die kleine Bahn TGM Tunis-Goulette-Marsa. Vor allem in den Sommermonaten scheint sich die gesamte Jugend von Tunis in dieser nicht klimatisierten Bahn zu treffen, um an die Strände von Sidi Bou Saïd, La Marsa oder La Goulette zu fahren.

Wer sich mit dem Gedrängel und dem ständigen Sauerstoffmangel nicht anfreunden kann, greift auf die im europäischen Vergleich sehr preiswerten Taxis zurück, die sich in der gesamten Stadt tummeln, immer auf der Suche nach Fahrgästen. Nur Vorsicht: das Taxameter sollte funktionieren und der kürzeste Weg nicht durch etliche Nebenstrassen führen, sonst wird der „Freundschaftspreis" zu einem teuren Vergnügen.

Soll die Reise etwas weiter gehen, stehen Bahn, Busse oder die Sammeltaxis „Louages" zur Wahl. Die Bahn funktioniert nach dem Motto: frühes Erscheinen sichert die besten Plätze. Wer zu spät kommt, muss mit einem Stehplatz zwischen den Wagons Vorlieb nehmen. Auch in den Zügen ist deutsches Ordnungsdenken fehl am Platz: Taschen, Koffer und Kartons versperren die Gänge, Babys schreien, Jugendliche singen und die Zeitungen wandern von einem zum anderen.

**Landschaftliche Vielfalt**

Knappe drei Stunden von Tunis entfernt über immer schmaler werdende Strassen und Serpentinen, gelangt man im Nordwesten nach Tabarka, wenige Kilometer von der algerischen Grenze entfernt. Wer sich hier niederlässt, fühlt sich wie Gott in Frankreich. Eingebettet in weite Waldflächen in den östlichen Ausläufern des Atlas-Gebirges, erstrahlt Tabarka als idealer Erholungsort mit seinen französisch anmutenden weißen Häusern mit roten Ziegeldächern. Wer in seinen Ferien absolute Ruhe und Erholung sucht, wird hier nicht enttäuscht. Die Umgebung Tabarkas erstrahlt das gesamte Jahr hindurch in einem gesunden Grün, auf dem sich vor allem Schafe, aber auch Rinder wohlfühlen. Die Kornkammer Roms hat sich an diesem Ende Tunesiens versteckt und ist heute noch wichtiges Getreideanbaugebiet.

Ein ähnliches Landschaftsbild zeigt sich auf der Halbinsel Cap-Bon im Nord-Osten Tunesiens. Auch sie zählt zur Kornkammer und ist das Hauptobstanbaugebiet des Landes. Vor einem liegen weite grüne Felder mit Schafen und unzähligen Rindern, die sich sichtlich wohler fühlen als in der dürren Wüste. Von einem afrikanischen Wüstenland erwartet kaum ein Tourist eine solch üppige Natur. Das Meer schimmert bei Sonnenschein in den unterschiedlichsten Blau- und Grüntönen und bildet mit den Felsen und Klippen der Küste um Korbous und El Houaria ein paradiesisches Bild.

Während weniger Stunden Autofahrt in Richtung Süden des Landes verändert sich das Landschaftsbild drastisch. Die Sahelzone beginnt in der Umgebung von Sousse. Das satte Grün des Nordens schwindet zunehmend, die Flussläufe werden kleiner, wenn sie nicht schon komplett ausgetrocknet sind, und vor einem breiten sich weite Ackerflächen mit rötlichen Böden aus. So weit das Auge reicht, erstrecken sich Olivenbäume, die im Sahel optimale Wachstumsbedingungen finden. Auf den Feldern sind vereinzelt Schaf- und Ziegenherden zu erblicken, oftmals von Kindern bewacht.

Wer Sfax hinter sich lässt, ist von der Sahara nicht weit entfernt. Die Strassen werden schmaler und der Verkehr dünner, Lastwagen mit dem Ziel Libyen oder von den Phosphatwerken kommend sowie einige Kamele sind die Begleiter der Fahrt in den Süden. Ab Gabès führt der Weg durch eine karge Landschaft. Das Auge erblickt nur Steine, Berge und vereinzelt Büsche. Die unendliche Steinwüste, deren Berge im Sonnenuntergang hinter aufgewirbeltem Sand rot-braun schimmern, hinterlässt unvergessliche Eindrücke.

Die Oasen Tozeur und Douz sind nicht mehr weit entfernt. Douz ist auch in Europa als Dattelanbaugebiet bekannt und konnte sich den Charme vergangener Zeiten noch erhalten. Auf Eseln und Pferden bewegen sich die Einwohner hier noch fort und leben hauptsächlich vom Gold der Oase, den Datteln. Einen Sonnenaufgang in den frischen

Morgenstunden in den unendlich weit wirkenden feinen Sanddünen der Sahara ist die beste Variante, einen Tag, an dem fast 50°C erreicht werden können, einläuten zu lassen.

Zurück in der tunesischen Hauptstadt, nach etwa sieben bis neun Stunden Autofahrt, realisiert man den Facettenreichtum Tunesiens. Im Norden die grüne Landschaft, die Hauptstadt mit der relativ modernen Bevölkerung und im Gegensatz die weite Wüste des Südens mit Menschen, die in Hütten leben, sich auf Eseln fortbewegen und den Traditionen ihrer Religion noch folgen. Wer bekommt bei dieser Abwechslung nicht Lust, auf Entdeckungsreise durch dieses Land der Kontraste zwischen Orient und Okzident zu gehen?

# 5  Anhang

## 5.1  Chronik

| | |
|---|---|
| 500.000 v. Chr. | Erste Besiedlungsspuren. Später lassen sich die Vorfahren der Berber nieder. |
| 814 v. Chr. | Gründung des zur Weltmacht aufsteigenden Karthagos durch phönizische Kolonisten, angeführt von der Königin Didon (auch „Elyssa" genannt). Die neue Siedlung entwickelt sich und wird ein bedeutender Mittelpunkt für Zivilisationen und zu einer Besorgnis erregenden Kraft für Rom. |
| 264-146 v. Chr. | Die drei Kriege punischen Kriege werden gegen Rom ausgetragen und veranlassen unter anderem den Feldzug Hannibals, der die Alpen mit seinen Elefanten (218-202 v. Chr.) überquert. Die Niederlage Karthagos beendet die Kriege. |
| 146 v. Chr. - 439 | Die Römer machen Karthago dem Erdboden gleich, das Gebiet wird Teil des römischen Imperiums. Die erste römische Kolonie wird errichtet und das Land blüht auf. Die Landwirtschaft und städtische Bebauung entwickeln sich. Tunesien wird zur Kornkammer Roms. Der Reichtum fließt u.a. in prunkvolle Bauten. |
| 439 | Die Vandalen erobern Karthago. |
| 533 | Die Byzantiner erobern Karthago zurück. |
| 647-698 | Die arabisch-islamische Ära beginnt. Oqba Ibn Nafaa gründet im Jahre 670 Kairouan. 698 übernehmen die Araber Karthago. |
| 800-909 | Der Islam breitet sich aus und die Aghlabiden-Dynastie (Bau der Moschee Zitouna in Tunis) wird errichtet. Kairouan wird zum politischen und intellektuellen Zentrum des Maghreb. |
| 909-1159 | Die Dynastie der Fatimiden verlegt 916 die Hauptstadt nach Mahdia, 973 schließlich nach Kairo und setzt die Zeriden als Statthalter in Tunesien ein. |
| 1051 | Einfall von Beni-Hilal als Strafexpedition der Fatimiden gegen die Zeriden, die sich 1048 von der Vorherrschaft Kairos losgesagt hatten. Das gesamte Land wird verwüstet. |
| 1159-1207 | Tunesien gerät unter die Herrschaft der fundamentalistischen Almohaden-Dynastie aus Marokko, die 1207 die Hafsiden als Statthalter einsetzt. |

| | |
|---|---|
| 1207-1574 | Unter den Hafsiden, die sich 1229 von den Almohaden lossagen, erlebt Tunesien eine neue Blütezeit durch Zuwanderung aus Spanien geflohener Araber und den Aufstieg von Tunis zur Metropole. |
| 1574 | Tunesien wird dem Osmanischen Reich einverleibt. Das Land wird durch einen von Istanbul eingesetzten Gouverneur regiert. Piraterie wird eine wichtige Einnahmequelle der Küstenstädte und des Herrscherhauses. |
| 1705 | Bey Ali gründet die Husseiniten-Dynastie, die offiziell erst am 25. Juli 1957 gestürzt wird. |
| Mitte 19. Jh. | Die Herrscher Nordafrikas verschulden sich aufgrund verschwenderischer Hofhaltung und geraten damit in die Abhängigkeit der europäischen Geberländer. |
| 1881-1956 | Französische Truppen marschieren aus dem zuvor besetzten Algerien ein, um Forderungen nach Rückzahlung der Schulden Nachdruck zu verleihen, und stellen das Land am 12. Mai 1881 unter Protektoratsherrschaft. Der antikolonialistische Wiederstand dauert während der gesamten 75 Jahre französischer Dominanz an. Zuerst angeführt von der Destour-Partei (1920), erhält der Kampf mit der Néo-Destour, gegründet 1934 von Habib Bourguiba, einen neuen Schwung. |
| 1902 (11. Juni) | Prinz Mohammed El Hadi übernimmt nach dem Tod des Beys von Tunis Ali III. als Mohammed IV. die Regierung in Tunesien. |
| 1906 (8. Juli) | Ein schwerer Wirbelsturm kostet Hunderten von Menschen in Tunis das Leben. |
| 1911 (18. April) | Der französische Staatspräsident Armand Fallières trifft zu einem 12tägigen Tunesien-Besuch in Bizerte ein. Nominell gehört Tunesien zum Osmanischen Reich, faktisch ist es jedoch französisches Protektorat. |
| 1911 (7. November) | Bei antiitalienischen Ausschreitungen in Tunis werden fünf Italiener und zwei Franzosen von Arabern getötet. |
| 1929 (11. Februar) | Ahmed II wird neuer Bey von Tunis und löst Modammed VI. ab. |
| 1938 (14. April) | Die Polizei beendet die seit zwei Wochen andauernden Unruhen in Tunis. Die liberal-konstitutionelle Partei Néo-Destour wird von den französischen Behörden aufgelöst |

und ihre Führer, darunter der Gründer Habib Bourguiba, verhaftet.

1938 (7. Dezember)     In vielen italienischen Städten wird seit Tagen für einen Anschluss von Tunis und Korsika an Italien demonstriert.

1938 (17. Dezember)    Italien teilt Frankreich mit, sich nicht mehr an das Laval-Mussolini-Abkommen vom 7. Januar 1935 über Kolonial-kompensation in Nordafrika, das jedoch nie ratifiziert wur-de, gebunden zu fühlen. Darin war u.a. die Abtretung von drei Kolonialgebieten an Italien und die Zustimmung Itali-ens zum Abbau des privilegierten Status der Italiener in Tunesien vereinbart worden.

1939 (8. Januar)       Edouard Daladier, Ministerpräsident Frankreichs, beendet seine am 2. Januar begonnene Reise durch Korsika, Tune-sien und Algerien. Gegenüber Ansprüchen Italiens betont Daladier die Bindung dieser Gebiete an Frankreich.

1939 (7. März)         In Bizerte werden elf aus dem spanischen Cartagena geflo-hene Schiffe der republikanischen Flotte interniert.

1942 (9. November)     Alarmeinheiten des deutschen Heeres werden von Sizilien aus auf dem Luftweg nach Tunis überführt, um in Tunesien einen deutsch-italienischen Brückenkopf zu errichten.

1942 (17. November)    50 km westlich von Bizerte entfachen erste Kampfhand-lungen zwischen alliierten und deutschen Truppen.

1942 (4. Dezember)     Deutsche Panzereinheiten erobern Tebourba, 30 km west-lich von Tunis und bringen damit den britisch-US-amerikanischen Versuch, ganz Tunesien in die Hand zu bekommen, vorerst zum Scheitern.

1943 (10. Februar)     Die achte britische Armee erreicht die tunesische Grenze.

1943 (23. Februar)     Die deutschen und italienischen Truppen in Tunesien wer-den unter Leitung von Generalfeldmarschall Erwin Rom-mel zur Heeresgruppe Afrika zusammengefasst.

1943 (6. März)         Die deutsch-italienische Heeresgruppe Afrika startet eine Offensive gegen die vor der Mareth-Linie aufmarschierte achte britische Armee in Tunesien.

1943 (10. März)        Erwin Rommel versucht vergeblich, Adolf Hitler dazu zu bewegen, einer Räumung des größten Teils von Tunesien durch die deutschen Truppen zuzustimmen.

1943 (7. April)        Mit dem Zusammentreffen von Teilen der achten britischen Armee und des II. US-Korps unter General George S. Pat-

| | |
|---|---|
| | ton beginnt die Einschließung der deutsch-italienischen Heeresgruppe Afrika in Tunesien. |
| 1943 (8. April) | Die achte britische Armee erobert die Hafenstadt Sfax. |
| 1943 (12. April) | Die achte britische Armee erobert die tunesische Stadt Sousse. |
| 1943 (19. April) | In Enfidha treten die alliierten Truppen zur Großoffensive gegen die deutsch-italienische Heeresgruppe Afrika ein. |
| 1943 (22. April) | Alliierte Jäger schießen über Tunis 16 deutsche Transportflugzeuge ab, darunter die letzten hier verfügbaren Großtransporter „Me 323". |
| 1943 (24. April) | Die Alliierten treten zu einer Offensive an. |
| 1943 (7. Mai) | Die Alliierten nehmen Bizerte und Tunis ein und spalten damit die deutsch-italienische Heeresgruppe Afrika in zwei Kampfgruppen auf. |
| 1943 (9. Mai) | Die fünfte deutsche Panzerarmee ergibt sich südlich von Bizerte den Alliierten. Erwin Rommel wird als Oberbefehlshaber der deutsch-italienischen Heeresgruppe Afrika abgelöst. |
| 1943 (11. Mai) | Die Alliierten nehmen Hammamet ein. |
| 1943 (13. Mai) | Die Reste der deutsch-italienischen Heeresgruppe Afrika in Tunesien kapitulieren. |
| 1951 (18. Dezember) | Nationalistische Kräfte sowie Gewerkschafts- und Berufsorganisationen rufen zu einem dreitägigen Generalstreik auf, um gegen die ablehnende Haltung Frankreichs in der Frage der tunesischen Autonomie zu protestieren. |
| 1952 (18. Januar) | Die Gewerkschaft der tunesischen Arbeiter UGTT ruft den Generalstreik aus. Es kommt zu blutigen Zwischenfällen und zur Verhaftung Bourguibas. |
| 1952 (25. März) | Salah El Din Baccouche wird zum tunesischen Ministerpräsidenten ernannt. |
| 1952 (26. März) | Ministerpräsident Mohammed Chenik wird zusammen mit drei weiteren Kabinettsmitgliedern von den französischen Behörden in Tunis verhaftet. Über das Protektorat wird aufgrund der Autonomiebestrebungen der Regierung Mohammed Cheniks der Ausnahmezustand verhängt. |
| 1952 (12. April) | Salah El Din Baccouche stellt sein neues Kabinett vor, das jedoch nur geringe Befugnisse hat. Frankreich behält als Kolonialmacht den weitreichenderen Einfluss auf die Außenpolitik und das Militär. |

| | |
|---|---|
| 1952 (5. Dezember) | Ferhat Hached, Generalsekretär des tunesischen Gewerkschaftsverbandes, wird erschossen. Zehn Gewerkschaftsführer werden aufgrund von Demonstrationen gegen die französische Präsenz von den französischen Behörden verhaftet. Daraufhin ruft der Gewerkschaftsbund zum Generalstreik auf. |
| 1953 (3. Mai) | Anlässlich der ersten Kommunalwahlen kommt es zu gewalttätigen Unruhen und mehreren Attentaten gegen Repräsentanten der Kolonialmacht Frankreich. |
| 1954 (29. Mai) | Auf den tunesischen Ministerpräsidenten Salah M'zali wird von Unbekannten ein Mordanschlag verübt. |
| 1954 (7. Juni) | Französische Truppen rücken in Südtunesien gegen Verbände tunesischer Nationalisten vor, die in den Wochen zuvor Terroranschläge auf französische Siedler verübt hatten. |
| 1954 (6. Juli) | Aufgrund zahlreicher Terroranschläge kommt es zur massenhaften Flucht französischer Siedler nach Frankreich. Die tunesischen Nationalisten verlagern das Aktionsfeld für ihre Anschläge mit Beginn der Traubenernte in die Weinberge der französischen Siedler. |
| 1954 (31. Juli) | Frankreich gewährt Tunesien innere Autonomie. Die Außenpolitik und Verteidigung Tunesiens werden weiterhin von den französischen Behörden wahrgenommen. |
| 1954 (2. August) | Tahar Ben Amar wird zum Ministerpräsidenten ernannt. |
| 1954 (19. November) | 25 Menschen werden bei schweren Zusammenstößen zwischen französischen Truppen und nationalistischen Kämpfern, den Fellaghas, in Tunesien getötet. |
| 1954 (10. Dezember) | In Tunesien läuft für die nationalistischen Befreiungskämpfer, den Fellaghas, die Frist aus, innerhalb derer sie sich straffrei ergeben können. Nach der Verleihung der internen Autonomie Tunesiens durch Frankreich hatten die Behörden das Amnestieangebot erlassen. 2760 Fellaghas machten davon Gebrauch. |
| 1955 (29. Mai) | Der französische Ministerpräsident Edgar Faure und der tunesische Ministerpräsident Tahar Ben Amar unterzeichnen in Paris einen Vertrag über die Gewährung der inneren Autonomie für Tunesien. |
| 1955 (9. Juli) | Die französische Nationalversammlung stimmt mit großer Mehrheit dem im Juni 1955 unterzeichneten Abkommen |

zwischen Frankreich und Tunesien zu, das Tunesien weit-
gehende innere Autonomie garantiert. Die Landesverteidi-
gung und die äußeren Beziehungen Tunesiens werden
weiterhin durch Frankreich wahrgenommen.

1955 (17. September)   Nach Inkrafttreten der französisch-tunesischen Vereinbarungen über die innere Autonomie Tunesiens wird die erste
reine tunesische Regierung unter Ministerpräsident Tahar
Ben Amar gebildet.

1955 (17. November)   Habib Bourguiba wird zum Vorsitzenden der Néo-Destour-
Partei gewählt. Bourguiba gilt als gemäßigter Politiker uns
setzt sich für eine Zusammenarbeit mit Frankreich, aber
auch für eine Beendigung der französischen Kolonialherrschaft über Tunesien ein.

1956 (20. März)   Der französische Außenminister Christian Pineau und Tahar Ben Ammar unterzeichnen in Paris ein Protokoll zur
offiziellen Anerkennung der Unabhängigkeit Tunesiens
durch die Kolonialmacht Frankreich.

1956 (25. März)   Die Nationale Front von Habib Bourguiba erringt bei den
Wahlen zur verfassungsgebenden Versammlung alle 98
Mandate.

1956 (15. April)   Habib Bourguiba stellt in Tunis sein Kabinett vor, dem
abgesehen von einer Ausnahme nur Mitglieder seiner nationalistischen Partei angehören.

1956 (19. Mai)   Bei Kämpfen zwischen der französischen Armee und der
algerischen Befreiungsbewegung FLN an der Grenze zu
Tunesien werden auf beiden Seiten mehr als 100 Menschen
getötet. Daraufhin entsendet das französische Oberkom-
mando 25 000 Soldaten nach Algerien.

1956 (15. Juni)   Mit dem Austausch von Botschaftern nehmen Frankreich
und Tunesien offizielle diplomatische Beziehungen auf.

1956 (12. Juli)   Der französische Außenminister Christian Pineau bezeich-
net in einer Rede den Verbleib der französischen Truppen
in Tunesien als unverzichtbar.

1956 (18. Juli)   Aufgrund der Rede Christian Pineaus vom 12. Juli, brechen
tunesische Regierungsvertreter in Paris Verhandlungen mit
der französischen Regierung über die künftigen politischen
Beziehungen ab.

1956 (12. November)   Tunesien wird neben Marokko und dem Sudan in New York
als Mitglied in die UN-Vollversammlung aufgenommen.

| | |
|---|---|
| 1956 (2. Dezember) | Die französische Nationalversammlung billigt für die ehemaligen Kolonien Marokko und Tunesien Kredite in Höhe von rund 28,5 Mio. Euro, wovon ein Großteil der Unterstützung rückkehrwilliger französischer Staatsbürger in Nordafrika dienen soll. |
| 1957 (22. Juni) | Habib Bourguiba schlägt eine französisch-nordafrikanische Gemeinschaft zur Lösung der algerischen Frage vor, die durch General Charles de Gaulle zu verwirklichen wäre. |
| 1957 (25. Juli) | Die seit 250 Jahren bestehende tunesische Monarchie wird abgeschafft und die Republik ausgerufen, zu deren Präsident der bisherige Ministerpräsident Habib Bourguiba von der verfassungsgebenden Versammlung gewählt wird. |
| 1957 (1. September) | Französische Truppen verfolgen eine Gruppe algerischer Aufständischer von Algerien bis auf tunesisches Gebiet und töten dabei sechs Algerier und fünf Tunesier. |
| 1957 (14. November) | Großbritannien und die USA wollen trotz französischen Einspruchs Waffen an Tunesien liefern, um zu verhindern, dass Tunesien von der Sowjetunion mit Rüstungsmaterial versorgt wird. Frankreich fürchtet jedoch, dass die nach Tunesien gelieferten Waffen an algerische Aufständische weitergeleitet werden. |
| 1958 (8. Februar) | Ein Luftangriff erschüttert ein tunesisches Dorf. |
| 1958 (11. Februar) | Der französische Ministerpräsident Félix Gaillard übernimmt namens seiner Regierung die Verantwortung für den französischen Luftangriff auf ein tunesisches Dorf am 8. Februar, beschuldigt aber zugleich Tunesien, es habe den Zwischenfall durch sein Verhalten gegenüber algerischen Aufständischen im Grenzgebiet provoziert. |
| 1958 (30. April) | Bei einem Treffen von Vertretern der marokkanischen Istikal-Partei, der tunesischen Néo-Destour-Partei und der algerischen Nationalen Befreiungsfront in Tanger wird in einer Resolution über den Unabhängigkeitskrieg Algeriens dem Land die totale Unterstützung Tunesiens und Marokkos zugesichert. |
| 1958 (25. Mai) | Habib Bourguiba verkündet den Ausnahmezustand im Tunesien, nachdem es in den Tagen zuvor zu Gefechten zwischen tunesischen und französischen Truppen gekommen war. |

| | |
|---|---|
| 1958 (2. Juni) | Der französische Ministerpräsident Charles de Gaulle erklärt in Botschaften an Habib Bourguiba und den marokkanischen König Mohammed V., die gegenwärtigen Schwierigkeiten in den Beziehungen Frankreichs zu den nordafrikanischen Ländern sollten baldmöglichst beseitigt werden. |
| 1958 (17. Juni) | Tunesien und Frankreich einigen sich, dass die französischen Truppen innerhalb von vier Monaten mit Ausnahme der Hafenstadt Bizerte aus allen Stützpunkten in Tunesien abgezogen werden. |
| 1958 (6. September) | Tunesien und Marokko treten der Arabischen Liga als ordentliche Mitglieder bei. |
| 1958 (11. Oktober) | Im Rat der Arabischen Liga kommt es zu heftigen Auseinandersetzungen zwischen Tunesien und der Vereinigten Arabischen Republik (Zusammenschluss Ägyptens und Syriens), weil sich Letztere nach Ansicht Tunesiens in dessen innere Angelegenheiten einmischt. |
| 1958 (15. Oktober) | Tunesien bricht die diplomatischen Beziehungen zur Vereinigten Arabischen Republik ab. |
| 1958 (16. Oktober) | Anlässlich einer Rede zur Parlamentseröffnung beschuldigt Habib Bourguiba die Vereinigte Arabische Republik, ein Werkzeug der Sowjetunion zu sein und zu versuchen, ihren Einfluss auf den ganzen arabischen Raum auszudehnen. Tunesien wolle hingegen keinen Kommunismus und bleibe auf der Seite der westlichen Welt. |
| 1959 (1. Juni) | In Tunis wird die erste Verfassung Tunesiens von der Nationalversammlung verabschiedet. |
| 1959 (25. Juni) | Während eines Staatsbesuchs in Italien wirbt der französische Präsident Charles de Gaulle für eine Mittelmeer-Allianz zwischen Frankreich, Italien, Marokko und Tunesien mit dem Ziel, u.a. die Spannungen zwischen Israel und den arabischen Ländern zu mindern. |
| 1959 (8. November) | Die Néo-Destour-Partei des Präsidenten Habib Bourguiba erhält bei den ersten Parlamentswahlen in der Geschichte Tunesiens 91,5 % der abgegebenen Stimmen. |
| 1960 (14. März) | Die Bundesregierung in Bonn gibt bekannt, dass sie die Botschaft Tunesiens aufgefordert hat, das in ihrem Gebäude arbeitende Büro der algerischen Exilregierung aufzulösen. |

| | |
|---|---|
| 1961 (19. Juli) | Tunesische Truppen blockieren die Militärbasis Bizerte, um die Räumung des französischen Flottenstützpunktes vorzubereiten. |
| 1961 (23. Juli) | Aufgrund des Appells des UNO-Sicherheitsrates vom 22. Juli herrscht in Bizerte zwischen französischen und tunesischen Truppen Waffenruhe. |
| 1961 (28. Juli) | Die französische Delegation bleibt der Beratung des Weltsicherheitsrates über den Konflikt in Tunesien fern. Die Regierung in Paris hatte schon vor Beginn der Sitzung bekannt gegeben, dass sie sich durch keine Beschlüsse des UNO-Sicherheitsrates gebunden fühle und es für richtiger halte, den Fall direkt mit Tunesien zu verhandeln. |
| 1961 (21. August) | In Abwesenheit der französischen Delegation beginnt vor der Vollversammlung der Vereinten Nationen in New York die von Tunesien geforderte Debatte über die Bizerte-Frage. Tunesiens Botschafter Mongi Slim richtet einen Appell an die USA und die NATO-Verbündeten Frankreichs, die Vereinten Nationen zu unterstützen und den Rückzug der französischen Truppen von tunesischem Gebiet zu erzwingen. |
| 1961 (25. August) | In einer Resolution der UNO wird das Recht Tunesiens bekräftigt, von den Franzosen den Abzug aus dem Flottenstützpunkt Bizerte zu verlangen. |
| 1961 (29. September) | Frankreich und Tunesien unterzeichnen ein Abkommen, das es Frankreich gestattet, den Flottenstützpunkt Bizerte während der gegenwärtigen Ost-West-Spannungen noch zu behalten. |
| 1961 (14. Oktober) | In Folge der Unterstützung Tunesiens im Bizerte-Konflikt von Seiten des ägyptischen Staatspräsidenten Gamal Abd an Nasser, nehmen Ägypten und Tunesien ihre vor drei Jahren abgebrochenen diplomatischen Beziehungen wieder auf. |
| 1961 (18. November) | Habib Bourguiba erklärt seine Bereitschaft zu einem erneuten Angriff gegen den französischen Flottenstützpunkt Bizerte, wenn kein zufriedenstellendes Räumungsabkommen mit der Regierung in Paris erzielt werden kann. |
| 1962 (15. Januar) | In Paris beginnen Gespräche zwischen Tunesien und Frankreich zur Lösung des Bizerte-Konfliktes. |

| | |
|---|---|
| 1962 (21. Januar) | In Paris werden die Verhandlungen zwischen Frankreich und Tunesien zur Bizerte-Frage unterbrochen. |
| 1962 (30. Juni) | Frankreich gibt einen Teil seines Stützpunktgebietes in Bizerte an Tunesien zurück. |
| 1962 (25. Dezember) | Die tunesischen Sicherheitsbehörden decken eine Verschwörung gegen das Leben von Staatspräsident Habib Bourguiba auf, an der mehr als 20 Armeeoffiziere beteiligt waren. |
| 1963 (18. Januar) | Bourguiba bricht die diplomatischen Beziehungen zu Algerien ab und beschuldigt den algerischen Regierungschef Mohammed Ahmed Ben Bella, einen Attentatsversuch auf ihn unterstützt zu haben. |
| 1963 (11. Februar) | Auf einer Außenministerkonferenz in der marokkanischen Stadt Rabat beschließen Tunesien, Algerien und Marokko regelmäßige Zusammenkünfte, um Entwicklungs- und Handelspläne ihrer drei nordafrikanischen Länder zu koordinieren. |
| 1963 (2. August) | Tunesien und Madagaskar geben den Abbruch diplomatischer Beziehungen mit Portugal wegen dessen Kolonialpolitik bekannt. |
| 1963 (15. Oktober) | Mit der Räumung des Truppenstützpunktes Bizerte verlassen die letzten französischen Truppen Tunesien. |
| 1964 (9. Juli) | Der Vatikan und Tunesien ratifizieren ein am 17. Juni unterzeichnetes Abkommen, demzufolge von rund 90 Kirchen in Tunesien lediglich sieben als katholische Gotteshäuser bestehen bleiben. Die übrigen werden in öffentliche Einrichtungen umgewandelt. Zu dieser Entscheidung war es gekommen, da sich die Zahl der Katholiken in Tunesien nach dem Abzug der Franzosen und Italiener erheblich verringert hatte. |
| 1964 (3. Oktober) | Algerien, Libyen, Marokko und Tunesien gründen in Tunis zur Koordinierung ihrer Wirtschaftspolitik ein „Ständiges Konsultativkomitee des Maghreb". |
| 1965 (22. April) | Habib Bourguiba befürwortet in Tunis die Anerkennung Israels durch die arabischen Länder für den Fall, dass Israel die besetzten palästinensischen Gebiete räumt und die arabischen Palästina-Flüchtlinge wieder ansiedelt. Die arabischen Staaten lehnen den Vorschlag als Verrat an den Palästinensern ab. |

| | |
|---|---|
| 1966 (18. Juli) | Habib Bourguiba kommt zu einem viertägigen Besuch in die Bundesrepublik Deutschland und unterhält als einziges Mitglied der Arabischen Liga noch diplomatische Beziehungen mit Deutschland. |
| 1966 (3. Oktober) | Aufgrund der Verfechtung einer härteren Anti-Isreal-Politik von Seiten Ägyptens, haben sich die Beziehungen zwischen Ägypten und Tunesien in den letzten 18 Monaten verschlechtert und werden von Tunesien abgebrochen. |
| 1969 (24. April) | Nach zehntägigen Regierungsverhandlungen zwischen Tunesien und Deutschland in Bonn vereinbaren beide Länder Abkommen über finanzielle und technische Zusammenarbeit, u.a. in Bewässerungs- und Infrastrukturprojekten, land- und forstwirtschaftlichen Vorhaben sowie im Tourismus. |
| 1969 (17. Juni) | Im Rahmen der EWG-Nahrungsmittelhilfe werden in Brüssel vier Abkommen mit Pakistan, Tunesien, dem Sudan und Indonesien über die unentgeltliche Lieferung von Weichweizen unterzeichnet. Der Weizen darf nur der menschlichen Ernährung dienen und deren Verkaufserlöse werden auf einem Sonderkonto gutgeschrieben, aus dem Entwicklungsvorhaben finanziert werden sollen. |
| 1969 (2. November) | Habib Bourguiba wird als einziger Kandidat mit 99,76 % der Stimmen bei einer Wahlbeteiligung von 94,7 % zum dritten Mal zum Präsidenten gewählt. |
| 1970 (6. Januar) | Tunesien und Algerien unterzeichnen in Tunis einen Freundschaftsvertrag mit 20jähriger Laufzeit und legen ihre Grenzstreitigkeiten in der Sahara bei. |
| 1971 (26. Oktober) | Die Regierung Tunesiens tritt wegen Differenzen in der Führung der sozialistischen Destour-Partei zurück. Innerhalb der Führungsspitze ist vor allem die Liberalisierung des politischen Lebens im Land umstritten. |
| 1973 (17. März) | Habib Bourguiba ernennt den bisherigen UNO-Botschafter Tunesiens in Genf, Taha Belkhodja, zum neuen Innenminister. Der bisherige Amtsinhaber wurde aufgrund seiner Verwicklungen in einen Wirtschaftsskandal entlassen. |
| 1973 (30. März) | Wolkenbruchartige Regenfälle über Nordafrika haben besonders in Tunesien und Algerien die durch monatelange Dürre ausgetrockneten Flüsse über die Ufer treten lassen. Über 100 Menschen werden getötet. |

| 1974 (14. Januar) | Habib Bourguiba ersetzt den Außenminister Mohammed Masmoudi durch Habib Chatti. Nach inoffiziellen Angaben habe Masmoudi bei Verhandlungen zu der im Januar beschlossenen Fusion Libyens und Tunesiens libysche Interessen zu stark berücksichtigt. |
|---|---|
| 1974 (17. April) | Habib Bourguiba erklärt den im Januar mit Libyen geschlossenen Vertrag über eine Fusion beider Staaten für nichtig. |
| 1974 (14. September) | Auf dem 9. Jahreskongress der sozialistischen Destour-Partei wird Staatspräsident Habib Bourguiba einstimmig zum Staats- und Parteichef auf Lebenszeit ernannt. |
| 1974 (3. November) | Bei Parlaments- und Präsidentschaftswahlen erhält Habib Bourguiba nach offiziellen Angaben 99,98 % der Stimmen für eine fünfte Amtsperiode. |
| 1974 (24. November) | Drei Tage nach der Entführung einer britischen Verkehrsmaschine lassen die palästinensischen Terroristen auf dem Flughafen von Tunis ihre Geiseln wieder frei. Zuvor erschossen sie einen bundesdeutschen Passagier. |
| 1975 (6. November) | Als erste Visite eines französischen Staatsoberhauptes seit der Unabhängigkeit Tunesiens 1956, besucht Staatspräsident Valéry Giscard d'Estaing Tunesien. |
| 1976 (23. März) | Tunesien beruft seinen Botschafter aus der libyschen Hauptstadt Tripolis ab, nachdem in den Wochen zuvor über 1000 tunesische Arbeiter aus Libyen ausgewiesen wurden. Hintergrund ist eine drastische Verschlechterung der Beziehungen beider Staaten. |
| 1978 (26. Januar) | Bei einem Generalstreik in Tunesien kommt es zu schweren Auseinandersetzungen zwischen Arbeitern und der Polizei, bei denen mehrere Menschen ums Leben kommen. Die Arbeiter protestieren u.a. gegen die drastischen Preissteigerungen bei gleichzeitigem Lohnstopp. |
| 1981 (28. Februar) | In Tunis wird die Interafrikanische Sozialistische Gemeinschaft (IAS) gegründet, deren Ehrenvorsitzender Habib Bourguiba ist. Der IAS gehören elf Parteien aus neun afrikanischen Ländern an. Auf der Grundlage der Gleichheit und gegenseitigen Achtung soll eine fruchtbare und dauerhafte Zusammenarbeit zur Entwicklung des afrikanischen Kontinents und der Emanzipation seiner Völker erzielt werden. |

| | |
|---|---|
| 1982 (1. November) | Erstmals seit 1959 finden in Tunesien Parlamentswahlen unter Beteiligung mehrerer Parteien statt. Die regierende sozialistische Destour-Partei unter Habib Bourguiba gewinnt erneut alle Sitze im Einkammerparlament. |
| 1983 (18. März) | Der algerische Staatspräsident Chadli Benjeddid reist zu einem dreitägigen Staatsbesuch nach Tunesien. Es ist der erste Staatsbesuch nach jahrelangen Spannungen zwischen beiden Ländern. |
| 1983 (7. Dezember) | Griechenland kündigt eine Rettungsaktion für 4000 palästinensische Anhänger von PLO-Chef Jassir Arafat an, die in der nordlibanesischen Stadt Tripoli von Rebellen der eigenen Organisation eingeschlossen sind. Die PLO-Kämpfer werden mit griechischen Schiffen in den Nordjemen und nach Tunesien gebracht. |
| 1985 (1. Oktober) | Bei einem Luftangriff der Israelis auf das PLO-Hauptquartier 35 km südlich von Tunis kommen rund 60 Menschen ums Leben. PLO-Chef Jassir Arafat und die Führungsspitze der Palästinensischen Befreiungsorganisation bleiben unverletzt. |
| 1986 (8. Juli) | Wegen der schlechten Wirtschaftslage des Landes wird der tunesische Regierungschef Mohammed M'zali von Habib Bourguiba entlassen. Sein Nachfolger wird der bisherige Wirtschaftsminister Rachid Sfar. |
| 1986 (2. November) | Bei den Parlamentswahlen in Tunesien werden alle 125 Kandidaten der regierenden Sozialistischen Destour-Partei gewählt. Die Oppositionsparteien boykottieren die Wahlen, weil sie ihrer Ansicht nach nicht demokratisch ablaufen. |
| 1987 (28. September) | Der tunesische Staatsgerichtshof verhängt in Tunis gegen 90 Fundamentalisten wegen angeblicher Umsturzpläne drastische Strafen. Sieben Personen werden zum Tode verurteilt. |
| 1987 (7. November) | Zine El Abidine Ben Ali setzt den gealterten tunesischen Staatspräsidenten Habib Bourguiba wegen „körperlicher und geistiger Unfähigkeit" ab und wird sein Nachfolger. |
| 1988 (16. April) | In Tunis wird Abu Dschihad, stellvertretender Chef der Palästinensischen Befreiungsorganisation PLO und enger Vertrauter von Jassir Arafat, ermordet. |
| 1989 (17. Februar) | Mit der Unterzeichnung des Gründungsvertrages der Union des Arabischen Maghreb legen die Staatspräsidenten von |

Algerien, Libyen, Marokko, Mauretanien und Tunesien in Marrakesch den Grundstein für die schrittweise Bildung eines Großen Maghreb.

1989 (2. April)      In Tunis wählt der Zentralrat der Palästinensischen Befreiungsorganisation PLO den langjährigen PLO-Chef Jassir Arafat zum Präsidenten des im November 1988 ausgerufenen unabhängigen Staates Palästina.

Bei der vorgezogenen Präsidentenwahl wird Amtsinhaber Zine El Abidine Ben Ali, der als einziger Kandidat angetreten war, mit über 99 % der Stimmen bestätigt. Bei den gleichzeitig stattfindenden Parlamentswahlen gewinnt die regierende Partei RCD alle 141 Parlamentssitze.

1991 (14. Januar)    In Tunis werden der Sicherheitschef der Palästinensischen Befreiungsorganisation PLO, Abu Dschihad und Abu Hol, ein führendes PLO-Mitglied, ermordet.

1994 (11. Juli)      Die Palästinensische Befreiungsorganisation PLO verlegt ihr Hauptquartier von Tunesien nach Gaza.

1995 (12. April)     Vertreter der Europäischen Union und der Regierung Tunesiens unterzeichnen einen Vertrag über die umfassende Zusammenarbeit sowie den schrittweisen Abbau der Zollschranken. Dies ist das erste EU-Abkommen dieser Art mit einem Staat Nordafrikas.

1996 (4. Januar)     Die Innenminister von 20 arabischen Staaten beschließen auf einem zweitägigen Treffen in Tunis ein Acht-Punkte-Programm. Darin verpflichten sie sich u.a., keinerlei terroristische Aktivitäten auf ihrem Gebiet zu dulden.

1998 (1. März)       Das Europa-Mittelmeer-Abkommen zwischen der Europäischen Union und Tunesien tritt in Kraft.

1999 (24. Oktober)   Der amtierende Präsident Ben Ali wird mit 99,44 % der Stimmen wiedergewählt.

1999 (17. November)  Der Wirtschaftsfachmann Mohamed Ghannouchi wird zum neuen Premierminister ernannt.

2000 (12. Januar)    Für seinen Einsatz für die Rechte der Kinder Tunesiens erhält der Präsident Ben Ali den Preis des Internationalen Instituts für die Rechte des Kindes.

2000 (6. April)      Im Alter von 96 Jahren verstirbt der ehemalige Präsident Habib Bourguiba.

| | |
|---|---|
| 2000 (8. Juni) | Die nationale Fluggesellschaft Tunis Air nimmt den Flugverkehr nach Libyen wieder auf und bricht damit die internationale Blockade. |
| 2001 (September) | Tunesien ist Austragungsort der Mittelmeerspiele. |
| 2002 (2. April) | Das tunesische Parlament stimmt einer Verfassungsänderung zu, die dem Präsidenten eine vierte Amtsperiode ermöglicht. |
| 2002 (11. April) | Eine Explosion eines Gastankers mit terroristischem Hintergrund vor der Al-Ghriba-Synagoge auf Djerba fordert u.a. 14 deutsche Menschenleben. |
| 2002 (29. April) | Der tunesische Innenminister und der Sekretär für nationale Sicherheit werden aus ihrem Amt entlassen. |
| 2002 (1. Juni) | Der Präsident Ben Ali setzt eine neue Verfassung in Kraft, nachdem das Referendum zur Verfassungsänderung mit 99 % der Stimmen gewonnen wurde. Damit wird ihm eine vierte Amtsperiode ermöglicht. |

## 5.2 Karten

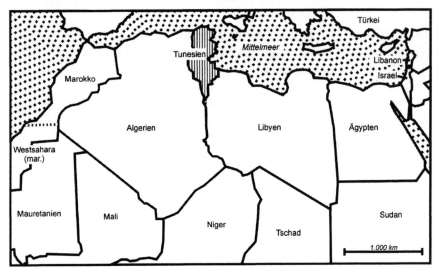

**Abbildung 5-1** *Nordafrika (Gestaltung: Monique Dorsch)*

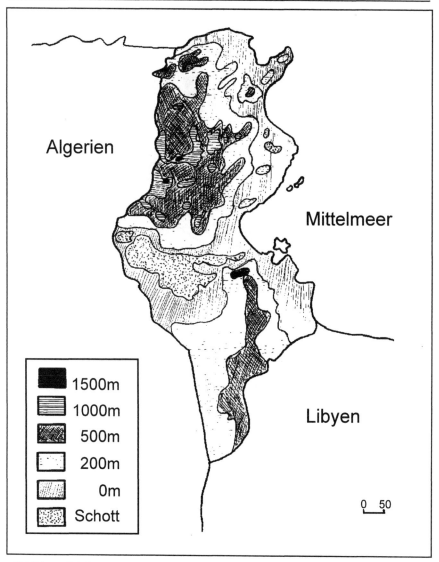

**Abbildung 5-2** Oberfläche Tunesien (Gestaltung: Rena Staiger)

***Abbildung 5-3*** *Verwaltungsstruktur (Gouvernorate) Tunesien (Gestaltung: Rena Staiger)*

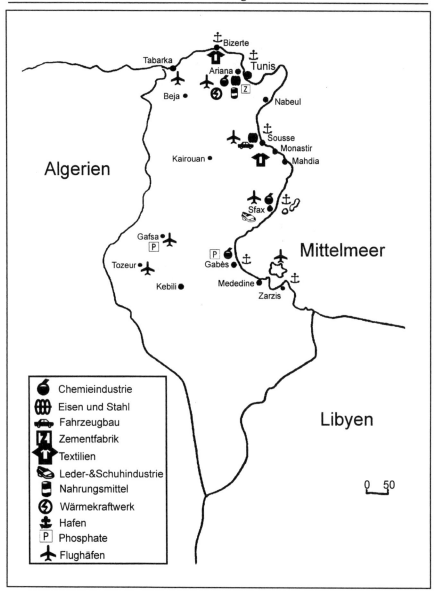

**Abbildung 5-4** *Industrie Tunesien (Gestaltung: Rena Staiger)*

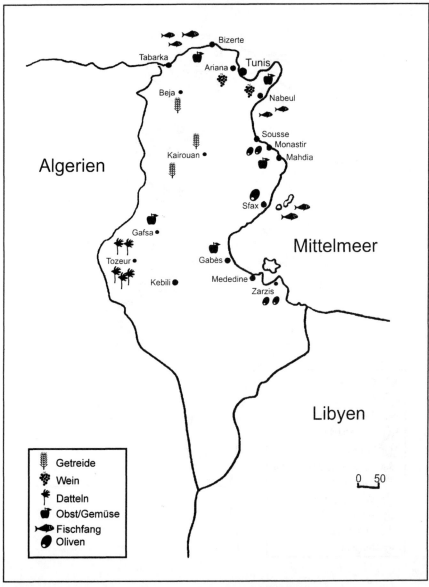

**Abbildung 5-5** *Landwirtschaft Tunesien (Gestaltung: Rena Staiger)*

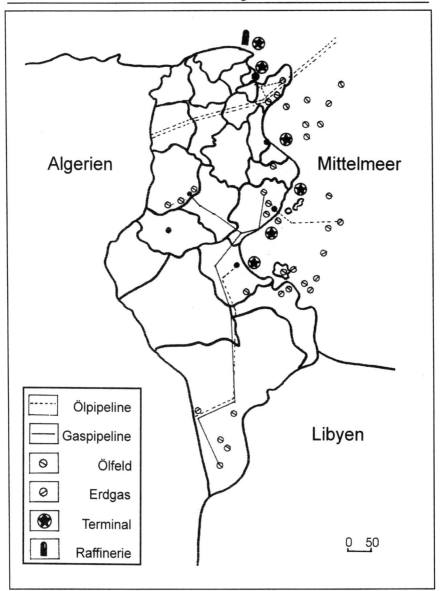

**Abbildung 5-6** *Öl und Gas Tunesien (Gestaltung: Rena Staiger)*

## 5.3 Ministerien

### Premier Ministère (Premierministerium)

Place du Gouvernement
La Kasbah
1008 Tunis
Tel.: (216-71) 263 991
e-Mail: prm@ministeres.tn

### Ministère de l'Intérieur (Innenministerium)

Avenue Habib Bourguiba
1000 Tunis
Tel.: (216-71) 333 000
e-Mail: mint@ministeres.tn

### Ministère de la Défense Nationale (Verteidigungsministerium)

Boulevard Bab M'Nara
1030 Tunis
Tel.: (216-71) 560 244
e-Mail: mdn@ministeres.tn

### Ministère des Affaires Etrangères (Aussenministerium)

Avenue de la Ligue des Etats arabes
Tel.: (216-71) 847 500, 785 074, 785 025
e-Mail: mae@ministeres.tn

### Ministère des Affaires de la Femme et de la Famille (Ministerium für Frau und Familie)

02, Rue d'Alger
1000 Tunis
Tel.: (216-71) 252 514, 336 721
e-Mail: maff@ministeres.tn

## Ministère de la Justice (Justizministerium)

31, Avenue Bab Benat
1006 Tunis – La Kasbah
Tel.: (216-71) 561 440
e-Mail: mju@ministeres.tn

## Ministère des Affaires Religieuses (Ministerium für Religiöse Angelegenheiten)

Avenue Bab Benat
1009 Tunis – La Kasbah
Tel.: (216-71) 570 147, 570 123
e-Mail: mar@ministeres.tn

## Ministère des Affaires Sociales (Ministerium für Soziales)

25, Boulevard Bab Benat
1006 Tunis – La Kasbah
Tel.: (216-71) 567 502
e-Mail: mas@ministeres.tn

## Ministère de l'Agriculture (Landwirtschaftsministerium)

30, Re Alain Savary
1002 Tunis
Tel.: (216-71) 786 833
e-Mail: mag@ministeres.tn

## Ministère de la Formation Professionnelle et de l'Emploi (Ministerium für Berufliche Bildung und Arbeit)

10, Avenue Ouled Haffouz
1005 Tunis
Tel.: (216-71) 792 727
e-Mail: mfpe@ministeres.tn

## Ministère de la Santé Publique (Gesundheitsministerium)

Bab Saadoun
1006 Tunis
Tel.: (216-71) 560 545
e-Mail: msp@ministeres.tn

## Ministère des Domaines de l'Etat et des Affaires Foncières (Ministerium für Staatliche Angelegenheiten und Grund und Boden)

19, Avenue de Paris
1000 Tunis
Tel.: (216-71) 341 644, 344 387, 341 174
e-Mail: mdeaf@ministeres.tn

## Ministère de l'Enseignement Supérieur (Ministerium für Höhere Bildung)

Avenue Ouled Haffouz
1030 Tunis
Tel.: (216-71) 786 300
e-Mail: mes@ministeres.tn

## Ministère des Technologies et de la Communication (Ministerium für Technologie und Kommunikation)

3, bis rue d'Angleterre
1000 Tunis
Tel.: (216-71) 359 000, 324 948
e-Mail: communications@ministeres.tn

## Ministère de la Coopération Internationale et de l'Investissement Extérieur (Ministerium für Internationale Zusammenarbeit und Auslandsinvestitionen)

98, Avenue Mohamed V
1002 Tunis Belvédère
Tel.: (216-71) 798 522
e-Mail: bo@mci.gov.tn

## Ministère du Commerce (Handelsministerium)

37, Avenue Kheireddine Pacha
1002 Tunis
Tel.: (216-71) 890 070, 890 337
e-Mail: mcmr@ministeres.tn

## Ministère de la Recherche scientifique et de la Technologie (Ministerium für Forschung und Technologie)

3, Rue Hooker Doolittle
Le Belvédère
1002 Tunis
Tel.: (216-71) 796 944, 796-827
e-Mail: mrst@ministeres.tn

## Ministère du Tourisme, des Loisirs et de l'Artisanat (Ministerium für Tourismus, Freizeit und Handwerk)

1 Avenue. Mohamed V
1001 Tunis
Tel.: (216-71) 341 077
e-Mail: mta@ministeres.tn

## Ministère des Droits de l'Homme, de la Communication et des Relations avec la Chambre des Députés (Ministerium für Menschenrechte, Kommunikation und Beziehungen mit der Abgeordnetenkammer)

Boulevard 7 novembre
Tunis

## Ministère des Finances (Finanzministerium)

Place du Gouvernement,
1008 Tunis – La Kasbah
Tel.: (216-71) 571 888
e-Mail: mfi@ministeres.tn

## Ministère de l'Industrie (Industrieministerium)

Immeuble Nozha, Montplaisir
CP 1002, Tunis
Tel.: (216-71) 791 132, 842 343, 894 216.
e-Mail: mind@ministeres.tn

## Ministère de la Culture (Kultusministerium)

8, Rue du 2 mars 1934
La Kasbah
1006 Tunis
Tel.: (216-71) 562 661, 563 006
e-Mail: mcu@ministeres.tn

## Ministère de la Jeunesse, de l'Enfance et des Sports (Ministerium für Jugend, Kind und Sport)

Avenue Ali Akid, Cité Nationale Sportive
1004 El Menzah – Tunis
Tel.: (216-71) 841 433
e-Mail: mje@ministeres.tn

## Ministère du Transport (Transportministerium)

Rue 8006 Montplaisir par l'avenue Med V.
Tunis
Tel: (216-71) 781 824, 787 022,
e-Mail: mtr@ministeres.tn

## Ministère de l'Equipement et de l'Habitat (Ministerium für Ausstattung und Wohnen)

Avenue Habib Chrita
Cité Jardin
1002 Tunis-Belvédère
Tel.: (216-71) 842 244
e-Mail: meh@ministeres.tn

## Ministère de l'Environnement et de l'Aménagement du Territoire (Ministerium für Umwelt und Raumplanung)

Centre Urbain Nord
1080 El-Menzah
Tel.: (216-71) 704 000
Fax: (216-71) 704 340
e-Mail: boc@mineat.gov.tn

## Ministère du Développement Economique (Ministerium für Wirtschaftliche Entwicklung)

Place Ali Zouaoui
1000 Tunis
Tel.: (216-71) 351 515, 350 847
e-Mail: mde@ministeres.tn

## Ministère de l'Education (Bildungsministerium)

Boulevard Bab Benat
1030 Tunis
Tel.: (216-71) 263 336
e-Mail: med@ministeres.tn

## 5.4 Fördereinrichtungen

### Centre de Promotion des Exportations (CEPEX) (Zentrum für Exportförderung)

28, Rue Ghandi
1001 Tunis
Tel.: (216-71) 350 344, 350 801
Fax: (216-71) 353 683
e-Mail: cepex.disi @cepex.org.tn
Internet: www.cepex.nat.tn

### Agence de Promotion de l'Industrie (API) (Zentrum für Industrieförderung)

63, Rue de Syrie
1002 Tunis
Tel.: (216-71) 792 144
Fax.: (216-71) 782 482
e-Mail: api@api.com.tn
Internet: www.tunisianindustry.nat.tn

### Agence de Promotion des Investissements Agricoles (APIA) (Förderungszentrum für Agrarinvestitionen)

62, Rue Alain Savary
1002 El Khadra Tunis
Tel.: (216-71) 771 300
Fax: (216-71) 796 453
e-Mail: prom.agri@apia.com.tn
Internet: www.tunisie.com/apia

### Agence de Promotion de l'Investissement Extérieur (FIPA) (Förderungszentrum für Auslandsinvestitionen)

63, Rue de Syrie
1002 Tunis Belvédère
Tel.: (216-71) 792 144
Fax: (216-71) 782 971
e-Mail: fipa.tunisia@mci.gov.tn
Internet: www.investintunisia.tn

**Compagnie Tunisienne pour l'Assurance du Commerce Extérieur (COTUNACE) (Tunesische Gesellschaft für Außenhandelsversicherung)**

Rue 8006 Cité Montplaisir
1002 Tunis Belvédère
Tel.: (216-71) 783 000
Fax: (216-71) 782 539
e-Mail: cotunace2@email.ati.tn
Internet: www.cotunace.com.tn

**Institut National de la Normalisation et de la Propriété Industrielle (INNORPI) (Nationales Amt für Normung und industrielles Eigentum)**

B.P. N°23
1002 Tunis Bélvédère
Tel.: (216-71) 785 922
Fax: (216-71) 781 563
e-Mail: inorpi@email.ati.tn

**Agence Tunisienne de Communication Extérieure (ATCE) (Tunesische Agentur für Außenkommunikation)**

3, Avenue Jean Jaurès
1001 Tunis
Tel.: (216-71) 345 866
Fax: (216-71) 330 746
e-Mail: tuninfo@tuniserv.tn
Internet: www.tunisie.com

## 5.5 Banken

### Banque Centrale de Tunisie

25, Rue Hédi Nouira
1001 Tunis
Tel.: (216-71) 340 588, 254 000
Fax: (216-71) 340 615, 354 214
e-Mail: bct@bct.gov.tn
Interent: www.bct.gov.tn

### Association Professionnelle des Banques de Tunisie

Avenue Kheireddine Pacha
Cité Ennassim – Bourgel – BP 45
1002 Tunis Belvédère
Tel.: (216-71) 840 422, 840 876
Fax: (216-71) 845 844
e-Mail: apbt@apbt.org.tn

### Offshore-Banken

### Beit Ettamouil Saoudi Tounsi

88, Avenue Hédi Chaker
1002 Tunis
Tel.: (216-71) 790 000
Fax: (216-71) 780 235
e-Mail: bestbank@planet.tn

### North Africa International Bank

Avenue Kheireddine Pacha – Lot Ennassim Bourjel
1002 Tunis
Tel.: (216-71) 950 800
Fax: (216-71) 950 840
e-Mail: naib@planet.tn

**Al-Ubaf International Bank**

Rue 8807 Montplaisir
1002 Tunis
Tel.: (216-71) 783 500
Fax: (216-71) 793 905
e-Mail: alub.tn@gnet.tn

**Union Tunisienne des Banques**

Rue 8011 Espace Tunis Bloc D 4ème étage
Montplaisir 1002
Tel.: (216-71) 950 100
Fax: (216-71) 950 016
e-Mail: utn-tunis@yahoo.fr

**Tunis International Bank**

18, Avenue des États Unis – BP.81
1002 Tunis Belvédère
Tel.: (216-71) 782 411
Fax: (216-71) 782 479
e-Mail: tibl.tib@planet.tn

**Loan and Investment CO.**

Complexe Mechtel – Avenue Ouled Haffouz
1002 Tunis Belvédère
Tel.: (216-71) 847 459
Fax: (216-71) 847 459

**CitiBank**

55, Avenue Jugurtha
1002 Tunis
Tel.: (216-71) 790 066
Fax: (216-71) 785 556

## Arab Banking Corporation

ABC Building – les Berges du Lac
1045 Tunis
Tel.: (216-71) 861 861
Fax: (216-71) 860 921
e-Mail: abctunis@arabbanking.com

## Entwicklungsbanken

### Banque de Tunisie et des Émirats d'Investissement

5 bis, Rue Mohamed Badra
1002 Tunis
Tel.: (216-71) 783 600
Fax: (216-71) 783 756
e-Mail: btei.dg@planet.tn

### Banque Tuniso-Quatari d'Investissement

Centre urbain Nord BP 320
1080 Tunis Cedex
Tel.: (216-71) 713 555
Fax: (216-71) 713 111
e-Mail: btqi.dergen@planet.tn

### Banque Arabe Tuniso-Libyenne de Développement et du Commerce Extérieur

25, Avenue Kheireddine Pacha BP102
1002 Tunis Belvédère
Tel.: (216-71) 781 500
Fax: (216-71) 782 818

**Société Tuniso-Saoudienne d'Investissement et de Développement**

32, Rue Hédi Karray BP 20
1002 Tunis Belvédère
Tel.: (216-71) 718 233, 717 968
Fax : (216-71) 719 233
e-Mail: stusid@gnet.tn

**Banque Tuniso-Koweitienne de Développement**

10 bis, Avenue Mohamed V – BP 149
1001 Tunis Belvédère
Tel.: (216-71) 340 000
Fax: (216-71) 343 106
Internet: www.btkd.bank.com

**Depotbanken**

**Arab Tunisian Bank**

9, Rue Hédi Nouira
1001 Tunis
Tel.: (216-71) 351 155
Fax: (216-71) 342 852, 348 150
e-Mail: atbbank@atb.com.tn
Internet: www.atb.com.tn

**Amen Bank**

Avenue Mohamed V
1002 Tunis Belvédère
Tel.: (216-71) 835 500
Fax: (216-71) 833 517
e-Mail: amenbank@planet.tn
Internet: www.amenbank.com.tn

## Banque Franco-Tunisienne

Rue 8600 Montplaisir
1002 Tunis
Tel.: (216-71) 890 355
Fax: (216-71) 890 624

## Banque Nationale Agricole

Rue Hédi Nouira
1001 Tunis
Tel.: (216-71) 831 200, 831 000
Fax: (216-71) 831 205, 834 031
e-Mail: hosneloujoud.Benachour@bna.com.tn

## Banque du Sud

95, Avenue de la Liberté
1002 Tunis Belvédère
Tel.: (216-71) 849 400
Fax: (216-71) 847 352
e-Mail: dahmani.taoufik@bs.com.tn
Internet: www.banksud.com.tn

## Banque de Tunisie

2, Rue de Turquie, Place du 7 Novembre
1001 Tunis
Tel.: (216-71) 332 188
Fax: (216-71) 347 704, 349 401

## Banque Internationale Arabe de Tunisie

70-72, Avenue Habib Bourguiba
1000 Tunis
Tel.: (216-71) 340 733
Fax: (216-71) 340 680
Internet: www.biat.com.tn

**Banque de l'Habitat**

21, Avenue Kheireddine Pacha
1002 Tunis Belvédère
Tel.: (216-71) 785 277
Fax: (216-71) 788 181
e-Mail: banquehabitat@bh.fin.tn

**Société Tunisienne de Banque**

Rue Hédi Nouira
1001 Tunis
Tel.: (216-71) 340 477
Fax: (216-71) 340 009
Internet: www.stb.com.tn

**Union Bancaire pour le Commerce et l'Industrie**
139, Avenue de la Liberté
1002 Tunis Belvédère
Tel.: (216-71) 842 000
Fax: (216-71) 849 312
Internet: www.ubci.com.tn

**Union Internationale de Banques**

65, Avenue Habib Bourguiba
1000 Tunis République
Tel.: (216-71) 347 000, 340 763
Fax: (216-71) 352 193,340 763
e-Mail: mahdi.akrout@uib.fin.tn

**Banque Tunisienne de Solidarité**

56, Avenue Mohamed V
1002 Tunis
Tel.: (216-71) 844 040
Fax: (216-71) 845 537
e-Mail: bts@email.ati.tn

## 5.6   Bewertung des tunesischen Marktes (Checklisten)[326]

### Entwicklung von Szenarien

Mit Hilfe von Szenarien können künftige Entwicklungsmöglichkeiten einer gegenwärtig gegebenen Situation antizipiert werden. Dadurch soll es dem Betrachter möglich werden, sich auf Veränderungen vorzubereiten und die davon betroffenen eigenen Ziele und Maßnahmen entsprechend anzupassen. Dabei ist es für einen Investor von besonderer Bedeutung, wie sich das Umfeld der Investition künftig entwickeln könnte. Derartige Szenarien können gleichermaßen für kurz-, mittel- oder langfristige Zeiträume entwickelt werden.

| Umfeldfaktoren | | Entwicklung | |
|---|---|---|---|
| | | Trendaussage | Wirkung auf Investition |
| **Politisches Umfeld** | Politische Stabilität | (O) gegeben | + |
| | | (P) nicht gegeben | - |
| | | (W) gegeben | + |
| | Risiko staatlicher Interventionen | (O) gering | + |
| | | (P) hoch | -- |
| | | (W) gering | + |
| | Rechtssicherheit | (O) sicher | + |
| | | (P) unsicher | - |
| | | (W) sicher | + |
| | Unterstützung durch öffentliche Stellen | (O) gut | ++ |
| | | (P) schlecht | - |
| | | (W) mittel | + |
| **Ökonomisches Umfeld** | Wirtschaftswachstum | (O) positiv | + |
| | | (P) negativ | - |
| | | (W) positiv | + |
| | Preisstabilität | (O) bleibt | +/- |
| | | (P) gefährdet | - |
| | | (W) bleibt | +/- |
| | Zinsniveau | (O) bleibt | +/- |
| | | (P) steigt | - |
| | | (W) steigt | - |

[326] auf der Grundlage der Checklisten aus: Strunz, H.; Dorsch, M.: Algerien – Krise und Hoffnung, Frankfurt/M. 2002

| | | | |
|---|---|---|---|
| **Ökonomisches Umfeld** | Wechselkursschwankungen | (O) nicht gegeben | + |
| | | (P) gegeben | - |
| | | (W) mittel | +/- |
| | Staatshaushalt/ Auslandsverschuldung | (O) günstig | + |
| | | (P) ungünstig | - |
| | | (W) mittel | +/- |
| | Arbeitsmarkt: Streikrisiko | (O) gering | + |
| | | (P) hoch | -- |
| | | (W) gering | + |
| | Arbeitsmarkt: Verfügbarkeit quali-fizierter Arbeitskräfte | (O) gut | + |
| | | (P) sehr schlecht | -- |
| | | (W) schlecht | - |
| **Technologisches Umfeld** | Innovationspotential | (O) hoch | ++ |
| | | (P) gering | - |
| | | (W) mittel | + |
| | F & E-Möglichkeiten (Infrastruktur) | (O) gut | + |
| | | (P) schlecht | - |
| | | (W) mittel | +/- |
| | Schutzmöglichkeiten (z.B. Patente, Investitionen) | (O) gut | ++ |
| | | (P) schlecht | - |
| | | (W) gut | ++ |
| **Gesellschaftliches Umfeld** | Soziale Stabilität | (O) gegeben | + |
| | | (P) nicht gegeben | - |
| | | (W) gegeben | + |
| | Bedrohung durch religiösen Fundamentalismus | (O) gering | + |
| | | (P) hoch | - |
| | | (W) gering | + |
| | Kriminalität | (O) gering | + |
| | | (P) hoch | - |
| | | (W) gering | + |
| | Sicherheitsstrukturen | (O) ausgebaut | + |
| | | (P) wenig ausgebaut | - |
| | | (W) ausgebaut | + |
| | Bestehen von Institutionen (z.B. Medien, staatliche Organisationen, NGOs, Wahlen) | (O) vorhanden | + |
| | | (P) nicht vorhanden | - |
| | | (W) teilweise vorhanden | +/- |
| | Gesundheitswesen | (O) ausgebaut | + |
| | | (P) wenig ausgebaut | - |
| | | (W) ausgebaut | + |

| | | |
|---|---|---|
| | (O) günstig | ++ |
| Klimatische Bedingungen | (P) ungünstig | - |
| | (W) mittel | + |
| | (O) gut | ++ |
| Möglichkeiten der Informationsbe-schaffung | (P) schlecht | - |
| | (W) gut | ++ |
| Verfügbarkeit und Preise von Ge-werbeflächen (Gebäude und Grundstücke) | (O) gut | ++ |
| | (P) schlecht | - |
| | (W) mittel | |
| Verfügbarkeit und Preise von Roh-stoffen (außer Erdöl) | (O) gut | + |
| | (P) schlecht | - |
| | (W) gut | + |
| Verkehrsinfrastruktur (Verfügbar-keit und Zustand von Bahn, Stra-ßen, Flugplätzen, Schifffahrtswe-gen usw.) | (O) sehr gut | ++ |
| | (P) sehr schlecht | -- |
| | (W) gut | + |
| Kommunikationsinfrastruktur (Verfügbarkeit und Zustand von Post, Telefon, Funk usw.) | (O) gut | + |
| | (P) schlecht | - |
| | (W) gut | + |
| Sicherheit bei Versorgung (z.B. mit Strom, Gas, Wasser) und Entsor-gung (z.B. Abfall, Abwasser) | (O) gut | + |
| | (P) schlecht | - |
| | (W) gut | + |
| Räumliche Nähe zu Kunden (vor Ort) | (O) gut | + |
| | (P) schlecht | - |
| | (W) gut | + |
| Räumliche Nähe zu Lieferanten | (O) gut | + |
| | (P) schlecht | - |
| | (W) gut | + |
| Beratungsangebot (z.B. Werbung, Steuerberatung, Unternehmensbe-ratung) | (O) gut | + |
| | (P) schlecht | - |
| | (W) gut | + |
| Bildungsangebot (z.B. Schulen, Hochschulen, Weiterbildung) | (O) gut | ++ |
| | (P) schlecht | - |
| | (W) mittel | + |
| (O) optimistisches Szenario (P) pessimistisches Szenario (W) wahrscheinliches Szenario | Beurteilung der Wirkungen: ++ (sehr gut), + (gut), +/- (neutral), - (schlecht), -- (sehr schlecht) | |

*(Die linke Randspalte ist vertikal beschriftet mit: Natürliches Umfeld)*

**Tabelle 5-1** *Szenarien Tunesien*

| Kriterien für die Beurteilung des politischen Länderrisikos | Gewichtung | Bewertung | | | | | Wert |
|---|---|---|---|---|---|---|---|
| | | 1 | 2 | 3 | 4 | 5 | |
| **Fade Signals** | | | | | | | |
| *Demographie* | | | | | | | |
| Bevölkerungsstruktur (Alterspyramide) | 1 | | | | | | 3 |
| Geographische Verteilung der Bevölkerung nach Ethnien | 1 | | | | | | 5 |
| *Macht- und Ordnungspolitik* | | | | | | | |
| Abgespaltetsein von anderen Systemen | 1 | | | | | | 3 |
| Grundlegende Divergenzen in Schlüsselfunktionen | 1 | | | | | | 4 |
| Clanismus und Klientelismus | 1 | | | | | | 2 |
| *Einfluss des Militärs* | 2 | | | | | | 6 |
| *Ökonomie* | | | | | | | |
| Know-how-Defizite | 1 | | | | | | 3 |
| Monolithische Strukturen | 1 | | | | | | 2 |
| *Ökologie & Technologie* | | | | | | | |
| Know-how-Defizite | 1 | | | | | | 3 |
| **Weak Signals** | | | | | | | |
| *Demographie* | | | | | | | |
| Überdurchschnittlicher Anstieg einer ethnischen Minderheit | 1 | | | | | | 4 |
| Binnenmigration | 1 | | | | | | 3 |
| Emigration/Immigration | 1 | | | | | | 4 |
| Minderheitenschutz in der Verfassung | 1 | | | | | | 3 |
| Urbanisierung | 1 | | | | | | 2 |
| *Macht- und Ordnungspolitik* | | | | | | | |
| Multidimensionaler Dualismus in einem Staat (d.h., Existenz zweier/mehrerer Institutionen mit parallelen Schlüsselfunktionen) | 2 | | | | | | 8 |
| Unterminierung über mittelbare Instrumente | 2 | | | | | | 10 |
| Unangekündigte Umbesetzungen in Schlüsselfunktionen | 2 | | | | | | 4 |
| *Ökonomie* | | | | | | | |
| Strukturelle Defizite in Kombination mit Know-how-Defiziten | 2 | | | | | | 6 |
| *Ökologie & Technologie* | | | | | | | |
| Ressourcenverknappung | 2 | | | | | | 4 |
| Einschaltung internationaler Organisationen in Problemlösungen | 2 | | | | | | 6 |
| **Strong Signals** | | | | | | | |
| *Demographie* | | | | | | | |

| Kriterium | Wert | 1 | 2 | 3 | 4 | 5 | Ergebnis |
|---|---|---|---|---|---|---|---|
| (Starkes) Bevölkerungswachstum | 2 | | | ▓ | | | 6 |
| *Macht- und Ordnungspolitik* | | | | | | | |
| Instrumentalisierung von Minderheiten | 2 | | | | ▓ | | 8 |
| Permanente und persönliche Attacken zwischen Spitzenpolitikern | 3 | | | | | ▓ | 15 |
| Presse- und Medienfreiheit | 3 | | | | ▓ | | 12 |
| Unterdrückung von Minderheiten | 3 | | | | ▓ | | 12 |
| Autonomiebestrebungen von Minderheiten | 3 | | | ▓ | | | 9 |
| Entscheidungsschwächen der Eliten (bewusste Verzögerungen, Koordinationsschwäche) | 3 | | ▓ | | | | 6 |
| *Ökonomie* | | | | | | | |
| Rapide Verschlechterung der ökonomischen Rahmendaten ohne konkrete Gegenmaßnahmen der Regierung | 3 | | | ▓ | | | 9 |
| *Ökologie & Technologie* | | | | | | | |
| Konkrete Auswirkungen von Ökologie- und Technologiedefiziten auf die Bevölkerung | 3 | | | ▓ | | | 9 |
| ***Hyper Signals*** | | | | | | | |
| *Demographie* | | | | | | | |
| Gezielte und politisch motivierte Zwangsumsiedelungen | 3 | | | | | ▓ | 15 |
| Genozide | 3 | | | | | ▓ | 15 |
| Bevölkerungsaustausch (Flüchtlingsströme) | 3 | | | | | ▓ | 15 |
| *Macht- und Ordnungspolitik* | | | | | | | |
| Dezidierte Abspaltungsankündigungen von Minderheiten | 3 | | | | | ▓ | 15 |
| Armee- und Polizeieinsatz gegen Proteste | 3 | | ▓ | | | | 6 |
| Wahlverhinderungen | 3 | | | ▓ | | | 9 |
| Gezielte Wahlbeeinflussungen | 3 | | ▓ | | | | 6 |
| *Ökonomie* | | | | | | | |
| Einstellung von internationalen Krediten | 3 | | | ▓ | | | 9 |
| Permanente Proteste der Bevölkerung gegen Belastungen | 3 | | | | | ▓ | 15 |
| *Ökologie & Technologie* | | | | | | | |
| Umweltkatastrophen | 3 | | | | ▓ | | 12 |
| **Summe** (Vergleichsbasis) | | | | | | | **288** |

Bewertungskriterien von 1 (hohe Eintrittswahrscheinlichkeit) bis 5 (geringe Eintrittswahrscheinlichkeit)

*Tabelle 5-2 Checkliste zur Evaluierung des politischen Länderrisikos (vgl. Feichtinger, Walter; Jureković, Predrag; Riemer, Andrea: Fallstudie „FYROM/Mazedonien" im Rahmen der Projektkooperation „Anwendung eines Early Warning Systems", in: Gustenau, G. (Hrsg.): Konfliktentwicklung auf dem südlichen Balkan I, Wien 1999, 41ff)*

| Kriterien zur Beurteilung der Attraktivität eines Marktes | Gewichtung | Bewertung | | | | | Wert |
|---|---|---|---|---|---|---|---|
| | | 1 | 2 | 3 | 4 | 5 | |
| **Marktspezifische Kriterien** | | | | | | | |
| Marktvolumen | 3 | | x | | | | 6 |
| Marktwachstum | 3 | | | x | | | 9 |
| Marktqualität | 3 | | | x | | | 9 |
| Ertragspotential | 3 | | | x | | | 9 |
| Angebotsvolumen (Kapazität) | 2 | | | x | | | 6 |
| Nachfragepotential | 3 | | | x | | | 9 |
| Kaufkraft der Bevölkerung | 3 | | | x | | | 9 |
| Marktzugang (Markteintrittsbarrieren) | 2 | | x | | | | 4 |
| Konkurrenzsituation | 3 | | | x | | | 9 |
| Wettbewerbsintensität | 3 | | | x | | | 9 |
| Art der Preisbildung | 2 | | x | | | | 4 |
| Spielräume bei der Preisgestaltung | 2 | | x | | | | 4 |
| Vertragsbedingungen | 2 | | | x | | | 6 |
| Substituierbarkeit der Produkte | 2 | | | x | | | 6 |
| Räumliche Nähe zu Kunden | 2 | | | | x | | 8 |
| Räumliche Nähe zu Lieferanten | 2 | | | | x | | 8 |
| **Allgemeine Kriterien** | | | | | | | |
| Demographische Veränderungen | 1 | | | x | | | 3 |
| Stabilität der Wirtschaftssituation | 3 | | | x | | | 9 |
| Preis- und Währungsstabilität* | 2 | | | x | | | 6 |
| Zinsniveau | 1 | | | x | | | 3 |
| Stetigkeit und Vorhersehbarkeit der Wirtschaftspolitik | 2 | | | | x | | 8 |
| Steuer- und Abgabenbelastung | 2 | | | x | | | 6 |
| Regionale Tarif- und Lohnunterschiede | 1 | | | | x | | 4 |
| Möglichkeiten der Informationsbeschaffung* | 2 | | | x | | | 6 |
| Verfügbarkeit und Preise von Rohstoffen | 2 | | | x | | | 6 |
| Verkehrsinfrastruktur (Verfügbarkeit und Zustand von Bahn, Straßen, Flugplätzen, Schifffahrtswegen usw.) | 2 | | | | x | | 8 |
| Soziale Stabilität | 2 | | | | x | | 8 |
| Ethnische und religiöse Spezifika | 2 | | | | x | | 8 |
| **Summe** (Vergleichsbasis) | | | | | | | 191 |
| Bewertungskriterien von 1 (sehr ungünstig) bis 5 (sehr günstig) | | | | | | | |

**Tabelle 5-3** Checkliste zur Beurteilung der Attraktivität des tunesischen Marktes

| Probleme beim Export I – Unternehmensinterne Risiken | Gewichtung | Bewertung | | | | | Wert |
|---|---|---|---|---|---|---|---|
| | | 1 | 2 | 3 | 4 | 5 | |
| *Strategie* | | | | | | | |
| Anforderungen an die Strategie | 3 | | | ▪ | | | 9 |
| Markteinschätzung | 3 | | | ▪ | | | 9 |
| Adaptierung an neue Verhältnisse | 2 | | | | ▪ | | 8 |
| Projektakquisition | 2 | | | ▪ | | | 6 |
| Politische Unterstützung aus dem Heimatland | 2 | | | | ▪ | | 8 |
| Unterstützung vor Ort | 3 | | | ▪ | | | 9 |
| Informationsbeschaffung | 3 | | | ▪ | | | 9 |
| Beratung durch Kammern und Verbände | 1 | | | | ▪ | | 4 |
| *Marketing* | | | | | | | |
| *Marktforschung* | | | | | | | |
| Verfügbarkeit von Daten/Umfeld | 2 | | | ▪ | | | 6 |
| Verfügbarkeit von Daten/Branche | 2 | | | ▪ | | | 6 |
| Verfügbarkeit von Daten/Konkurrenz | 2 | | | ▪ | | | 6 |
| Verfügbarkeit von Daten/Kunden | 2 | | | ▪ | | | 6 |
| Kosten der Marktforschung | 2 | | | ▪ | | | 6 |
| Marktforschung vor Ort | 3 | | | ▪ | | | 9 |
| *Produktpolitik* | | | | | | | |
| Qualität | 2 | | | ▪ | | | 6 |
| Innovation | 2 | | | ▪ | | | 6 |
| Preise und Konditionen | 2 | | ▪ | | | | 4 |
| *Kommunikationspolitik* | | | | | | | |
| Sprachbarrieren | 2 | | | ▪ | | | 6 |
| Kulturelle Probleme | 2 | | | ▪ | | | 6 |
| *Distributionspolitik* | | | | | | | |
| Direkter Vertrieb/Stammhausmitarbeiter | 3 | | ▪ | | | | 6 |
| Direkter Vertrieb/lokaler Vertreter (vor Ort) | 3 | | | | ▪ | | 12 |
| Indirekter Vertrieb/Händler | 2 | | | | ▪ | | 8 |
| Indirekter Vertrieb/Handelshäuser | 2 | | | | ▪ | | 8 |
| Indirekter Vertrieb/Lizenzvergabe | 2 | | | | ▪ | | 8 |
| Joint Venture | 2 | | | | ▪ | | 8 |
| Messeteilnahme | 2 | | | | ▪ | | 8 |
| Road Shows/Symposien | 1 | | | | ▪ | | 4 |

| | | | | | | |
|---|---|---|---|---|---|---|
| Gemeinschaftsausstellungen | 2 | | | | | 6 |
| Logistik – Infrastruktur | 2 | | | | | 6 |
| Transport | 2 | | | | | 6 |
| Lagerung | 2 | | | | | 6 |
| *Kontrahierungspolitik* | | | | | | |
| Preisgestaltung | 2 | | | | | 6 |
| Akzeptanz der Konditionen | 2 | | | | | 6 |
| *Finanzen* | | | | | | |
| Kosten der Marktbearbeitung | 3 | | | | | 12 |
| Finanzbedarf | 3 | | | | | 12 |
| Eigenkapitalfinanzierung | 1 | | | | | 4 |
| Fremdkapitalfinanzierung | 1 | | | | | 3 |
| Förderungen und Unterstützungen | 1 | | | | | 4 |
| Absicherung/Versicherungen | 1 | | | | | 3 |
| Finanzierung Liefer-/Zahlungsbedingungen | 3 | | | | | 9 |
| Kapitalbindungsdauer | 1 | | | | | 3 |
| *Produktion* | | | | | | |
| *Produktions- und Lieferkapazität* | | | | | | |
| Eigenfertigung | 1 | | | | | 4 |
| Fremdfertigung | 1 | | | | | 3 |
| Vor-Ort-Fertigung | 1 | | | | | 4 |
| *Energie- und Rohstoffversorgung* | 2 | | | | | 8 |
| *Personal* | | | | | | |
| Geeignetes/qualifiziertes Personal | 3 | | | | | 9 |
| Bereitschaft zu Auslandsreisen/-aufenthalten | 2 | | | | | 8 |
| Erfahrung im Exportgeschäft | 3 | | | | | 12 |
| Personalbedarf | 1 | | | | | 3 |
| Interkulturelle Kompetenz | 2 | | | | | 6 |
| Verhandlungskompetenz | 3 | | | | | 9 |
| Verhaltensbedingte Barrieren | 1 | | | | | 2 |
| Sprachkenntnisse | 1 | | | | | 4 |
| **Summe** (Vergleichsbasis) | | | | | | 349 |

Bewertungskriterien von 1 (problematisch) bis 5 (nicht problematisch)

*Tabelle 5-4* Checkliste zu möglichen Problemen beim Export nach Tunesien I (Unternehmensinterne Risiken)

| Probleme beim Export II – Unternehmensexterne Risiken | Gewichtung | 1 | 2 | 3 | 4 | 5 | Wert |
|---|---|---|---|---|---|---|---|
| *Politische Risiken* | | | | | | | |
| *Politisches Risiko i.e.S.* | | | | | | | |
| Unruhen | 3 | | | | | | 12 |
| Boykott | 2 | | | | | | 8 |
| Streiks | 2 | | | | | | 6 |
| Blockaden | 2 | | | | | | 8 |
| *Institutionelle Markteintrittsbarrieren* | | | | | | | |
| Tarifäre Handelshemmnisse | 2 | | | | | | 6 |
| Nichttarifäre Handelshemmnisse | 2 | | | | | | 6 |
| *Konvertierungs- und Transferrisiko* | 1 | | | | | | 3 |
| *Zahlungsverbots- und Moratoriumsrisiko* | 1 | | | | | | 3 |
| *Ökonomische Risiken* | | | | | | | |
| *Marktrisiko* | | | | | | | |
| Exportvolumen/Kapazität | 2 | | | | | | 8 |
| Richtiges Produkt | 3 | | | | | | 12 |
| Richtige Zielgruppe | 3 | | | | | | 12 |
| Richtiger Zeitpunkt | 3 | | | | | | 9 |
| *Kursrisiko* | 2 | | | | | | 8 |
| *Transportrisiko* | | | | | | | |
| Verlust | 1 | | | | | | 4 |
| Verspätete Lieferung | 1 | | | | | | 2 |
| Logistik (z.B. falscher Ort) | 1 | | | | | | 4 |
| Beschädigung | 1 | | | | | | 3 |
| *Annahmerisiko* | | | | | | | |
| Nicht rechtzeitige Annahme | 1 | | | | | | 2 |
| Mängel- und Qualitätsrügen | 1 | | | | | | 3 |
| *Kreditrisiko* | | | | | | | |
| Zahlungsverzug | 1 | | | | | | 2 |
| Zahlungsunwilligkeit | 1 | | | | | | 3 |
| Zahlungsunfähigkeit | 3 | | | | | | 6 |
| *Spezifische Risiken* | | | | | | | |
| *Risiken der Angebotsphase* | 1 | | | | | | 3 |
| *Risiken der Vertragsphase* | 1 | | | | | | 3 |

| | | | | | | | |
|---|---|---|---|---|---|---|---|
| Preis- und Konditionenrisiko | 1 | | | | | | 3 |
| Haftungsrisiko (Produkt) | 1 | | | | | | 4 |
| *Risiken der Auftragsabwicklung* | | | | | | | |
| Montagerisiko | 1 | | | | | | 3 |
| Gewährleistungsrisiko | 1 | | | | | | 3 |
| Verzugsrisiko | 1 | | | | | | 3 |
| *Kulturelle Faktoren* | | | | | | | |
| Sprache | 1 | | | | | | 4 |
| Verhalten von Geschäftsleuten | 1 | | | | | | 4 |
| Geschäftspraktiken im Zielland | 3 | | | | | | 12 |
| Konsumentenverhalten | 3 | | | | | | 9 |
| **Summe** (Vergleichsbasis) | | | | | | | **181** |

Bewertungskriterien von 1 (problematisch) bis 5 (nicht problematisch)

*Tabelle 5-5 Checkliste zu möglichen Problemen beim Export nach Tunesien II (Unternehmensexterne Risiken)*

| Kriterien zur Beurteilung einer Investition im Ausland* | Gewichtung | Bewertung | | | | | Wert |
|---|---|---|---|---|---|---|---|
| | | 1 | 2 | 3 | 4 | 5 | |
| **Strategische Aspekte** | | | | | | | |
| Vergrößerung des Absatzmarktes | 3 | | | | | | 9 |
| Erleichterter Marktzugang | 2 | | | | | | 4 |
| Realisierung von Kostenvorteilen | 3 | | | | | | 12 |
| Realisierung von Wettbewerbsvorteilen | 3 | | | | | | 9 |
| Nutzung von Synergieeffekten | 3 | | | | | | 9 |
| Verfügbarkeit von Ressourcen | 3 | | | | | | 9 |
| „Sprungbrett" zu weiteren Märkten | 2 | | | | | | 8 |
| Kontaktanbahnung | 2 | | | | | | 8 |
| Investitionsbedarf/Einstiegskosten | 2 | | | | | | 6 |
| Akzeptanzprobleme | 2 | | | | | | 6 |
| Entscheidungs- und Kontrollmöglichkeiten | 1 | | | | | | 3 |
| **(Miss-) Erfolgsfaktoren** | | | | | | | |
| Kooperationsform | 1 | | | | | | 3 |
| Standort | 3 | | | | | | 12 |
| Personal | 3 | | | | | | 12 |
| Partnerwahl | 3 | | | | | | 9 |
| Produktstrategie | 3 | | | | | | 9 |

| Standortfaktoren | Gewichtung | Wert |
|---|---|---|
| Marketing | 2 | 6 |
| Vertrieb | 2 | 6 |
| Know-how-Transfer | 1 | 3 |
| *Information* | | |
| Informationsbeschaffung | 2 | 6 |
| Unterstützung vor Ort | 2 | 6 |
| Beratung durch Kammern und Verbände | 1 | 4 |
| *Finanzierung* | | |
| Verfügbarkeit ausreichender Mittel | 3 | 6 |
| Verfügbarkeit von Förderungen | 1 | 3 |
| Absicherung | 2 | 6 |
| **Summe** (Vergleichsbasis) | | 168 |

Bewertungskriterien von 1 (sehr ungünstig) bis 5 (sehr günstig)

*Unternehmensexterne Risiken siehe „Probleme beim Export II"

**Tabelle 5-6** Checkliste für eine Direktinvestition in Tunesien

| Standortfaktoren | Gewichtung | Bewertung | | | | | Wert |
|---|---|---|---|---|---|---|---|
| | | 1 | 2 | 3 | 4 | 5 | |
| *Politisch-rechtliches Umfeld* | | | | | | | |
| Politisches System (z.B. Demokratie/Diktatur) | 2 | | | | | | 6 |
| Stabilität der politischen Situation | 3 | | | | | | 9 |
| Stabilität der Wirtschaftssituation | 3 | | | | | | 12 |
| Behördliche Auflagen (Genehmigungsverfahren, Gebühren usw.) | 2 | | | | | | 4 |
| Staatliche Eingriffe (z.B. Gewerbefreiheit, Vertragsfreiheit) | 2 | | | | | | 6 |
| Staatliche Förderprogramme (z.B. Zuschüsse, Investitionsbegünstigungen) | 2 | | | | | | 6 |
| Unterstützung durch öffentliche Stellen (Ämter, Behörden, Kammern usw.) | 1 | | | | | | 4 |
| Investitionsschutz | 2 | | | | | | 8 |
| *Ökonomisches Umfeld* | | | | | | | |
| Preis- und Währungsstabilität | 2 | | | | | | 8 |
| Zinsniveau | 1 | | | | | | 3 |
| Bankensektor | 2 | | | | | | 4 |
| Stetigkeit und Vorhersehbarkeit der Wirtschaftspolitik | 2 | | | | | | 8 |

| | | | | | | | | |
|---|---|---|---|---|---|---|---|---|
| Steuer- und Abgabenbelastung (Unternehmensgewinne, Löhne) | 2 | | | | | | | 8 |
| Verfügbarkeit von qualifiziertem Personal | 3 | | | | | | | 9 |
| Regionale Tarif- und Lohnunterschiede | 1 | | | | | | | 3 |
| Arbeitseinstellung und Mentalität | 2 | | | | | | | 4 |
| Arbeitsfrieden (vgl. Streikrisiko) | 1 | | | | | | | 4 |
| Gewerkschaftlicher Einfluss | 1 | | | | | | | 3 |
| Gesetzliche oder tarifliche Einschränkungen personalpolitischer Maßnahmen (vgl. Löhne, Arbeitszeiten, Entlassungsmöglichkeiten) | 1 | | | | | | | 3 |
| Konkurrenzsituation | 3 | | | | | | | 12 |
| Nachfragepotential | 3 | | | | | | | 9 |
| Kaufkraft der Bevölkerung | 3 | | | | | | | 9 |
| *Technologisches Umfeld* | | | | | | | | |
| Innovationsnotwendigkeit | 1 | | | | | | | 4 |
| Innovationspotential | 1 | | | | | | | 3 |
| F & E-Möglichkeiten | 1 | | | | | | | 3 |
| Patentrecht/Schutzmöglichkeiten | 1 | | | | | | | 4 |
| *Natürliches Umfeld* | | | | | | | | |
| Klimatische Bedingungen | 1 | | | | | | | 4 |
| Geographische Restriktionen | 1 | | | | | | | 4 |
| Möglichkeiten der Informationsbeschaffung | 2 | | | | | | | 6 |
| Verfügbarkeit und Preise von Gewerbeflächen (Gebäude und Grundstücke) | 2 | | | | | | | 6 |
| Verfügbarkeit und Preise von Rohstoffen | 2 | | | | | | | 6 |
| Verkehrsinfrastruktur (Verfügbarkeit und Zustand von Bahn, Straßen, Flugplätzen, Schifffahrtswegen usw.) | 2 | | | | | | | 6 |
| Tarife des privaten/öffentlichen Nahverkehrs | 1 | | | | | | | 5 |
| Preise überregionaler Verkehrsmittel | 1 | | | | | | | 4 |
| Kommunikationsinfrastruktur (Verfügbarkeit und Zustand von Post, Telefon, Funk usw.) | 2 | | | | | | | 8 |
| Preise für Kommunikationsdienste (z.B. Post) | 1 | | | | | | | 4 |
| Sicherheit bei Versorgung (z.B. Strom, Gas, Wasser) und Entsorgung (Abfall, Abwasser) | 2 | | | | | | | 10 |
| Tarife für Ver- und Entsorgung | 1 | | | | | | | 4 |
| Räumliche Nähe zu Kunden | 2 | | | | | | | 8 |
| Räumliche Nähe zu Lieferanten | 2 | | | | | | | 8 |
| Beratungsangebot (z.B. Werbung, Steuerberatung, Unternehmensberatung) | 1 | | | | | | | 3 |

| | Gewichtung | 1 | 2 | 3 | 4 | 5 | Wert |
|---|---|---|---|---|---|---|---|
| Bildungsangebot (z.B. Schulen, Hochschulen, Weiterbildung) | 1 | | | | | | 3 |
| **Gesellschaftliches Umfeld** | | | | | | | |
| Soziale Stabilität | 2 | | | | | | 8 |
| Ethnische und religiöse Spezifika | 2 | | | | | | 6 |
| Familienstrukturen | 1 | | | | | | 4 |
| Gesundheitswesen | 1 | | | | | | 4 |
| Kriminalität | 2 | | | | | | 6 |
| Sicherheitsstrukturen (z.B. Polizei, Militär) | 2 | | | | | | 6 |
| Bestehen von Institutionen (z.B. Medien, staatliche Organisationen, NGOs, Wahlen) | 1 | | | | | | 3 |
| Zivilgesellschaftliche Strukturen | 1 | | | | | | 3 |
| **Summe** (Vergleichsbasis) | | | | | | | 285 |
| Bewertungskriterien von 1 (sehr ungünstig) bis 5 (sehr günstig) | | | | | | | |

*Tabelle 5-7 Checkliste zur Beurteilung der Attraktivität des Standortes Tunesien*

| Kriterien der Standortsicherheit | Gewichtung | Bewertung | | | | | Wert |
|---|---|---|---|---|---|---|---|
| | | 1 | 2 | 3 | 4 | 5 | |
| **Naturkatastrophen** | | | | | | | |
| Überschwemmung | 1 | | | | | | 4 |
| Erdbeben | 1 | | | | | | 5 |
| Stürme | 1 | | | | | | 4 |
| Feuer | 1 | | | | | | 5 |
| **Kriminalität** | | | | | | | |
| *Wirtschaftskriminalität* | | | | | | | |
| Betrug | 1 | | | | | | 3 |
| Insolvenzstraftaten | 1 | | | | | | 3 |
| Delikte im Bereich Anlage und Finanzierung | 1 | | | | | | 3 |
| Wettbewerbsdelikte | 1 | | | | | | 3 |
| Delikte im Bereich der Arbeitsverhältnisse | 1 | | | | | | 3 |
| Betrug und Untreue bei Kapitalanlagen | 1 | | | | | | 3 |
| *Organisierte Kriminalität* | | | | | | | |
| Illegaler Warentransport | 1 | | | | | | 4 |
| Einbrüche und Diebstähle | 1 | | | | | | 3 |
| Betrug | 1 | | | | | | 3 |
| Korruption | 2 | | | | | | 6 |
| Piraterie | 1 | | | | | | 4 |

| | | | | | | | |
|---|---|---|---|---|---|---|---|
| Laden- und Transportdiebstähle | 1 | | | | | | 3 |
| *Mitarbeiterkriminalität* | | | | | | | |
| Betrug | 1 | | | | | | 4 |
| Veruntreuung | 1 | | | | | | 4 |
| Unterschlagung | 1 | | | | | | 4 |
| *Produktfälschungen/Markenpiraterie* | 1 | | | | | | 3 |
| **Armut und Umwelt** | | | | | | | |
| Armut | 2 | | | | | | 6 |
| Arbeitslosigkeit | 2 | | | | | | 4 |
| Religiöser Fundamentalismus | 2 | | | | | | 8 |
| Umweltzerstörung | 1 | | | | | | 3 |
| Raubbau an Ressourcen (z.B. Rohstoffe, Humankapital) | 1 | | | | | | 4 |
| **Boykotte und Protestbewegungen** | | | | | | | |
| Gegen Länder | 1 | | | | | | 4 |
| Gegen Unternehmen | 1 | | | | | | 4 |
| Streikrisiko | 1 | | | | | | 4 |
| **Grenzen moderner Kommunikation** | | | | | | | |
| Abhören der Kommunikationswege | 1 | | | | | | 2 |
| Informationsverluste (z.B. Viren, Hacker) | 1 | | | | | | 3 |
| **Wirtschafts- und Konkurrenzspionage** | | | | | | | |
| Zeitweilig tätige Externe (z.B. Wissenschaftler) | 1 | | | | | | 4 |
| Joint Venture-Partner | 1 | | | | | | 3 |
| Konkurrenten | 1 | | | | | | 3 |
| Lieferanten | 1 | | | | | | 4 |
| *Nachrichtendienste* | | | | | | | |
| Möglichkeit der Nutzung nachrichtendienstlicher Informationen | 1 | | | | | | 3 |
| Bedrohung des eigenen Unternehmens durch Nachrichtendienste | 1 | | | | | | 4 |
| *Proliferation* | | | | | | | |
| Umgehung von Handelsbarrieren (z.B. Embargobruch) | 1 | | | | | | 4 |
| Umgehung von Restriktionen durch Einschaltung von Scheinfirmen | 1 | | | | | | 4 |

| Kriterien | | Bewertung | | | | | Wert |
|---|---|---|---|---|---|---|---|
| Umgehung von Restriktionen durch Lieferung über Drittstaaten | 1 | | | | | | 4 |
| Umgehung von Restriktionen durch illegale Lieferungen (z.B. Waffenlieferungen als „getarnte" Einzelteile) | 1 | | | | | | 3 |
| **Summe** (Vergleichsbasis) | | | | | | | 152 |
| Bewertungskriterien von 1 (sehr risikobehaftet) bis 5 (wenig risikobehaftet) | | | | | | | |

*Tabelle 5-8* Checkliste zur Bewertung von Gefahrenpotentialen und Bedrohungen der Markt- und Standortsicherheit in Tunesien

| Kriterien zur Beurteilung der Absicherungsnotwendigkeiten | Gewichtung | Bewertung | | | | | Wert |
|---|---|---|---|---|---|---|---|
| | | 1 | 2 | 3 | 4 | 5 | |
| *Risiken* | | | | | | | |
| *Politische Risiken* | | | | | | | |
| Politisches Risiko i.e.S. (z.B. Krieg, Boykotte) | 3 | | | | | | 12 |
| Zahlungsverbots- und Moratoriumsrisiko | 1 | | | | | | 4 |
| Transfer- und Konvertierungsrisiko | 2 | | | | | | 6 |
| Risiko von Gesetzesänderungen | 2 | | | | | | 8 |
| *Ökonomische Risiken* | | | | | | | |
| Marktrisiko | 3 | | | | | | 9 |
| Preisrisiko | 2 | | | | | | 6 |
| Kreditrisiko (Zahlungsausfall) | 3 | | | | | | 9 |
| Lieferungs- und Annahmerisiko | 1 | | | | | | 3 |
| Kursrisiko | 3 | | | | | | 9 |
| Transportrisiko | 2 | | | | | | 6 |
| Standortrisiko | 3 | | | | | | 12 |
| *Transportversicherung* | | | | | | | |
| Seetransport | 1 | | | | | | 4 |
| Binnentransport | 1 | | | | | | 3 |
| Lufttransport | 1 | | | | | | 4 |
| *Exportkreditversicherung* | | | | | | | |
| Staatlich | 3 | | | | | | 9 |
| Privat | 2 | | | | | | 6 |
| **Summe** (Vergleichsbasis) | | | | | | | 110 |
| Bewertungskriterien von 1 (problematisch) bis 5 (nicht problematisch) | | | | | | | |

*Tabelle 5-9* Checkliste zur Analyse der Absicherungsnotwendigkeiten im Zusammenhang mit dem tunesischen Markt

| Kriterien für die Beurteilung des Hydrokarbonsektors | Gewichtung | Bewertung | | | | | Wert |
|---|---|---|---|---|---|---|---|
| | | 1 | 2 | 3 | 4 | 5 | |
| *Gesellschaftliche Entwicklung* | | | | | | | |
| Bevölkerungsstruktur | 2 | | | | | | 6 |
| Bevölkerungswachstum | 2 | | | | | | 8 |
| Kultur/Mentalität | 2 | | | | | | 6 |
| Arbeitskräftequalifikation | 2 | | | | | | 6 |
| Arbeitskräfteverfügbarkeit | 2 | | | | | | 6 |
| Gesellschaftliche Trends | 2 | | | | | | 8 |
| *Politische Entwicklung* | | | | | | | |
| Art des politischen Systems | 2 | | | | | | 6 |
| Politische Stabilität | 3 | | | | | | 9 |
| Rechtssicherheit | 3 | | | | | | 9 |
| Wirtschaftsordnung | 2 | | | | | | 6 |
| Wirtschaftspolitik | 2 | | | | | | 8 |
| Staatliche Eingriffe in die Wirtschaft | 3 | | | | | | 9 |
| *Wirtschaftliche Entwicklung* | | | | | | | |
| BNP | 1 | | | | | | 3 |
| Pro-Kopf-Einkommen | 1 | | | | | | 3 |
| Lohnniveau | 1 | | | | | | 3 |
| Einkommensverteilung | 1 | | | | | | 3 |
| Inflationstendenzen | 1 | | | | | | 3 |
| Währung (Stabilität, Wechselkurs, Devisentransfer) | 2 | | | | | | 6 |
| Wirtschaftsstruktur | 1 | | | | | | 4 |
| *Nachfrage (Wie stellt sich der Markt dar?)* | | | | | | | |
| Bedarf an Produkten | 3 | | | | | | 12 |
| Marktvolumen | 3 | | | | | | 9 |
| Marktwachstum | 3 | | | | | | 9 |
| Stabilität der Nachfrage (Dauerhaftigkeit, Substituierbarkeit) | 2 | | | | | | 6 |
| Marktzugang | 2 | | | | | | 6 |
| Preisbildung | 2 | | | | | | 6 |
| Vertragsbedingungen (Verträge mit den Kunden) | 2 | | | | | | 6 |
| *Angebot (Unter welchen Bedingungen lässt sich anbieten?)* | | | | | | | |
| Produktspektrum | 2 | | | | | | 6 |
| Kapazität | 2 | | | | | | 6 |

| | | | | | | |
|---|---|---|---|---|---|---|
| Lieferfähigkeit | 2 | | | | | 6 |
| Kostensituation (Rentabilität der Branche, Kapitalintensität) | 3 | | | | | 9 |
| Vertragsbedingungen (Verträge mit den Lieferanten) | 2 | | | | | 6 |
| Anforderungen an Distribution und Service | 2 | | | | | 6 |
| Energie- und Rohstoffversorgung (Störungsanfälligkeit) | 2 | | | | | 6 |
| **Wettbewerbssituation** | | | | | | |
| Verhalten der etablierten Wettbewerber | 3 | | | | | 9 |
| Wettbewerbsklima | 2 | | | | | 6 |
| Variabilität der Wettbewerbsbedingungen | 1 | | | | | 3 |
| Marktzugang (Markteintrittsbarrieren) | 2 | | | | | 6 |
| Stellung im Marktlebenszyklus | 1 | | | | | 3 |
| Technologisches Niveau/ Innovationsbedürftigkeit | 1 | | | | | 3 |
| Bedrohung durch Substitutionsprodukte | 1 | | | | | 3 |
| **Summe** (Vergleichsbasis) | | | | | | 244 |
| Bewertungskriterien von 1 (sehr ungünstig) bis 5 (sehr günstig) | | | | | | |

**Tabelle 5-10** *Checkliste zur Branchenanalyse – Hydrokarbonsektor*

| Kriterien für die Beurteilung des industriellen Sektors | Gewichtung | Bewertung | | | | | Wert |
|---|---|---|---|---|---|---|---|
| | | 1 | 2 | 3 | 4 | 5 | |
| **Gesellschaftliche Entwicklung** | | | | | | | |
| Bevölkerungsstruktur | 2 | | | | | | 8 |
| Bevölkerungswachstum | 2 | | | | | | 8 |
| Kultur/Mentalität | 2 | | | | | | 6 |
| Arbeitskräftequalifikation | 2 | | | | | | 6 |
| Arbeitskräfteverfügbarkeit | 2 | | | | | | 8 |
| Gesellschaftliche Trends | 2 | | | | | | 6 |
| **Politische Entwicklung** | | | | | | | |
| Art des politischen Systems | 2 | | | | | | 8 |
| Politische Stabilität | 3 | | | | | | 12 |
| Rechtssicherheit | 3 | | | | | | 9 |
| Wirtschaftsordnung | 2 | | | | | | 6 |
| Wirtschaftspolitik | 2 | | | | | | 8 |
| Staatliche Eingriffe in die Wirtschaft | 3 | | | | | | 9 |

| | | | | | | | |
|---|---|---|---|---|---|---|---|
| **Wirtschaftliche Entwicklung** | | | | | | | |
| BNP | 1 | | | | | | 4 |
| Pro-Kopf-Einkommen | 1 | | | | | | 3 |
| Lohnniveau | 1 | | | | | | 3 |
| Einkommensverteilung | 1 | | | | | | 3 |
| Inflationstendenzen | 1 | | | | | | 3 |
| Währung (Stabilität, Wechselkurs, Devisen-transfer) | 2 | | | | | | 6 |
| Wirtschaftsstruktur | 1 | | | | | | 3 |
| **Nachfrage (Wie stellt sich der Markt dar?)** | | | | | | | |
| Bedarf an Produkten | 3 | | | | | | 12 |
| Marktvolumen | 3 | | | | | | 9 |
| Marktwachstum | 3 | | | | | | 12 |
| Stabilität der Nachfrage (Dauerhaftigkeit, Substituierbarkeit) | 2 | | | | | | 6 |
| Marktzugang | 2 | | | | | | 6 |
| Preisbildung | 2 | | | | | | 6 |
| Vertragsbedingungen (Verträge mit den Kunden) | 2 | | | | | | 6 |
| **Angebot (Unter welchen Bedingungen lässt sich anbieten?)** | | | | | | | |
| Produktspektrum | 2 | | | | | | 8 |
| Kapazität | 2 | | | | | | 6 |
| Lieferfähigkeit | 2 | | | | | | 6 |
| Kostensituation (Rentabilität der Branche, Kapitalintensität) | 3 | | | | | | 9 |
| Vertragsbedingungen (Verträge mit den Lie-feranten) | 2 | | | | | | 6 |
| Anforderungen an Distribution und Service | 2 | | | | | | 6 |
| Energie- und Rohstoffversorgung (Störungs-anfälligkeit) | 2 | | | | | | 6 |
| **Wettbewerbssituation** | | | | | | | |
| Verhalten der etablierten Wettbewerber | 3 | | | | | | 9 |
| Wettbewerbsklima | 2 | | | | | | 6 |
| Variabilität der Wettbewerbsbedingungen | 1 | | | | | | 3 |
| Marktzugang (Markteintrittsbarrieren) | 2 | | | | | | 6 |
| Stellung im Marktlebenszyklus | 1 | | | | | | 3 |

| | 1 | | | | | 3 |
|---|---|---|---|---|---|---|
| Technologisches Niveau/ Innovationsbedürftigkeit | 1 | | | | | 3 |
| Bedrohung durch Substitutionsprodukte | 1 | | | | | 3 |
| Summe (Vergleichsbasis) | | | | | | 256 |
| Bewertungskriterien von 1 (sehr ungünstig) bis 5 (sehr günstig) | | | | | | |

*Tabelle 5-11* Checkliste zur Branchenanalyse – Industrie

Im Sinne der Fortführung der Betrachtungen erweist sich die nachstehende Checkliste zur Analyse der Stärken und Schwächen des eigenen Unternehmens, von Kunden und Konkurrenz als zweckdienlich.

| Kriterien für die Beurteilung eines Unternehmens | Gewichtung | Bewertung | | | | | Wert |
|---|---|---|---|---|---|---|---|
| | | 1 | 2 | 3 | 4 | 5 | |
| *Marktposition* | | | | | | | |
| Image | | | | | | | |
| Produktspektrum | | | | | | | |
| Marktanteil | | | | | | | |
| Produktqualität | | | | | | | |
| Vertriebsapparat | | | | | | | |
| Nähe zum Kunden | | | | | | | |
| Patente/Lizenzen | | | | | | | |
| Kundendienst | | | | | | | |
| Preisgestaltung | | | | | | | |
| Reaktionsmöglichkeiten der Konkurrenz | | | | | | | |
| *Finanzen* | | | | | | | |
| Rentabilität | | | | | | | |
| Kostenstruktur | | | | | | | |
| Kapitalausstattung/Kapitalverfügbarkeit | | | | | | | |
| *Produktionspotential* | | | | | | | |
| Technologischer Stand/Produktionsanlagen | | | | | | | |
| F & E-Aktivitäten | | | | | | | |
| Standortvorteil | | | | | | | |
| Energie- und Rohstoffversorgung | | | | | | | |
| Logistik | | | | | | | |
| Produktivität | | | | | | | |
| Herstellungskosten | | | | | | | |

| | | | | | | |
|---|---|---|---|---|---|---|
| Rationalisierungspotentiale | | | | | | |
| **Management** | | | | | | |
| Unternehmensphilosophie/-kultur | | | | | | |
| Führungskompetenz/Organisation | | | | | | |
| Mitarbeiterqualifikation | | | | | | |
| Verhältnis zu den Mitarbeitern/Betriebsklima | | | | | | |
| Risikobereitschaft | | | | | | |
| **Summe** (Vergleichsbasis) | | | | | | |
| Bewertungskriterien von 1 (schlecht) bis 5 (ausgezeichnet) | | | | | | |

*Tabelle 5-12* Checkliste zur Unternehmensanalyse (Beurteilung von Stärken, Schwächen und Wettbewerbsvorteilen)

# Literatur & Quellen

AFP: L'arabe langue unique de l'administration tunisienne début 2000 v. 17.12.1999, Tunis

African Unity, unter: http://www.africa-union.org, 17.11.2002

Agence de Promotion d'Investissement Extérieur – APIE (Hrsg.): Tunisie en Comparaison – Coûts des Facteurs de Production, Tunis Januar 2002

Agence de Promotion de l'Industrie, unter: http://www.tunisianindustry.com, 08.06.2002

Agence Tunisienne d'Internet, unter: http://www.ati.tn, 14.05.2002

Agence Tunisienne de Communication Extérieure, unter: http://www.tunisie.com, 15.02.2002

Allani, F.: Programme en béton contre les crues, in: La Presse de Tunisie v. 20.03.2002, o.S.

Amnesty International (Hrsg.): Amnesty International Report 2002, unter: http://www.amnesty.org, 05.05.2002

Antes, P.: Der Islam als politischer Faktor, Hannover 1997, 31-41

Arfaoui, H.: Pour le renforcement des échanges économiques, sociaux et culturels, in: La Presse de Tunisie v. 19.09.2002, o.S.

Auswärtiges Amt, unter: http://www.auswaertiges-amt.de, 05.06.2002

Bahloul, N.: Les travaux démarrent en septembre, in: La Presse de Tunisie, 19.05.2002, o.S.

Banque Centrale de Tunisie: Rapport annuel 2000, Tunis 2001

Banque Centrale de Tunisie: Rapport annuel 2001, Tunis 2002

Barrouhi, A.: Dernière ligne droite, in: Jeune Afrique/L'Intelligent v. 18.03.2002, 72

Barrouhi, A.: La crise s'éloigne, in: Jeune Afrique/L'Intelligent v. 18.03.2002, 66-71

Barrouhi, A.: La ruée vers l'Afrique du Nord, in: Jeune Afrique/L'Intelligent v. 17.04.2001, 78-86

Barrouhi, A.: Le temps de l'austérité, in Jeune Afrique/L'Intelligent v. 20.05.2002, 82-83

Barrouhi, A.: Les investissements directs étrangers (IDE), in: Jeune Afrique/L'Intelligent v. 18.03.2002, 66

Barrouhi, A.: Matière grise à l'Ariana, in: Jeune Afrique/L'Intelligent v. 18.03.2002, 76

Barrouhi, A.: Très chère Tunisie, in: ECONOMIA v. April 2002, 14

Barrouhi, A: Siège «alternatif» pour la Bad, in: ECONOMIA v. 18.04. 2002, 13

Berger, J.; Büttner, F.; Spuler, B.: Nahost-PLOETZ, Würzburg 1987, 193

Callies de Salies, B.; Leguay, I.; Les Cahiers de l'Orient (Hrsg.): 1987-1997 La décennie Ben Ali, Tunisie: un bilan, Nr. 46, o.O. 1997, 139-140

Camau, M.: La Tunisie, Paris 1989

Campus numérique Francophone de Tunis, unter: http://www.tn.refer.org, 20.10.2002

Center for Strategic and International Studies (Hrsg.): The Military Balance in North Africa in 2002, Washington 2002, o.S.

Chahed, Ch.: Sur la voie d'une industrialisation poussée, in: La Presse de Tunisie v. 15.05.2002, I

Chatty, J.: Nouveau point d'inflexion, in: La Presse de Tunisie v. 15.05.2002, o.S.

Chatty, J.: Programme de mise à niveau: Un vecteur de compétitivité, in: La Presse de Tunisie v. 25.09.2002, o.S.

Coface, unter: http://www.coface.fr, 07.06.2002

Dekret Nr. 2001-1746 vom 1. August 2001

Deutsch-Tunesische Industrie- und Handelskammer, unter: http://www.ahktunis.org, 10.06.2002

Europäische Kommission (Hrsg.): Union Européenne – Maghreb, 25 ans de coopération 1976-2001, o.O. o.J., o.S.

Europäische Union, unter: http://www.europa.eu.int, 30.03.2002

Europa-Mittelmeer-Abkommen, unter: http://www.europa.eu.int, 10.02.2002

Gharbi, Ch.: Des améliorations attendues, in: La Presse de Tunisie v. 28.04.2002, o.S.

Gharbi, S.: Disparités nord-africaines, in: Jeune Afrique/L'Intelligent v. 20.05.2002, 83

H., I.: Tunisie: les indicateurs du bien-être, in: La Presse de Tunisie v. 15.05.2002, o.S.

Hermes Kreditversicherung, unter: http://www.hermes.de, 07.06.2002

Herzog, W.: Der Maghreb: Marokko, Algerien, Tunesien, München 1990

http://www.abczone.com, 15.02.2002

Hussain, A., Vereinte Nationen (Hrsg.): Droits civils et politiques et notamment la question de la liberté d'expression – Rapport sur la mission en Tunisie, o.O. 2000, o.S.

Industrieministerium, Mise-à-Niveau Büro: la Procédure de mise à niveau, Tunis o.J. , o.S.

Infojeunesse Tunisie, unter: http://www.afkarnet.promed.com, 10.06.2002

Institut de Presse et des Sciences de l'Information, Fonds des Nations Unies pour la Population (Hrsg.): Communication en Matière de Population, Tunis 1998

Institut National de la Statistique, unter: http://www.ins.nat.tn, 10.06.2002

Jerad, N.: Le plurilinguisme au Maghreb et ses effets en France, unter: http://www.ilbolerodiravel.org, 04.02.2002

Kéfi, R.: Boularès, ou le temps retrouvé, in: Jeune Afrique/L'Intelligent v. 11.03.2002, 34-35

Kéfi, R.: Libertés: l'effet Maâoui, in: Jeune Afrique/L'Intelligent v. 17.04.2001, 32-34

Kéfi, R.: Une «IIe République» pour quoi faire?, in: Jeune Afrique/L'Intelligent v. 11.03.2002, 25-27

Kéfi, R: L'écart avec le Nord diminue lentement, Tunisie-En pointe sur la monétique, in: Jeune Afrique/L'Intelligent v. 13.05.2002, 74-76

Khachana, R.: A Tunis, la chasse à la langue est ouverte, in: Courrier International v. 02.12.1999, London, o.S.

Koran, Leipzig 1989

Lahmar, R.: L'agriculture tunisienne à l'orée du 3$^{ème}$ millénaire, in: Réalités v. 09.05.2002, 24-26

Laroussi, F., Commission des États généraux sur la situation et l'avenir de la langue française au Québec (Hrsg.): La Francophonie, o.O. o.J.

League of Arab States, unter: http://www.leagueofarabstates.org, 23.03.2002

Les Guides MarCom (Hrsg.): Guidexport Tunisie, o.O. o.J.

Microsoft Encarta 2001: Tunisie, unter: http://www.encarta.com, 20.03.2002

Ministère de Développement Economique: Budget 2002, Tunis 2002, o.S.

Ministère du Développement Economique (Hrsg.): Le 9$^{ème}$ Plan de Développement (1997-2001), o.O. o.J., o.S.

Ministère du Développement Economique (Hrsg.): Note d'orientation du Xe Plan (2002-2006), Tunis 2001, o.S.

Ministère du Développement Economique: Programme des Privatisations, unter: http://www.tunisieinfo.com, 20.03.2002

Ministerium für Internationale Zusammenarbeit und Ausländische Investitionen (Hrsg.): Tunesien – Land der Erfolgschancen, Tunis 2002, o.S.

Mokni, N.: Y-a-t-il une stratégie alternative?, in: Réalités v. 23.05.2002, 26-28

Netzwerk Afrika Deutschland e.V., unter: http://www.netzwerk-afrika-deutschland.de, 15.02.2002

o.V.: Autoroute M'saken-Sfax: Démarrage des travaux en 2003, in: La Presse de Tunisie v. 22.09.2002, o.S.

o.V.: Autoroute Tunis-Bizerte: pas de péage pour une période déterminée, in: La Presse de Tunisie v. 18.05.2002, o.S.

o.V.: Ces entreprises qui gaspillent beaucoup d'eau, in: La Presse de Tunisie v. 25.10.2002, o.S.

o.V.: Deux ans de prison pour un «cyberdissident» tunisien, in: Jeune Afrique/L'Intelligent v. 12.07.2002, unter: http://www.lintelligent.com, 12.07.2002

o.V.: Doublement de la production au cours du Xe Plan, in: La Presse de Tunisie v. 05.05.2002, o.S.

o.V.: Entrée en vigueur de l'accord de libre-échange, in: La Presse de Tunisie v. 20.09.2002, o.S.

o.V.: Intensifier les actions de sensibilation et d'encadrement, in: La Presse de Tunisie, v. 20.10.2002, o.S.

o.V.: L'internet tunisien par les chiffres, in: La Presse de Tunisie v. 13.05.2002, o.S.

o.V.: La consommation de gaz naturel en hausse, in: La Presse de Tunisie v. 12.08.2002, o.S.

o.V.: La promotion de la femme, l'un des choix fondamentaux de projet de Changement, in: La Presse de Tunisie v. 13.08.2002, o.S.

o.V.: Le contrat définitif reste assujetti à l'approbation des pouvoirs publics, in: La Presse de Tunisie v. 19.10.2002, o.S.

o.V.: Le textile-habillement à la croisée de chemin, in: Réalités v. 04.07.2002, o.S.

o.V.: Nuitées: le statu quo, in: Profession Tourisme v. 10.01.2002, 16 o.V.: Premier vol de Carthago Airlines et inauguration d'une unité touristique, in: La Presse de Tunisie v. 18.05.2002, o.S.

o.V.: Réalisation du premier car-ferry «Loud», in: La Presse de Tunisie v. 15.05.2002, o.S.

o.V.: Réaliser 16 % de couvert forestier d'ici 2011, in: La Presse de Tunisie v. 31.10.2002, o.S.

o.V.: Rencontre avec... Taoufik Idriss: Président-Directeur Général de la T.U.T., in: La Presse de Tunisie v. 26.09.2002, o.S.

o.V.: Scénarios pour décongestionner la capitale, in: La Presse de Tunisie v. 11.05.2002, o.S.

o.V.: Spuren zu Al Qaida, in: Nordkurier v. 06.05.2002, o.S.

o.V.: Tunisie: la population a dit oui à 99,52 % «au succès de Ben Ali», unter: http://www.lintelligent.com, 27.05.2002

o.V.: Yasmine Hammamet – Tourisme: «La Médina» fin prête en 2004, in: La Presse de Tunisie v. 06.10.2002, o.S.

o.V.: Zone de libre-échange: parachever les modalités pratiques de l'accord, in: La Presse de Tunisie v. 19.09.2002, o.S.

Oesterreichische Kontrollbank, unter: http://www.oekb.at, 07.06.2002

Organization of African Unity, unter: http://www.oau-oua.org, 26.03.2002

Publi-Performances: Entreprendre en Tunisie, o.O. o.J.

Rassemblement Constitutionnel Démocratique, unter: http://www.rcd.tn, 03.03.2002

République Tunisienne, Programme des Nations Unies pour le Développement (Hrsg.): Rapport National sur le Développement Humain 1999, o.O. 2000; o.S.

République Tunisienne: Code du Statut Personnel

République Tunisienne: Constitution de la République de Tunisie

République Tunisienne: Le Pacte National, unter: http://www.tunisieinfo.com, 01.06.2002

République Tunisienne: Les Droits de l'Homme en Tunisie (1987-2000), unter: http://www.tunisieinfo.com, 04.05.2002

Sandouly, P.; Cohen, J.; Kéfi, R.: Tunisie-Maroc, Le @-match, in: ECONOMIA v. Mai 2002, 72-74

Souadi, A.: Conforter les indicateurs de performance, in: La Presse de Tunisie v. 22.05.2002, o.S.

Souadi, A.: La compétitivité d'abord, in: La Presse de Tunisie v. 19.05.2002, o.S.

Statistisches Bundesamt, unter: http://www.statistik-bund.de, 25.04.2002

Strunz, H.; Dorsch, M.: Algerien – Krise und Hoffnung, Frankfurt/M. 2002, o.S.

The Economist Intelligence Unit (Hrsg.): Tunisia-Country Profile 2001, London 2001, 10-12

The Heritage Foundation in Washington: 2002 Index of Economic Freedom, Washington 2002, 22-26

Transparency International, unter: http://www.transparency.org, 24.11.2002

U.S. Department of State (Hrsg.): FY 2001 Country Commercial Guide: Tunisia, o.O. 2000, o.S.

Union du Maghreb Arabe, unter: http://www.maghrebarabe.org, 10.03.2002

Union Interparlementaire, unter: http://www.ipu.org, 19.04.2002

Université Laval Sainte-Foy: La Tunisie, unter: http://www.tlfq.ulaval.ca, 12.02.2002

Weltbank (Hrsg.): Selected World Development Indicators 2000, unter: http://www.wordlbank.org, 06.05.2002

Wirtschaftskammer Österreich (Hrsg.): Länderblatt Tunesien, Wien 2002, 8-15

Zaghouani, F.: Démarche participative, in: La Presse de Tunisie v. 12.08.2002, o.S.

## Internationale Märkte

Herausgegeben von Prof. Dr. Herbert Strunz

Die Schriftenreihe „Internationale Märkte" veröffentlicht Monographien und Sammelbände, die sich der marktbezogenen Analyse von Ländern, Branchen und entsprechenden Aspekten des internationalen Managements widmen und wendet sich an ein am aktuellen Geschehen auf verschiedenen Märkten interessiertes Publikum. Autoren, die an einer Veröffentlichung interessiert sind, werden gebeten, sich mit dem Herausgeber der Reihe oder dem Verlag in Verbindung zu setzen.

Band 1    Herbert Strunz: Irak. Wirtschaft zwischen Embargo und Zukunft. 1998.

Band 2    Diana Kowalski: Die Erschließung des Marktes in der Tschechischen Republik. Instrumente, Probleme, Perspektiven. 1999.

Band 3    Herbert Strunz / Monique Dorsch: Libyen. Zurück auf der Weltbühne. 2000.

Band 4    Herbert Strunz / Monique Dorsch: Internationalisierung der mittelständischen Wirtschaft. Instrumente zur Erfolgssicherung. 2001.

Band 5    Herbert Strunz / Monique Dorsch: Algerien. Krise und Hoffnung. 2002.

Band 6    Rica Staiger: Tunesien. Aufstieg zwischen Orient und Okzident. 2003.

# Gesellschaft für Österreichisch-Arabische Beziehungen
## – Ihr Partner im Nahen Osten und in Nordafrika –

Die Gesellschaft für Österreichisch-Arabische Beziehungen (GÖAB) bietet sich als Spezialist für die arabischen Staaten an. Das Angebot der GÖAB beinhaltet unter anderem:

### Studien
Die GÖAB führt regelmäßig Länder- und Marktstudien durch, welche den Sponsor- und Firmenmitgliedern gerne zur Verfügung gestellt werden. Bisher sind erschienen: umfassende Studien über die österreichisch-arabischen Wirtschaftsbeziehungen im allgemeinen, Algerien, den Irak und Libyen, über die österreichisch-arabischen Wirtschaftsbeziehungen auf dem Gesundheitssektor sowie das Potential erneuerbarer Energien in Tunesien.
Weitere Studien sind geplant.

### Missionen
Die GÖAB veranstaltet regelmäßig politische und wirtschaftliche Missionen in verschiedene arabische Staaten. Daran können stets ausgewählte GÖAB-Mitglieder teilnehmen. Die jüngsten Missionen führten in die Länder Irak, Libyen, Oman, Saudi-Arabien, Sudan und Tunesien.

### Beratung/Unterstützung
Für den Kreis der GÖAB-Sponsormitglieder bietet die Gesellschaft auch weitergehende gezielte Beratung und Unterstützung bei der Marktbearbeitung an. Wenn gewünscht, organisiert die GÖAB Begegnungen bzw. Präsentationen mit Ansprechpartnern aus dem jeweiligen Zielland. Auch die Organisation von bzw. die Begleitung bei speziellen Reisen ist möglich. Dabei kann die GÖAB auf die jahrzehntelange Erfahrung ihrer Funktionäre und Mitarbeiter sowie über ausgezeichnete Beziehungen auf politischer und wirtschaftlicher Ebene in den meisten arabischen Staaten zurückgreifen. Die GÖAB ist auch jederzeit bereit und in der Lage, spezifische Marktstudien im Auftrag durchzuführen.

### Weitere Informationen
Weitere Informationen, auch über eine Mitgliedschaft in der GÖAB, sind über das Generalsekretariat erhältlich.

GÖAB
A-1150 Wien
Stutterheimstraße 16-18/2/5
Telefon +43 1 526 78 10
Fax +43 1 526 77 95
e-mail: office.vienna@saar.at
**http://www.saar.at**

Gesellschaft für Österreichisch-
Arabische Beziehungen

Herbert Strunz / Monique Dorsch

# Algerien. Krise und Hoffnung

Frankfurt/M., Berlin, Bern, Bruxelles, New York, Oxford, Wien, 2002.
375 S., 16 Abb., zahlr. Tab. und Graf.
Internationale Märkte. Herausgegeben von Prof. Dr. Herbert Strunz. Bd. 5
ISBN 3-631-39560-4 · br. € 50.10

40 Jahre nach der Befreiung von der französischen Kolonialherrschaft und zehn Jahre nach Beginn von Bürgerkrieg und Terror scheint sich das Leben in Algerien langsam zu normalisieren, wenngleich die Menschen nicht vergessen können, was sich in ihrem Land abgespielt hat. Der Weg in ein normales Leben wird für die Mehrheit der Bevölkerung durch nach wie vor allgegenwärtige Angst sowie durch steigende Lebenshaltungskosten, fehlende Wohnungen, mangelhafte medizinische Versorgung und ein reformbedürftiges Bildungssystem erheblich erschwert. In wirtschaftlicher Hinsicht ist Algerien traditionell durch Krisen beeinträchtigt. Nunmehr bemüht man sich um eine Umstrukturierung der Wirtschaft nach marktwirtschaftlichen Gesichtspunkten. Die damit in Zusammenhang stehenden zahlreichen Probleme lassen sich erahnen. Diese Studie setzt sich mit der politischen und wirtschaftlichen Situation Algeriens auseinander. Dabei wird nicht zuletzt wegen der politischen Krisenerscheinungen und der ökonomischen Transformationsbestrebungen insbesondere auf die Entwicklungen des letzten Jahrzehnts eingegangen. Ziel ist es darüber hinaus, vor dem politischen und wirtschaftlichen Hintergrund des Landes die Chancen und Risiken sowie dessen Wirtschaftsbeziehungen mit ausländischen Investoren und Lieferanten zu erörtern.

Frankfurt/M · Berlin · Bern · Bruxelles · New York · Oxford · Wien
Auslieferung: Verlag Peter Lang AG
Moosstr. 1, CH-2542 Pieterlen
Telefax 00 41 (0) 32 / 376 17 27

*inklusive der in Deutschland gültigen Mehrwertsteuer
Preisänderungen vorbehalten

**Homepage http://www.peterlang.de**